# 발터 벤야민과
# 도시산책자의 사유

일러두기
1. 인용문과 참고문헌의 서지사항은 처음 나올 때 자세히 밝히고, 이하 제목과 쪽수로 표
   기했다.
2. 국내 번역서를 인용한 경우 맥락에 따라 수정·보완했다.
3. 인명과 지명의 외래어 표기는 국립국어원 고시를 존중하되 일부는 관용을 따랐다.
4. 단행본·잡지 등은 『 』, 단편·시 등은 「 」, 영화·공연 등은 〈 〉로 표시했다.

STUDIUM

스투디움 총서 **09**

# 발터 벤야민과
# 도시산책자의 사유

윤미애

**문학동네**

# 차례

# 들어가는 길

그간 한국에 발터 벤야민(Walter Benjamin, 1892~1940)의 생애와 사상을 자세히 소개한 책들이 여러 권 나왔다. 벤야민의 개인사적 사상적 면모를 총체적으로 접하고 싶을 때 도움받을 길잡이는 일단 충분한 셈이다. 그래서인지 또다른 벤야민 책을 덧붙이는 것이 조심스럽다. 기존의 책들을 통해 접한 벤야민과는 조금이라도 다른 벤야민을 보여주어야 한다는 생각 때문이다. '조금이라도 다른' 벤야민을 보여주는 것은 가능할까?

이 책은 그 답을 '산책자flâneur의 사유'에서 찾았다. '발터 벤야민의 도시산책' 혹은 '도시산책자 발터 벤야민'이라고 제목을 정하지 않은 이유는, 정작 도시산책자로서 벤야민이 남긴 글은 그다지 많지 않기 때문이다. 도시산책자로서 쓴 글은 생생한 도시의 현재 모습을 관찰하고 그에 대해 느끼고 생각한 것을 담은 도시관상학이 될 것이다. 나폴리나 모스크바에 대해 쓴 글은 여기에 속한다. 그러나 벤야민의 도시 연구 글 대부분은 도시관상학에 속하지 않는다. 이 책에서 다룬 『일방통행로』「보들레르의 작품에 나타난 제2제정기의 파리」「보들레르의 몇 가지 모티프에 관하여」『1900년경 베를린의 유년시절』
『베를린 연대기』『파사젠베르크』[1] 등은 도시와 관련된 글이지만, 도
시관상학이 아니라 산책자의 사유 모델에 따른 작업이다.

산책자의 사유가 무엇인지 알기 위해서는 벤야민의 선배들을 찾아
야 한다. 벤야민에게 도시산책의 기술을 전수해준 프란츠 헤셀Franz
Hessel이 그중 한 명이다. 독일의 척박한 도시산책자 전통을 되살리고
자 한 헤셀은 파리와 베를린의 거리를 헤매는 산책에 친구 벤야민을
대동했다. 산책이 도시의 현재에 대한 관찰을 넘어 도시의 과거에 대
한 기억을 어떻게 불러오는지를, 벤야민은 헤셀과의 산책뿐 아니라
그의 책『베를린 산책』을 통해 배운다. 유년시절의 베를린을 벤야민
과 공유했던 헤셀은 유행과 소비의 도시, 산업도시의 모습 아래에 여
러 세대의 시간층이 켜켜이 쌓인 기억의 장소로서 베를린을 소환해
냈다. 독일에서 벤야민의 또다른 선배는 지크프리트 크라카워Siegfried
Kracauer다. 크라카워는 도시의 문화사보다는 도시의 현재가 제공하는
공간상에 더 집중하고, 그러한 공간상의 사회학적 심리학적 역사철학
적 의미를 해독하고자 했다. 보들레르론이나『파사젠베르크』를 쓴 벤
야민은 크라카워와 달리 도시의 과거를 향한 관심에서 출발하지만,
대도시 공간의 의미를 19세기 이후 발전되어온 자본주의 문화와 연
관시킨다는 점에서 크라카워와 문제의식을 공유한다.

벤야민에게 결정적인 영향을 미친 산책자는 시적 영감의 원천을

---

1. '파사젠베르크Das Passagen-Werk'는 벤야민 전집 편집자가 미완성 원고집에 붙
인 제목이다. 한국어판은 '아케이드 프로젝트'라는 제목을 사용하는데, 아마도 수전
벅모스의 저서 *Dialectics of Seeing: Walter Benjamin and the Arcades Project*
제목을 따른 것으로 보인다. 철골과 유리라는 신소재를 이용한 19세기 최초의 대표적
인 건축으로서 파사주는 고대로마의 건축술에서 기원하는 아케이드와 다르다. 이 점
에서 '파사주'라는 단어를 살려낼 필요가 있다. 이 책에서는 '파사주 프로젝트'라는 표
현을 종종 사용하기도 하는데, 책 제목을 명시할 때는 원어를 따라 '파사젠베르크'로
표기하기로 한다.

파리의 산책에서 얻은 샤를 보들레르Charles Baudelaire다. 번역가로서 벤야민이 처음부터 지대한 관심을 보였던 보들레르는 낭만주의 시인 빅토르 위고와 달리 대도시 거리에서 "군중의 팔꿈치에 떠밀리는 경험"을 온몸으로 받아들이면서 그 체험에서 새로운 시적 영역을 개척한 산책자였다. 산책자의 상상력을 통해 보들레르는 파리의 거리산책 중 찾아든 시상을 기록했다. 보들레르라는 산책자가 상품화와 대중화라는 현대의 경향에 깊이 침잠해 그로부터 시의 원천을 길어냈다는 벤야민의 논평에서 '시'를 '사유'로 바꾸면 곧 벤야민 자신에게 해당된다. 보들레르가 시를 쓰기 위해 파리의 거리로 나섰다면, 초현실주의자들은 현대의 신화를 쓰기 위해 파리의 산책자가 된다. 이를테면 앙드레 브르통과 루이 아라공 등은 거리에서 우연히 마주친 사물의 세계에서 고전적 인간학의 한계를 깨뜨리는 초현실주의적인 경험을 추구한다. 벤야민이 탐독한 아라공의 『파리의 농부』와 브르통의 『나자』는 파리 산책에서 얻은 도취의 힘을 증거하고 있는 소설이다. 이 두 작가는 거리에서 얻은 도취의 힘을 심미적 차원을 넘어 정치적 차원으로 옮길 수 있다고 믿은 반면, 벤야민은 초현실주의 선배들을 향해 산책자의 사유가 만들어놓은 꿈과 도취의 공간을 빠져나오지 못했다고 비판한다.

산책자의 사유 모델에 부합하는 글쓰기는 『일방통행로』의 단편들에서 처음 시도된다. 이 단편들은 세계와 사회에 대한 의미체계로 수렴되는 것이 아니라 서로 무관한 듯 배열된 사유의 파편들에 해당한다. 하나의 전체 그림이 나타나는 퍼즐이 아니라 그러한 그림을 전제하지 않는 글쓰기, 이는 그러한 파편들의 숨겨진 구도에서 진실은 스스로 드러나는 것이라는 생각에 기초한다. 벤야민이 사유의 파편들을 통해 궁극적으로 추구한 것은 실험적인 사유와 글쓰기 공간이 아니라, 정치적인 행위 공간이자 역사적인 경험 공간이다. 이는 19세기에서 자본주의 문화의 근원사를 읽어내고자 한 『파사젠베르크』에 깔아 둔 의도이기도 하다. 이 의도를 실현시키기 위해서는 산책자의 사유가 필요하다. 산책자의 사유를 역사서술에 적용한다는 것은 역사서술의 공간화를 의미한다. 역사가는 19세기라는 시대를 현재에서 동떨어진 시점에 두고 관찰하는 것이 아니라, 파사주·만국박람회장·실내·거리·바리케이드 등 파리의 장소 및 건축공간을 산책한다. 이때 과거는 산책자에게 다가와 맞부딪히는 생생한 경험 대상이 된다.

산책자의 사유는 유년시절에 대한 회상에도 적용된다. 1892년생인 벤야민은 19세기 말 대도시 베를린에서 보낸 유년시절을 '장소들'을 매개로 회상한다. 이 장소들은 유년 특유의 경험이 일어난 무대, 세상을 향해 최초의 시선을 보내던 곳, 현대성의 원천적 경험이 각인된 곳이다. 베를린 구서부지역의 티어가르텐, 베를린의 상가·거리·동물원 등의 공적 장소, 유년의 방이나 블루메스호프에 있던 외할머니 집 등의 사적 장소, 로지아처럼 사적인 것과 공적인 것의 문지방에 위치한 장소 등이 있다. 장소들이 회상의 중요한 매체가 된다는 것은 회상의 공간화를 의미하고, 회상하는 주체가 회상의 미로를 헤매는 산책자가 됨을 의미한다. 회상의 산책자는 베를린 상가처럼 자본주의적 상품물신의 위력을 처음으로 경험하게 해준 장소, 실내공간처럼 안정을 희구하면서 탈정치화된 부르주아계급의 문제점을 성찰하게 해준 장소, 거리들처럼 유혹의 손길, 재난이나 불행을 숨기고 있는 장소를 거쳐 간다.

지각이론과 매체이론의 관점에서, 산책자의 사유는 카메라의 시선을 닮고자 한다. 「기술복제시대의 예술작품」과 「사진의 작은 역사」에서 벤야민이 지각혁명의 관점에서 설명하는 카메라의 시선은, 자아나 의미라는 틀에 가려져 있던 세계를 드러내고 '세계와 인간 사이의 유익한 소외'를 가능하게 한다는 점에서, 산책자의 관찰방식을 확장하는 데 기여한다. 도시의 거창한 명소를 돌아보는 관광이 아니라 숨겨진 도시의 세부에 관심을 갖는 거리산책은, 관조와 관찰을 세분화하고 시점화함으로써 축소된 대상에 대한 지각을 심화하는 카메라 렌즈의 시선을 필요로 한다. 사라져가는 파리의 구석구석을 담은 외젠 아제Eugène Atget 사진은 카메라의 시선과 산책자의 사유를 성공적으로 결합한 예다. 아제 사진은 인간들의 상호작용이 일어나는 터전인 도시의 원래 주인공들 대신에 낯선 사물세계의 이미지들을 펼쳐 보인다. 낯익은 것이 붕괴된 자리에 지금까지 인간의 눈과 의식이 미치지 않던 세부 세계가 드러나면서, 카메라는 우리 의식의 한계를 넘어서는 경험의 장을 펼쳐준다. 벤야민이 지향한 비평과 역사인식의 방법론도 이와 유사하다.

미완으로 끝난 『파사젠베르크』에서 역사가는 산책자이자 고고학자가 된다. 역사가는 과거를 증언하는 귀중품을 발굴하기 위해 문헌의 미로를 헤매는, 이른바 서지학적 의미의 산책자가 되어야 한다. 특정한 지점에 이르러 19세기라는 지층을 파헤치는 꼼꼼한 탐사로 이어지면 역사가는 고고학자가 된다. 발굴에서 귀중품이 발견되면 고고학자는 그것을 자신이 이미 알고 있는 역사적 서사에 끼워맞추는 것이 아니라 스스로 증언하도록 한다. 벤야민이 인용과 몽타주 서술을 의도한 것은 그 때문이다. 『파사젠베르크』에서 역사가가 파사주라는 19세기의 특정 건축에 주목하는 이유는 물질문화의 외면에 각인된 내면, 즉 파사주에 각인된 집단무의식, 소망을 발굴 대상으로 삼기 때문이다. 19세기의 자본주의 문화의 산물에 대한 벤야민의 관심에 대해 아도르노는 외면적이고 실증적인 측면에 치우쳐 있다고 비판했는데, 그가 벤야민의 깊은 동기를 이해한 것 같지는 않다.

산책자의 사유는 벤야민이 정통 인문학에서 다루지 않은 영역에 깊숙이 발을 들여놓고 있음을 보여준다. 벤야민의 사상에 깊이 자리잡은 철학적 동기는 '세속화'라는 과제였다. 벤야민에게 신적 질서, 구원의 이념과 관련된 신학적인 물음과 유물론적 관심 간의 팽팽한 긴장은, 세속화에 대한 벤야민의 입장에서 설명된다. 사실 기술·경제·현대문화 등에 대한 그의 관심은 학문체계로서의 유물론 수용보다 세속화에 대한 역사철학적인 입장에서 비롯한다고 볼 수 있다. 새로운 기술매체에 대한 관심, 자본주의적 도시문화에 대한 광범위하면서도 미시적인 시각은, 종교적 전통에 얽매이지 않고 세속적 문화 자체를 세속적인 언어로 포착하려는, 이른바 세속화 의도에서 나온 것이다. 이 과제를 위해 벤야민은 철학적 체계라는 집에 머물러 있지 않는다. 개념을 도입하기는 하지만 개념은 "역사라는 바람을 맞도록" (GS V, 591쪽) 하기 위한 돛일 뿐이다. 그러한 돛은 인식론·매체이론·언어철학·역사철학·미학·정치학 등에서 빌려온다. 중요한 것은 돛을 세우는 기술이다. 돛을 세워 바람을 맞는 것은 긴장에 찬 작업이다. 이러한 비유는 벤야민의 사유가 정관적 태도와는 거리가 멀다는 것을 보여준다. 산책자의 사유 역시 긴장에 찬 태도를 특징으로 한다. 산책자에게 요구되는 것은, 새로운 경험을 수동적으로 기다리는 태도가 아니라, 순간적으로 스쳐지나가는 의미심장한 상을 놓치지 않는 '정신의 현존'이기 때문이다.

이 책에서는 위에서 언급한 주제와 연관된 글들이 다소 느슨하게 묶여 있다. 1장은 『일방통행로』를 중심으로 산책자의 사유에서 비롯한 글쓰기, 역사·정치·대도시·문화에 대한 입장, 정신의 현존 및 꿈에서의 깨어남 등의 사유 방법론을 보여준다. 2장과 3장은 실내와 거리의 대립구도에 따라 나누어진다. 2장은 실내의 외부화를 추구한 1920년대의 신건축운동의 관점에서 19세기 부르주아계급의 실내가 어떠한 공간으로 인식되는지를 보여준다. 한 세대 앞선 짐멜이 실내에서 구현 가능한 개인주의와 내면성을 옹호했다면, 벤야민의 실내비판은 20세기 들어 더욱 가속화한 대중화와 기술화를 통해 일어난 패러다임의 전환에서 출발한다. 3장은 파리의 거리와 보들레르를 밀접하게 연관시킨다. 이 장은 보들레르를 거리산책자가 된 현대성의 시인, 대도시의 시인으로 해석하고 있는 벤야민의 보들레르론을 재구성하는 데 집중한다. 벤야민을 통해 처음으로 알게 된 사실은, 항상 동일한 것이 반복된다는 의식에서 비롯된 우울이 시인의 고독한 밀실에서가 아니라 새로움의 환등상이 지배하는 도시의 거리 체험에서 비롯된 심리라는 사실이다. 4장은 『1900년경 베를린의 유년시절』과 『베를린 연대기』를 중심으로 사적 공적 공간이 어떻게 유년시절 기억의 매체가 되는지를 보여준다. 또한 벤야민의 유년시절 회상은 현대성에 대한 벤야민의 성찰이 유년의 베를린이라는 공간적 원천에서 유래함을 다시 한번 확인시켜준다. 5장은 카메라의 시선이 어떤 매체적 조건하에서 도시의 세부로 파고들어가는지를 사진과 영화에 대한 벤야민의 성찰에 기대어 설명한다. 기술매체를 통한 도시 재현은 아제의 파리 사진과 발터 루트만의 베를린 영화를 예시로 들어 제시된다. 6장은 꿈의 집, 폐허의 지형학, 신화적 지형학 등의 공간적인 개념들을 통해 19세기 자본주의 문화사가 어떻게 서술되는지를 집중적으로 다룬다. 이러한 문화사 서술은 19세기라는 과거와 역사가가 처한 현재의 관계를 변증법적 이미지라는 개념을 기반으로 설정한다. 헤셀의 『베를린 산책』과 크라카워의 도시 단편들을 다룬 보론은, 이들 작가가 벤야민에게 갖는 중요성에 비추어 덧붙였다.

이 책은 산책자의 사유라는 관점에서 벤야민의 사상적 특징을 주요 텍스트를 중심으로 조명하는 동시에 보충설명이 필요한 지점에서 벤야민의 핵심적인 이론 및 범주를 설명하는 구성방식을 취한다. 여기에는 철학적 글쓰기에 대한 인식론, 언어철학적 성찰, 미메시스론,

알레고리론, 무의지적 기억과 의지적 기억에 대한 논의, 아우라 이론, 세속화 이론, 변증법적 이미지 개념, 기술매체에 대한 테제, 신화학 등이 있다. 물론 이에 대한 논의가 자칫 논점을 이탈하는 곁가지로 보이거나 수박 겉핥기식의 논의에 그칠 위험이 있는 것도 사실이다. 그럼에도 이 책이 벤야민 사상의 스펙트럼을 개관하는 데 유용한 길잡이가 되어줬으면 하는 바람을 가져본다. 벤야민은 동일성에서 유사성, 도구로서의 언어에서 매체로서의 언어, 연속성에서 불연속성, 역사학에서 고고학, 상징에서 알레고리, 진보사관에서 메시아주의로의 패러다임 전환을 추구했다. 다만 새로운 패러다임을 하나의 체계로 설명한 것이 아니라 구체적인 대상에 대한 비평을 통해 그때그때 파편적으로 제시한다. 그 때문에 "벤야민의 사상을 체계화하고자 한다면, 그것은 그의 고유한 서술방식—메타포와 유희, 핵심을 찌르는 인용과 이미지, 사유 모티프의 변주 및 새로운 정의—을 제거하는 것이나 다름없다"[2]는 지적도 일리가 있다. 그러나 파편화를 너무 강조해서는 안 된다. 벤야민이 추구한 것은 이론의 수미일관성도 아니지만, 심미적인 효과를 위한 글쓰기도 아니다. 도시산책자의 사유가 일견 산만해 보인다고 해도 그것이 일체의 총체화 가능성을 부정하는 불연속성의 숭배로 나아가는 것은 아니다. 벤야민 글의 저류에는 시대의 위기 상황에 대한 역사철학적 성찰, 파국의 중단을 향한 정치적인 파토스가 깔려 있기 때문이다.

---

2. Burkhardt Lindner, "Engel und Zwerg. Benjamins geschichtsphilosophische Rätselfiguren und die Herausforderung des Mythos," in: L. Jäger/Th. Regehly(Hg.), *"Was nie geschrieben wurde, lesen." Frankfurter Benjamin-Vorträge*, Bielefeld, 1992, 260쪽.

# 1장
# 일방통행로와 도시산책

 1928년 로볼트출판사에서 출간된 『일방통행로』는 주요 일간지 문예란에 기고했던 단편들을 모은 것이다.[1] 『일방통행로』에 실린 예순 편의 글은 역사적 전환기의 사회적 경험(「카이저파노라마관」), 혁명적 글쓰기에 대한 제안(「벽보 부착 금지!」), 정치인에 대한 성찰(「화재경보기」), 유년기 기억(「확대사진들」), 여행 경험과 관찰(「여행기념품」 「장난감」), 사랑의 순간에 대한 철학적 단상(「알림: 여기 심어놓은 식물들 보호 요망」) 등 다양한 주제를 망라한다. 또다른 주제는 꿈이다. 「아침 식당」에서 꿈 이야기를 시작한 작가는 「113번지」 「멕시코 대사관」 「지하 공사」 등에서 자신의 꿈을 소개한다.

 벤야민 스스로 지적 여정의 터닝 포인트라고 생각했던 이 책은 독자에게 여러 질문거리를 던져준다. 첫째, 왜 벤야민은 이 책이 여러모로 파리에 빚지고 있으며 파리와 대결하고자 한 첫번째 시도라고 한

---

1. 발터 벤야민, 『선집 1권―일방통행로/사유이미지』, 김영옥·윤미애·최성만 옮김, 길, 2007 참조. 『일방통행로』의 자세한 출간사는 최성만의 해제 참조. 이하 한국어판 선집을 인용할 때는 『선집 1』 『선집 2』 등으로 표기한다.

것인가?[2] 이 책에는 파리에 대한 어떠한 묘사도 나오지 않는다. 도시 풍경 묘사도 유럽 몇몇 도시의 성당, 성, 박물관 등에 대한 아주 짧은 단상들을 나열한 「여행기념품」, 1926년 모스크바 및 리가 여행 경험에 바탕을 둔 단편 「장난감」 등을 빼면 찾아보기 어렵다. 벤야민은 대도시와 현대에 대한 문화사적 역사철학적 연구인 파사주 프로젝트의 선구적 작업이 "『일방통행로』에서 시작"(*Briefe*, 455쪽)[3]한다고 말했다. 왜 『일방통행로』가 대도시 모티프를 다룬 첫번째 시도인지 해명되어야 한다.(다음에 나오는 「산책-사유-글쓰기」 「꿈의 발굴」 참조.) 둘째, 책제목 '일방통행로' 즉 한쪽 방향으로만 갈 수 있는 도로는 무엇을 의미하는가?(「정지의 변증법」 참조.) 마지막 세번째, 벤야민은 이 책에 대해 "내 안에 잠재된 정치를 짜낸다"(*Briefe*, 368쪽)고 포부를 밝힌 바 있는데, 『일방통행로』는 어떤 점에서 정치적 전환점을 보여주는가?(「기술과 정치」 참조.) 다음의 서술은 이 세 가지 질문에 대한 답변이다.

### 산책 - 사유 - 글쓰기

벤야민이 대도시 거리를 산책하는 방법을 처음으로 배운 곳은 파리다. 당시 독일 지식인 가운데 산책자 유형은 그다지 흔치 않았다. '산책 기술'을 전수해준 인물은 벤야민과 함께 프루스트를 번역한 프

---

2. 이 발언은 책의 출간을 도와준 호프만슈탈에게 보낸 편지에 실려 있다. Walter Benjamin, *Briefe*, Frankfurt a. M., 1978, 459쪽 참조. 이하 이 서한집을 인용할 때는 인용문 끝에 '*Briefe*, 쪽수'로 표기한다.
3. 벤야민은 숄렘에게 보낸 편지에서 『일방통행로』와 『파사젠베르크』의 연관성을 분명히 밝히고 있다.

란츠 헤셀이다. 벤야민은 헤셀이 파리의 비밀을 꿰뚫고 있다고 보았다. 도시를 처음 방문한 여행객은 처음부터 거리산책자가 될 수 없다. 벤야민은 「유실물보관소」에서 다음과 같이 설명한다.

어떤 마을이나 도시를 처음 볼 때 그 모습이 형언할 수 없고 재현 불가능하게 보이는 까닭은, 그 풍경 속에 멂이 가까움과 아주 희한하게 결합하여 공명하고 있기 때문이다. 아직 습관이 작동하지 않은 것이다. 일단 어디가 어딘지 분간하기 시작하면, 그 풍경은 마치 우리가 어떤 집을 들어설 때 그 집의 전면이 사라지듯이 일순간 증발해버린다. 꼼꼼하게 살펴보는 것이 습관이 되면 풍경이 무거워지는데 아직 그 정도는 아니다. 우리가 그곳에서 한번 방향을 분간하게 되면 그 최초의 이미지는 다시는 재생할 수 없게 된다.(『선집 1』, 120쪽)

처음 접한 풍경은 우리에게 멂과 가까움이 희한하게 결합된 이미지로 다가온다. 이 이미지는 "아무리 가까이 있더라도 멀리 있는 어떤 것의 일회적인 현상"(「기술복제시대의 예술작품」, 『선집 2』, 50쪽)이라는 아우라의 정의를 환기시킨다. 여행객이 풍경에 익숙해지면 아우라적 이미지는 다시 재생할 수 없다. 즉 '유실물'이 된다. 여행자는 도시의 아우라적 이미지를 잃어버리는 대신 거리산책자가 된다.

벤야민은 1925년 파리에 일정 기간 머물면서 자신의 글쓰기에 적합한 형식을 발견하고자 했다. 그가 '걸으면서 생각하기'라는 사유법을 택하게 된 곳, 파리는 이미 산책자의 도시로 유명했다. 보들레르가 19세기의 대표적인 산책자 시인인 이유는, 그가 파리의 풍경을 묘사해서가 아니라 거리를 걷다 떠오르는 즉흥적 시상과 낱말을 추구했기 때문이다. 보들레르와 마찬가지로 『일방통행로』의 저자도 거리의 구경꾼이 아니라, 거리를 산책하다가 불현듯 찾아온 생각을 기록하는 자다. 그것은 전통적 형태의 책과 달리, 거리에 의해 텍스트 내용이 결정되는 새로운 형식의 글쓰기다.[4] 『일방통행로』의 단편 제목 대부분은 대도시 거리의 문자나 사물의 이름에서 취한 것이다. 책을 펼치면 단편 제목들이 마치 거리를 사이에 둔 상점 간판들처럼 마주해 있다. 거리를 산책하다 발견한 가게 간판, 광고판, 벽보, 플래카드, 쇼윈도, 번지수가 적힌 집도 나오고 주유소, 식당, 정류장, 안경점, 종합병원, 카이저파노라마관, 유실물보관소, 문방구, 장난감가게, 전몰용사 기념비, 간이맥주홀, 우표상, 마권 매표소도 나온다. 「계단조심」「이 부지를 임대함」처럼 경고문이나 홍보문도 있고, 「중국산 진품」「재봉용품」「시계와 금제품」처럼 진열장 속 상품 이름도 있다. 『일방통행로』에는 '상품'이라는 어휘가 제목으로 붙은 단편 혹은 물건을 제목으로 내건 단편이 제법 있다. 「중국산 진품들」「문방구」「팬시용품」「시계와 귀금속」「장난감」「재봉용품」 등이다. 「골동품」에서는 골동품상에서 마주친 옛 물건들, 즉 대형 메달, 기도바퀴, 고대 숟가락, 고대 지도, 부채, 부조, 토르소 등이 불러일으킨 섬세한 단상이 제시된다. 작가는 도시 거리를 산책하면서 우연히 발견한 대상이나 장소가 불러일으킨 착상을 마치 거리에 늘어선 집들과 가게들처럼 책 속에 나란히 붙여놓는다. 이로써 도시에 대한 구체적 묘사가 아니라 도시의 거리처럼 구성된 텍스트 공간이 형성된다. 블로흐는 『일방통행로』가 새로운 철학적 글쓰기 스타일을 제시하고 있음을 간파하면서 "철학-레뷔 형식"[5]이라는 표현을 사용한다.

---

4. 『일방통행로』에서는 텍스트 자체가 습득물이고 플래카드다. 『일방통행로』는 아방가르드 미학의 첨단화에 해당한다. 그것은 사유의 산물들을 마치 진열대 상품처럼 나란히 늘어놓음으로써 텍스트-거리의 인상을 환기시킨다. 『일방통행로』의 집필 시기는 벤야민이 프랑스 아방가르드 작가들, 특히 초현실주의자 및 폴 발레리에게 깊은 공감을 느꼈던 때이기도 하다.
5. Ernst Bloch, "Revueform in der Philosophie," in: Ernst Bloch, *Erbschaft dieser*

이러한 글쓰기는 거리에서 우연히 마주친 대상에 의해 촉발되는 사유를 중시한다. 벤야민은 「긴급기술지원대」에서 이러한 글쓰기 과정을 다음과 같이 비유한다.

진실은 골똘히 생각에 잠겨 있는 상태에서 돌연 누군가에게 한 대 맞은 듯 급작스럽게 내쫓기기를, 시끄러운 소동, 음악소리 혹은 도와달라는 소리 따위에 화들짝 놀라 깨어나기를 바란다. 누가 참된 작가의 내면을 채우고 있는 경고음을 헤아릴 수 있었겠는가? '글을 쓴다는 것'은 그러한 경고음을 작동시키는 것과 다름없다. 경고음을 작동시키면 귀여운 오달리스크가 이것저것 마구 뒤섞여 있는 규방, 즉 우리 뇌의 상자 안에서 벌떡 일어나 가장 먼저 눈에 띄는 것을 거칠게 낚아채 어깨에 두르고 눈에 띄지 않게 우리 앞을 빠져나가 사람들에게 도주한다.(『선집 1』, 148쪽)

경고음은—글자든 사물이든—거리에서 마주친 우연한 사물들에 의해 작동한다. 우연한 사물로 촉발된 착상은, 오달리스크가 이것저것 뒤섞여 있는 규방(이런저런 생각들이 뒤섞여 있는 뇌)에서 가장 먼저 눈에 띄는 것을 거칠게 낚아채는 과정에 비유된다. 이러한 글쓰기는 도시의 일상으로부터 취한 언어적 소재에 작가의 상상력이 복속되는 글쓰기다. 여기서 언어적 소재는 "대도시 거리의 현실 묘사가 아니라 특수한 도시적 형태의 잠재적 메타포"[6]에 해당한다. 급진적으로 보이는 이러한 글쓰기가 단지 실험적인 사유공간을 만드는 유희에 불과한 것은 아니다. 벤야민에게 중요한 것은 글쓰기의 새로운 형식이 아

---

*Zeit*. Frankfurt a. M., 1962, 371쪽.
6. Eckhardt Köhn, *Straßenrausch*, Berlin, 1989, 206쪽.

니라 사유의 새로운 의도이기 때문이다.

이 의도를 찾기 위해서는, 벤야민이 산책자의 사유라는 모델을 동시대 예술가들 중 초현실주의자들에게서 발견했다는 사실에 주목해야 한다. 초현실주의자들은 "이론이나 환상이 아니라 경험"(「초현실주의」, 『선집 5』, 146쪽)을 중시하고, 의미, 정신, 자아, 도덕의 감옥에 갇힌 신체와 감각의 해방을 추구하기 위해 거리산책에 나섰다. 1928년 『일방통행로』와 같은 해에 발표한 글 「초현실주의」에서, 벤야민은 브르통이 『나자』(1928)에서 선보인 초현실주의적인 거리산책의 혁명적 의도에 주목한다. 실화소설이라고 할 이 작품에서 브르통은 일상적인 경험과 차별화되는 초현실주의적인 경험을 1926년 10월 4일 파리의 라파예트 거리에서 우연히 만난 여성 나자와의 관계를 통해 보여준다. 브르통은 소설에서 꿈과 무의식, 몽상과 예지를 구현하는 인물 나자를 통해 무의식의 세계로 침잠하는 과정을 보여준다. 하지만 벤야민은 브르통의 주관적이고 심리적 경험에서 중요한 것은 "나자 자신보다 나자에 가까이 있는 사물들"(같은 글, 150쪽)이라고 해석한다. 나자는 화자에게 대도시 파리에서 사물과의 우연한 만남을 통해 텔레파시를 경험하게 해주는 중개자일 뿐, 정작 화자가 갈망하는 대상은 나자가 아니라 대도시의 낡고 오래된 사물들이다. 초현실주의자들의 "사물세계의 중심에는 그들이 가장 갈망해 마지않던 대상인 도시, 파리 자체가 있다."(같은 글, 152쪽) 이를 뒷받침하듯 소설은 파리 생투앙의 벼룩시장, 위마니테 서점, 라누벨프랑스 레스토랑, 도핀광장, 간판 걸린 집, 마장타거리의 스핑크스호텔, 모베르광장의 에티엔 돌레 동상, 마즈다 광고등, 필리에광장의 베크 흉상 등 파리의 장소들을 사진으로 담았다. 『나자』에 나오는 파리의 장소들은 역사적 사건을 증언하기보다 꿈과 무의식, 상상이 투영되는 장소다. 브르통은 "모베르광장에 있는 에티엔 돌레 동상이 자신을 매혹시키는 동시에 견딜 수 없는 불안감을 불러일으킨다고 해서 자신을 정신분석학적으로 판단하지 말라"[7]고 말한다. 브르통에게 그것은 정신병리학적인 경험이 아니라 초현실주의적인 경험이기 때문이다.

『나자』에서는 일상의 무미건조한 풍경에 속했던 파리의 거리, 문, 동상 들이 산책자 작가에게 말을 걸고 그에게 낯선 부분을 내보인다. 이로써 산책은 도시의 사물과 혼연일체가 된 듯한 도취의 경험을 야기한다. 그런데 그러한 경험은 종교적 엑스터시도 환각제 엑스터시도 아니다. 벤야민에 의하면 두 가지 점에서 초현실주의적 도취 경험은 이와 구분된다. 먼저 도취가 일어나는 장소가 다르고, 도취의 변증법적 구조가 다르다. 초현실주의적 도취는 어느 고립된 비의적 장소가 아니라 가장 세속적이라고 할 수 있는 대도시 한복판에서 일어난다. 또한 그것은 현실을 떠나 비현실로 넘어가는 것이 아니라, "일상적인 것을 꿰뚫어볼 수 없는 것으로, 그리고 꿰뚫어볼 수 없는 것을 일상적인 것으로 인식하는 변증법적 시각의 힘"(같은 책, 163쪽)을 끌어낸다. 벤야민은 브르통 등 초현실주의자들이 추구한 이러한 경험은 도취 속에서 현실과 비현실의 경계를 깨뜨림으로써 현실의 비현실성, 비현실의 현실성을 통찰하는 '세속적 각성'을 지향한다고 보았다.[8] 사물, 사건, 인물과의 우연한 만남을 가져다주는 거리산책은 주관적이고 개인적인 무의식 세계를 확장하는 데 기여할 뿐 아니라, 도취의 변증법적 시각에 기초한 새로운 실존형식, 휴머니즘적 인간학의 한계를 깨뜨리는 혁명적인 실천으로 확대된다.

---

7. 앙드레 브르통, 『나자』, 오생근 옮김, 민음사, 2008, 122쪽.
8. 또한 벤야민은 이런 도취 경험에 "혁명적 에너지"(「초현실주의」, 『선집 5』, 150쪽)가 담겨 있음을 강조하고, "혁명을 위해 도취의 힘 얻기"(같은 책, 164쪽)라는 구호를 인용한다. 브르통과 나자는 "사물들 속에 숨겨진 '분위기Stimmung'의 엄청난 괴력을 폭발시킨다."(같은 글, 151쪽)

이상에서 보듯이 「초현실주의」에서 벤야민은 새로운 인간학과 새로운 정치적 실천이라는 시각에서 초현실주의 문학에 접근한다. 그가 주목한 아라공의 『파리의 농부』나 브르통의 『나자』 모두 초현실주의의 혁명적 기획에서 대도시 파리의 거리산책이라는 문화적 실천에 부여된 역할이 무엇인지 잘 보여준다. 파리의 모베르광장에서 테아트르 모데른에 이르는 파리 내부의 요새들 사이에서 브르통이 찾은 것은, 합리성과 이성으로 무장한 개인, 내적 인간, 영혼이라는 관념에 갇혀 있는 휴머니즘을 극복할 새로운 경험이다. 휴머니즘적 인간학에는 인간의 두 측면이 결여되어 있기 때문이다. 인간은 육체를 지닌 피조물이라는 측면과 집단적 존재라는 측면이 그것이다. 벤야민이 초현실주의 에세이에서 도입한 '인간학적 유물론'이라는 용어는 이 두 측면을 포함한 새로운 인간학을 의미한다. 휴머니즘적 인간학의 종말을 고한 자리에 등장한 인간학적 유물론의 결정적 계기는 일차대전 경험이다. 일차대전은 인간이 한편으로는 동물적인 피조물이고, 다른 한편으로는 정치적이고 유물론적인 측면을 지닌 존재임을 깨닫게 해준 계기였다. 벤야민에게 초현실주의는 이에 부합하는 예술적 모델로서, 예술을 "한편으로는 생리학적-인간적인 것, 동물적-인간적인 것에 연계시키고, 다른 한편으로는 정치적인 것에 연계"(II, 1023쪽)[9]시킨다.

인간학적 유물론은 휴머니즘적 인간학에 결여된 두 측면을 복원하기 위해 자족적 내면성을 붕괴시킨다. 그것은 경험의 우연성을 강조하고 경험 대상을 유물론적으로 확장시킴으로써 경험이 훨씬 더 풍부해지기를 기대한다. 초현실주의자들이 영혼의 세계에 침잠하기보다 사물의 세계에 경도되는 것도 이 때문이다. 초현실주의와의 긴

---

9. 독일에서 출간된 발터 벤야민 전집(Walter Benjamin, *Gesammelte Schriften*, Bd. *I~VII*, Frankfurt a. M., 1974~1991)을 인용 및 참고하는 경우 문장 끝에 '로마자, 쪽수' 형식으로 축약하여 표기하기로 한다.

밀한 관계에서 보면, 벤야민은 대도시 일상으로부터 습득한 파편을 인용하고 조합하는 초현실주의적 글쓰기 기법과 함께 그 예술적 정치적 의도에 공감했다.[10] 초현실주의 기획에 대한 벤야민의 대결은 19세기 문화사를 독특한 방식으로 서술하고자 한 파사주 프로젝트로 이어진다.


## 엠블럼과 사유이미지

거리의 사물세계는 산책하는 비평가의 사유를 촉발시키는 우연적 계기다. 이는 거리에서 마주치는 소재에서 취한 단편의 제목과 내용이 아주 느슨한 관계만 맺고 있음을 의미한다. 단편 「알림: 여기 심어 놓은 식물들 보호 요망」에서 벤야민은 알림판 내용에서 힌트를 얻어 다음과 같은 성찰을 펼친다.

지금까지 살아온 삶의 모든 문제들은 우리의 시야를 가로막는 벌채 금지구역처럼 우리 뒤에 남겨진 게 아닌가? 우리는 그것을 아예 없애 버리거나 잎을 쳐내 시야를 틀 생각조차 거의 하지 않는다. 우리는 계속 나아가면서 그 벌채 금지구역을 뒤에 남겨놓는다.(『선집 1』, 79쪽)

거리 알림판에서 보호대상으로 지정된 재배식물은 우리가 살아가면서 남겨놓는 과거의 알레고리다. 여기서 구체적 이미지와 덧붙인 주석은 자의적으로 연결되어 있다. 첫번째 단편 「주유소」도 마찬가지다.

---

10. Gérard Raulet, "'Ein Prospekt von jäher Tiefe,' Zum Konstruktionsgesetz der Einbahnstraße," in: Bernd Witte(Hg.), *Topographien der Erinnerung. Zu Walter Benjamins Passagen*, Würzburg, 2008, 209쪽.

사람들의 견해란 사회적 삶이라는 거대한 기구의 윤활유와 같다. 우리가 할 일은 엔진에 윤활유를 쏟아붓는 것이 아니라, 숨겨져 있는, 그러나 반드시 알아내야 할 대갈못과 이음새 자리를 찾아 기름을 약간 뿌리는 것이다.(『선집 1』, 70쪽)

'주유소'라는 제목은 문자 그대로 자동차에 윤활유를 공급하는 주유소에서 따온 것이다. '주유소'는 표제인 동시에 도시교통을 떠올리게 하는 텍스트-이미지다. 자동차에 윤활유를 공급하는 주유 모티프에서 지식인의 실용적 역할에 대한 성찰이 촉발된다. 이 단편은 주유소라는 도시 이미지와 지식인 역할에 대한 주석이 결합되어 현대판 엠블럼이 된다. 비평가의 견해가 사회라는 거대한 기구의 작동을 도우려면, 윤활유를 "사회적 삶이라는 거대한 기구"에 쏟아붓는 것이 아니라, 그 기구가 원활히 작동하기 위해 "반드시 알아내야 할 대갈못과 이음새를 찾아 기름을 약간 뿌리는 것이다." 이 글은 「생산자로서의 작가」에서 작가를 두고 '지사志士'가 아니라 '기술자' 같아야 한다고 했던 주장을 상기시킨다.(II, 683~701쪽 참조) 또다른 단편 「장갑」을 읽어보자.

동물에 대한 혐오감에서 지배적인 감정은, 동물을 만질 때 그 동물이 자신을 알아볼지 모른다는 두려움이다…… 모든 혐오감은 원래 접촉에 대한 혐오감이다. 혐오감 극복도 과도하게 급작스러운 동작을 통해서만 가능하다. 즉 혐오스러운 그것을 재빨리 움켜쥐고 먹어치우는 것이다. 이때 아주 부드러운 피부 간 접촉은 금기시된다. 이렇게 해서만 다음과 같은 도덕적 요구의 역설이 충족될 수 있다. 그것은 인간에게 혐오감을 극복하는 동시에 혐오감을 매우 세심하게 키워나가는 태도가 요구된다는 것이다. 인간은 피조물이 부를 때 혐오감으로 응할지라도 피조물과 친족관계에 있다는 잔혹한 사실을 부인해서는 안 된다. 말하자면 인간은 자신을 피조물의 주인으로 만들어야 한다.(『선집 1』, 78쪽)

장갑은 파리 거리의 잡화상 진열장 혹은 노점상 좌판 위에서 발견한 것일지 모른다. 장갑은 외부와의 직접적인 피부 접촉을 막아주는 속성을 지닌바, 근대적 인간성이 어떻게 자신의 동물성을 부인하면서 형성되었는지 성찰을 이끌어낸다. 이 점에서 「장갑」은 근대적 인간성과 그 안에 잠재된 동물성의 관계를 밝혀내는 엠블럼이다. 장갑을 낀 손이 대상과의 직접적 접촉을 피하는 것은, 접촉의 대상이 불러일으킬지 모르는 자기 안의 타자를 회피하기 위해서다. 즉 우리는 동물과 친족관계에 있는 우리의 피조물성을 회피한다. 장갑 낀 손은 혐오감에 빠져 직접적 접촉을 피한다. 벤야민은 혐오감을 극복하는 동시에 세심하게 키워내는 태도를 요구하는데, 이는 억압자에 대한 저항의 맥락에서 요구되는 혐오감을 염두에 두기 때문이다.

표지사진[11]을 포함시키면 『일방통행로』는 이미지, 표제, 주석으로 구성된 바로크 엠블럼과 유사하다. 『일방통행로』의 단편들은 이미지와 주석이 알레고리 관계에 있음을 의미한다. 예를 들어 「주유소」는 지식인의 실용적 역할에 대한 엠블럼이고, 「장갑」은 근대적 인간성과 그 안에 잠재된 야수성의 관계를 보여주는 엠블럼이다. 각 단편의 제목은 단 하나의 이미지인 표지사진에 달린 다양한 표제라고 보거나, 그 자체로 텍스트-이미지 형식을 취한다고 볼 수도 있다. 현대적 엠블럼은 바로크 엠블럼과 달리 텍스트 이미지가 시각적 이미지를 대체한다. 주로 자연에서 이미지를 가져오는 바로크 엠블럼과 달리 『일

---

11. 이 책 28쪽의 다음 글 「정지의 변증법」의 표지사진 설명 참조.

방통행로』에서 엠블럼 이미지에 해당하는 것은 도시와 상품의 이미지다. 주석은 이미지의 본래적 의미와 무관한 내용을 담고 있어 두 요소는 대립하고 불일치한다. 이러한 불일치 속에서 현대적 엠블럼은 바로크 엠블럼보다 더 해독하기 어려운 수수께끼가 된다.

원래 엠블럼은 자연의 초월적 질서에 대한 믿음이 깨지기 시작한 중세 후기 의식을 표현한 양식이다. 세계관의 위기의식에도 바로크 엠블럼은 세상의 모든 현상 뒤에서 은밀한 지시관계를 발견하는 기독교 상징신학에 토대를 둔다. 반면 『일방통행로』에서 모든 이미지 간 연결고리는 사회적 삶이라는 거대한 장치인데,[12] 여기서 사회적 삶의 불투명성을 꿰뚫는 총체적 의미 연관은 존재하지 않는다. 이미지들을 퍼즐조각처럼 하나의 그림으로 짜맞출 수 없는 것은 그 때문이다. 『일방통행로』는 경제, 기술, 공공영역 등 모든 삶의 영역에서 찾아낸 이미지와 사유를 결합시킨 복합체를 나열하고 있을 뿐이다. 혁명적 중단에 대한 정치학을 위시해서 인간, 사회, 역사를 보는 철학적 성찰은 경제적 세력 간의 계급적 적대관계로 현실을 설명하는 마르크스 학설이나 유물론적 세계관으로 수렴되지 않는다.

바로크 엠블럼과의 이러한 차이에서 보면 『일방통행로』의 글쓰기 형식은 차라리 아도르노가 제안한 것처럼 사유이미지라고 명명하는 편이 낫다. 1932년 전후에 쓴 단편들로 구성된 책의 제목이기도 한 사유이미지는 순간촬영처럼 포착한 구체적 이미지와 거기서 촉발된 단상으로 구성된 글의 형식을 의미한다. 사유이미지들은 그 의미상 뚜렷한 연관성을 보여주지 않으며, 어떠한 상징적 해석 시도도 거부

---

12. Heinz Schlaffer, "Denkbilder. Eine kleine Prosaform zwischen Dichtung und Gesellschaftstheorie," in: W. Kuttenkeuler(Hg.), *Poesie und Politik*, Stuttgart, 1973, 144쪽 참조.

한다.[13] 사유이미지는 하나의 의미체계를 제시하기보다는 사유의 파편들을 만들어내는 편이 더 진리를 드러내는 데 가깝다는 생각에 토대를 둔다. 의미체계는 주관적 의도로 만들어진 것인 반면, 사유의 파편들은 진리가 간헐적이나 직접적으로 드러나게 하는 매체가 되기 때문이다. 현대사회에 대한 철학적 인식은 명상과 관조 속에서 세계를 해석하고 체계적으로 의미를 부여하는 의식 주체에 의해 포착되지 않는다. 『독일 비애극의 원천』의 「인식론비판 서론」에서 벤야민은 다음과 같이 사유의 파편을 설명한다.

> 사유는 끈기 있게 항상 새로이 시작하며, 사태 자체로 집요하게 돌아간다. 이러한 부단한 숨고르기가 정관(靜觀, Kontemplation)의 가장 고유한 존재형태다. 왜냐하면 정관은 어떤 동일한 대상을 관찰할 때, 여러 상이한 의미층을 쫓는 가운데 항상 새로운 자신의 출발을 위한 추진력을 얻고, 자신의 단속적인 리듬의 정당성을 얻기 때문이다……사유 파편들이 지니는 가치는 그 파편들이 근본구상에 견주어 측정될 능력이 없으면 없을수록 더 결정적인 것이 된다.[14]

아도르노는 벤야민이 감각적 관조와 인식을 결합하기 위해 이른바 이미지적 사유를 추구했지만 이는 이론적 해석에 의해 매개되지 않는 한 "보기의 마술"에 그칠 수 있다고 비판한 바 있다. 아도르노는 벤야민의 변증법적 이미지가 자칫하면 전前 문자시대의 마법적 의식 차

---

13. 아도르노는 이러한 측면에서 사유이미지들이 벤야민이 『독일 비애극의 원천』 서문에서 설명하고 있는 단자적 이념들과 형식적으로 유사하다고 보았다. 단자적 이념들과 마찬가지로 사유이미지들은 불연속적 다양성을 이루면서 어떠한 체계화도 거부한다. Th. W. Adorno, "Benjamins Einbahnstraße," in: Th. W. Adorno, *Gesammelte Schriften, Bd. II*, Frankfurt a. M., 1968, 681~682쪽 참조.
14. 발터 벤야민, 『독일 비애극의 원천』, 최성만·김유동 옮김, 한길사, 2009, 37~38쪽.

원으로 퇴행할 수 있다고 우려했다. 아도르노의 이러한 염려는 지나친 것으로 보인다. 벤야민은 "의지에 생생한 활력을 불어넣어주는 것은 표상된 이미지뿐이며 이미지로 정확하게 표상하는 일 없이 건전한 의지란 없다"(『선집 1』, 115쪽)라고 말할 정도로 이미지의 힘을 강조하는 것처럼 보인다. 그러나 궁극적으로 이미지는 새로운 문자 읽기를 위한 변증법적 계기다. 변증법적 이미지를 통한 인식은 이미지를 표상하는 데 그치는 것이 아니라 그 의미를 해독하는 것이다. 즉, "긴장으로 가득찬 구도 안에서 정지하는 순간"(V, 595쪽)에 섬광처럼 떠오르는 이미지를 지금까지 은폐되어 있던 것으로 새롭게 발견하면서 그 의미에 대한 논평을 시도한다.

## 정지의 변증법

『일방통행로』의 표지는 사샤 스톤의 사진 몽타주다. 거리 오른쪽에 배치된 상점들이 원근법에 따라 소실점을 향해 죽 뻗어 있고, 사진 왼쪽에는 '일방통행로'라고 적힌 화살표 모양의 교통표지판들이 하단으로 갈수록 급격하게 작아진다. 이 몽타주의 의미와 관련해서 벤야민은 1926년 숄렘에게 다음과 같이 이야기한다.

> 내 아포리즘들은 독특한 조직 내지 구성을 이루어서, 팔라디오가 비첸차에 세운 저 유명한 무대그림 〈거리〉처럼 급격한 층위의 전경도가 펼쳐지는 거리가 되었어.(Briefe, 433쪽)

『일방통행로』의 구성을 두고 한 이 말은 표지사진에서 형상화된다. '담배' '카펫' 등의 간판이 보이는 상점 거리는 팔라디오의 그림에 나오는 거리처럼 급격한 원근법을 보여주고 있다. 표지사진과 텍스트 구성에 적용한 급격한 층위 변화는 무엇을 의미할까? 급경사의 환상과 속도감을 불러일으키면서 나타나는 일방통행로의 소실점—한 방향으로 죽 뻗은 일방통행로와 그 끝에 보이는 소실점, 이 두 가지가 지닌 의미는 무엇일까?

먼저 일방통행로에 대해 생각해보자. 벤야민은 책의 헌정사에서 1924년 카프리섬에서 알게 된 러시아의 공산주의자 아샤 라치스가 자신의 내면에 길을 뚫은 엔지니어라고 밝히면서 이 책-거리를 '아샤 라치스 길'이라고 불렀다. 라치스를 통해 생생하게 접한 혁명을 향한 길은 되돌아가는 것을 허용하지 않는 일방통행로임을 의미하는 것처럼 보인다. 다른 한편 벤야민이 '일방통행로'라는 제목 이전에 붙였던 '통행차단'이라는 제목은 앞에서 언급한 의미와는 정반대로 일방통행로에 대한 부정적 관점을 암시한다. 방향을 바꿀 수 없이 달려온 일방통행로의 막다른 지점에서 통행차단이라는 표지판을 만난다면? 이 경우 일방통행로는 지금까지 일방통행으로 달려오던 지배의 역사를 의미하게 되면서, 표지사진은 지배의 역사가 막다른 골목에 부딪칠 수 있음을 암시하는 알레고리로 읽을 수 있다.

벤야민은 표지사진에 대해서 어떠한 구체적 주석도 제시한 적이 없지만, 벤야민 고유의 역사철학적 모티프와 연관시키는 해석이 지배적이다.[15] 즉 무한히 연장되는 것처럼 보이는 일방통행로는 "무한한 완성 가능성에 상응하는, 종료시킬 수 없는 진보" "자동적으로 직선이나 나선형 궤도로 진행되는, 본질적으로 저지할 수 없는 진보"(「역사의 개념에 대하여」, 『선집 5』, 344쪽)를 표상하는 이미지다. 원근법의 급

---

15. Gérard Raulet, "Einbahnstraße," in: Burkhardt Lindner(Hg.), *Benjamin Handbuch. Leben-Werk-Wirkung*, Stuttgart, 2006, 360~361쪽 참조.

발터 벤야민, 『일방통행로』 초판 표지,
로볼트출판사, 1928.
표지 사진은 사샤 스톤.

격한 층위 변동으로 인해 형성되는 소실점은 그러한 무한한 진보의 종착역에 해당하고, 이는 미래에 도달할 궁극적 지점을 지향하는 목적론적 사고에 상응한다. 그러나 소실점은 주관적 상상의 개념으로 실제로는 존재하지 않는다. 역사인식에 적용하면, 소실점은 역사의 방향에 대한 철학적 논의에서 미래에 도달할 수 있는 지점이자 순간으로 표상되지만, 그것은 표상에 불과할 뿐이다. 어쩌면 우리는 목표지점이 있다는 착각하에 일방통행로를 끝없이 걷는 것인지 모른다. 목적론적 역사인식은 벤야민의 역사인식과는 배치된다. 원근법에 따라 시선의 주체에게 나타나는 소실점이 실제로는 존재하지 않는 지점이듯이, 역사의 궁극적 목적 역시 마찬가지다. 벤야민은 역사에 대한 목적론적 사고는 극복해야 할 역사관이라고 생각했다. 사회민주주의자들의 진보 이데올로기가 여기에 해당하고, 사적 유물론 역시 계급 없는 사회라는 미래의 이미지에 사로잡히는 순간 목적론적 사고에 굴복한다고 벤야민은 생각했다.

목적론적 사고에 대한 이의제기는 표지사진에서도 이루어진다. 이 몽타주 사진에서 특기할 만한 점은 거리와 표지판의 소실점이 상충한다는 점이다. 즉 거리의 중심선이 위를 향해 뻗어나간다면, 교통표지판의 중심선은 오른쪽 방향으로 나아가면서 거리의 중심선을 가로지른다. 이러한 구성은 정지 이미지를 환기시킨다. 전진의 중단은 '정지의 변증법'에 기초한 벤야민의 역사철학을 떠올리게 한다. 일방통행의 원근법이 자연과 인간을 지배해온 목적론적 시각을 의미한다면, 이를 가로지르는 수평 방향 화살표는 목적론에 정지를 명령하는 역사의 비유에 해당한다. 단, 역사의 중단은 일회적인 것이 아니라 수없이 자주 일어난다. 또한 그러한 중단은 역사 위에서, 즉 역사를 초월한 곳에서 일어나는 것이 아니라 역사가 진행되는 중에 일어난다. 역사를 초월한 지점에서 수행되는 역사의 모든 단절, 즉 종말론은 벤야민의 역사관과 거리가 있다.

1921년에 쓴 것으로 추정되는 「신학-정치 단편」에서 벤야민은 종교적 의미를 지닐 뿐 정치적으로는 비생산적인 종말론적 사유를 현실정치에 끌어들이는 입장에 반대한다. 「신학-정치 단편」은 세속화에 대한 벤야민의 태도가 명시적으로 표현된 유일한 글이다. 이 단편에서 벤야민은 세속적인 것과 성스러운 것은 애매하게 혼합되는 것도, 유비관계에 놓이거나 상호이행되는 것도 아닌, 엄격히 분리된 두 질서임을 분명히 한다. 벤야민이 신정론을 배격하고 메시아주의나 종말론을 정치적 목표로 추구할 수 없다고 본 것도 그 때문이다. 세속적 관점을 내세우는 정치인은 어떤 경우에도 역사적인 것과의 단절을 목표로 삼을 수 없다. 세속적 질서는 신적 질서와 혼동될 수 없는 인간 고유의 실천 영역이기 때문이다.(「신학-정치 단편」, 『선집 5』, 127~131쪽 참조) 중단의 힘은 구원과 해방에 대한 종말론적 기대지평이나 어떠한 정치적 비전 또는 목표 설정에서 저절로 나오는 것이 아니다. 중단은 오히려 역사 속에 감추어진 불연속적인 전환과 변혁의 지점, 은밀하면서도 돌발적으로 나타나는 지점을 발견하는 데 있다.

물론 『일방통행로』 표지사진을 위에서 설명한 벤야민의 역사철학적 성찰과 연결시킬 수 있는지는 확실하지 않다. 표지사진 속 교통표지판은 단순히 일방통행로에서의 전진을 가로막는 걸림돌로 볼 수도 있다. 이 경우 표지사진은 막힘없이 목표지점에 곧바로 도달하기란 불가능하다는 의미를 담는다.


## 대도시 문자문화와 정신의 현존

인쇄술의 발명 시기부터 적어도 19세기까지 책의 문화적 위상이 흔들리지 않았다면, 20세기에 들어 이 주도권은 확연하게 깨진다. 이러한 인식에서 벤야민은 다다이스트들과 입장을 공유한다. 의미를 중시하던 문자문화에서 문자 형태 같은 물질적 차원을 중시하는 문자문화로 변화한다는 것. 이는 상징주의 시의 선구자 말라르메의 실험시에서 확실한 조짐을 보여준다. 1900년경에는 독해 가능성을 완전히 희생시킨 대신에 문자의 물질성을 전면에 내세우는 시까지 등장했다.[16] 벤야민은 말라르메의 실험시나 베를린 다다이스트들의 언어 실험도 잘 알고 있었다. 『일방통행로』는 문자문화에 일어난 변화를 집필의 전제조건으로 삼는다. 벤야민은 상업성의 논리에 의해 전통적 문자문화가 갈수록 몰락하고, 도시는 바로 그러한 몰락이 가시화되는 무대라고 본다. 「공인회계사」에서 그는 문자문화의 변화를 다음과 같이 서술한다.

인쇄된 책 속에서 은신처를 찾아 자율적인 삶을 살아온 문자가, 이제 광고들에 의해 거리로 무자비하게 끌어내어져 경제적 혼란을 일으키는 잔인한 타율성의 지배를 받게 되었다. 이것이 바로 문자가 새로운 형식을 익혀나간 엄격한 학습과정이다. 수백 년 전 문자가 서서히 눕기 시작하여 직립의 비문이 탁자 위에 비스듬히 놓인 육필이 되었다가 결국 서적 인쇄물에서 완전히 눕게 되었다면, 이제 그 문자가 다시금 바닥에서 서서히 일어나기 시작한다. 이제 신문은 수평으로보다는 수직으로 읽히며, 영화와 광고는 끝내 문자를 강압적 방식으로 수직으로 내몰고 있다. 그리고 이 시대 사람들은 책을 한 권 펼쳐볼 엄두를 내기도 전에 그들의 눈 위에 변화무쌍하고 다채로우며 서로 다투는 철

16. 모르겐슈테른의 시 「위대한 랄룰라」가 대표적이다. 키틀러는 문자의 물질성을 전면에 내세우는 시의 등장을 '기록시스템 1900' 문학의 특징으로 설명한다. 프리드리히 키틀러, 『기록시스템 1800·1900』, 윤원화 옮김, 문학동네, 2015, 369쪽 참조.

자들의 촘촘한 눈보라가 내려앉는다. 그렇게 사람들이 책의 태곳적 정적에 침잠할 기회가 거의 사라져버렸다. 오늘날 대도시인들이 정신이라고 믿었던 태양은 문자의 메뚜기떼에 가려졌고 이 무리는 해가 바뀔수록 더욱 빽빽해질 것이다.(『선집 1』, 94~95쪽)

이 인용문은 현대 문자문화에 일어난 여러 변화를 압축적으로 보여주는데, '메뚜기떼'로 표현된 문자의 물질성, 거리로 끌려나온 문자의 새로운 기능, 신체적으로 위협적인 자동차 같은 충격효과 등으로 표현한다. 첫째, 대도시 거리에 문자가 범람한다. 광고판, 네온사인, 포스터 등 자본주의적 소비경제가 대도시를 지배하면서, 거리에는 이미지뿐 아니라 문자가 넘쳐난다. 그리하여 글자의 물질성 차원이 증대한다. 둘째, 문자의 형태 및 기능이 변화한다. 그것은 수평에서 수직으로, 안에서 밖으로의 변화를 의미한다. 거리의 문자는 책을 읽을 때와 같은 정신적 관조대상이 아니라 우리의 신체에 마치 충격파처럼 직접적으로 다가온다. 셋째, 경제 논리는 문자를 이차원 책 세계에서 누리던 태곳적 정적에서 강압적으로 끌어내 거리로 내몬다.

거리로 끌려나온 문자는 책에서와 달리 수평선이 아니라 수직선에 놓인다. 이 점에서 그것은 고대의 비문이나 벽화 속 문자의 귀환과도 같다. 문자는 책의 평면적 형식을 벗어나 먼 옛날 상형문자처럼 삼차원 공간을 다시 정복한다. 문자의 입체적 전시 가능성은 결국 문자를 의미 차원이 아닌 신체적 감응 차원에서 받아들이게 한다. 강압적 방식으로 내몰린 수직적 문자 배열은 센세이션에 대한 강제성이 저널리즘의 시사성 추구 의무를 대체하고 있음을 뜻한다. 또한 인쇄된 책속이 아니라 공공장소로 쏟아져나와 있기 때문에 거리의 문자는 독서, 즉 "책의 태곳적 정적에 침잠"하는 것과 거리가 멀다. 이는 명상적 읽기를 독려했던 문자문화의 몰락을 의미하기도 한다. 책의 추방에 가까운 이러한 변화는 공공성의 구조변화와도 관련이 있다. 현대에는 문화반성적 공중 대신에 문화소비적 공중이 주도권을 쥐게 된다. 이러한 변화가 일어나게 된 결정적 계기는 자본주의이고, 대표적인 사례가 대도시에 범람하는 광고문화다.

문자의 새로운 형태와 기능에 대한 강조는 당시 지식인 문화에서 붐을 이룬 예술·문화·정치 논쟁 및 말의 수사학과 대조적이다. 바이마르공화국 시대에 쏟아져나온 선언문, 논쟁, 호소문 등은 공동체 안에서 일정한 영향력을 행사하고자 한 문필가적 노력의 소산이다. 하지만 벤야민은 문자문화에 일어난 변화를 고려하지 않는 한, 이러한 노력은 의도한 바를 달성하기 어렵다고 보았다. 수사학은 의미를 환기시키는 말의 힘, 말을 통해 전달되는 정신의 힘을 믿지만, 대도시 문자문화에서 그러한 믿음은 효력을 상실해가고 있기 때문이다. 벤야민이 "삶을 구성하는 힘은 확신보다는 사실에 훨씬 더 가까이 있다"(『선집 1』, 69쪽)고 말한 것도, 문자언어에서 의미론의 우위가 깨진 것과 관계가 있다. 1934년에 쓴 「생산자로서의 작가」에서 정치적 '경향'에 대한 답변 역시 마찬가지다. 벤야민은 이 글에서도 문학의 실천적 영향력은 정치적 신념이나 견해의 힘이 아니라 생산장치의 기능 변화를 끌어낼 기술적 혁신에 있다고 주장한다.(II, 261쪽 참조)

문자문화의 변화는 전통적으로 비평이 추구한 객관성, 자유로운 시선, 공평함의 확보가 어려워졌음을 의미한다. 글자의 형태와 기능이 변화하고 글자의 물질성에 대한 관심이 증폭된 새로운 상황에서, 전통적 비평이 차지하던 부지를 다른 방식의 글쓰기에 임대해야 할 필요성이 제기된다. 「이 부지를 임대함」에서 벤야민은 자본주의의 광고문화가 비평적 글쓰기에 야기한 변화를 다음과 같이 서술한다.

비평이란 적당한 거리두기다. 비평은 관점과 전망이 중요하고 입장을 취하는 것이 아직 가능했던 세계에 터전을 둔다. 그동안 사물들은 너무나 뜨겁게 인간사회에 밀착되어버렸다. 이제 '선입견 없는 공평함'과 '자유로운 시선'은 단순히 무능함을 드러내는 순진하기 짝이 없는 표현이거나 거짓말이 되어버렸다. 오늘날 사물의 심장을 들여다보는 가장 본질적이고 상업적인 시선은 광고다. 광고는 자유롭게 관찰할 수 있는 자유공간을 없애버리고 사물들을 화면 밖까지 거대하게 부풀리면서 마치 우리를 향해 달려오는 자동차처럼 위험할 정도로 우리에게 가까이 밀어붙인다.(『선집 1』, 138쪽)

광고에서 일어나는 가까움은 대상에 대한 거리두기와 관점 갖기를 토대로 하는 전통적 비평의 몰락을 가져오지만, 그렇다고 비평 자체가 사라지는 것은 아니다. 문자문화의 변화는 비평가의 태도와 집필 방식에 변화를 요구한다. 비평가에게는 보편적 지식과 견해가 아니라 순간적 포착능력, 주의력, 정신의 현존, 충격 방어 등 새로운 태도가 요구된다. 벤야민은 비평적 글쓰기를 주의력, 관찰력 면에서 외과수술 과정에 비유하기도 한다.

신중하게 커피를 따라 마시자 생각이 클로로포름 아래 잠긴다. 마취 중에 있는 사람이 꾸는 꿈이 외과의사의 손놀림과 무관하듯, 그 생각이 무슨 궁리인가는 사태 자체와 더이상 아무런 관련이 없다.(「종합병원」, 『선집 1』, 137쪽)

명상이 아니라 사태 인식이 중요하다는 관점은 「기술복제시대의 예술작품」에서 마술사와 외과의사 비유로 다시 등장한다. 화가는 대상과 관조적 거리를 유지하면서 힘을 발휘하려는 마술사로, 카메라맨은 거리감을 포기하는 대신 환자 신체 내부로 파고들어가 숨겨진 세부사항을 들추는 외과의사로 비유된다. 화가가 하나의 시점을 중심으로 성립하는 총체적인 상을 그린다면, 카메라는 파편적 단편적 상을 보여주면서 대상의 은폐되어 있던 세부사항에 대한 감수성을 강화시킨다. 지금까지 은폐되어 있던 사물의 영역이 기술의 영역으로 등장하는 것이다.(「기술복제시대의 예술작품」, 『선집 2』, 79~80쪽 참조)

이제 진실은 작가의 영감이나 관조, 상상력에 의해 포착되는 것이 아니다. "글을 쓴다는 것은 [작가의 내면에 전달된] 경고음에 따라 활동하는 것과 다름없다."(「긴급기술지원대」, 『선집 1』, 148쪽) 「마담 아리안, 두번째 안뜰 왼편」에서 벤야민은 미래를 묻는 나태함을 거부하며 징표, 예감, 신호를 포착하는 능력, 즉 정신의 현존[17]을 요구하는데, 여기서 정신주의를 넘어선 새로운 지각이론이 예고된다. 의미심장한 외부신호는 정신적 관조와 명상으로는 포착할 수 없다. 오히려 육체와 정신을 구분하지 않고 상상력과 신경자극, 인식과 행동을 연결시키는 총체적 인지경험, 즉 '신경감응'이 필요하다.

그래서 갑자기 불이 난다거나 마른하늘에 날벼락이 치듯 누군가의 부고가 날아들 때면 우리는 말문이 막히는 그 첫 경악의 순간 죄의식을 느끼고, 형체를 알 수 없는 비난의 목소리를 듣게 되는 것이다. 사실은 네가 그것을 이미 알고 있었던 게 아니더냐? 네가 지난번 그 망자에 대해 말했을 때 입안에서 그의 이름은 이미 다르게 울리지 않았더냐? 네가 보고 있는 불꽃 속에서는 네가 이제야 비로소 이해한 엊저녁의 언어 신호가 눈짓을 보내고 있지 않았더냐?(『선집 1』, 154쪽)

---

17. '현존Geistesgegenwart'은 대상에 대한 인식 태도로서 벤야민의 텍스트에서 종종 등장하는 개념이다. 이 개념을 '정신집중'이 아니라 '정신의 현존'이라고 번역한 이유는, 전자의 경우 정신의 몰입이나 관조와 유사한 의미로 받아들여질 수 있기 때문이다. 벤야민은 새로운 기술적 사회적 조건 아래에서 정신적 몰입이나 수동적 주관적 몰입 대신 다감각적 신체 체험이나 대상과의 유희적 관계를 강조한다.

정신의 현존은 벤야민의 사유방법론으로서 아주 중요한 개념이다. 벤야민에 따르면, 칸트 이후 기존의 관념론적 미학에서는 일정한 관점과 입장을 통해 세계를 해석하고 거기에 의미를 부여하는 개인적 주체가 강조되었다면, 새로운 기술적 사회적 환경에서 그러한 의미의 주체와 미학적 관조 관점을 유지하기가 어려워졌다. 대상과 일정한 거리를 유지하는 개인의 주체의식 대신에 요구되는 것은 자칫 놓칠 수 있는 생생한 신호를 포착하는 능력, 즉 정신의 현존, 습관화된 주의력이다. 사유 주체는 우연히 사물을 만나는 순간 주의력을 작동시키는데, 이때 그러한 주의력은 사물만이 아니라 사유 자체를 향한 것이기도 하다. 주의력은 순간에 일어나는 일을 정확하게 인지하는 '정신의 현존'으로 바꿔 말할 수 있다. 정신의 현존은 수동적 관조나 계산된 선택 혹은 의지에 따른 집중력과 다르다. 그것은 '임의로 할 수 없는 것'이 일어나거나 인식되는 순간에 이를 포착하기 위해서 요구되는 태도다. 『일방통행로』의 작가로 하여금 거리에서의 착상을 붙들게 만든 태도도 바로 이 각성상태의 정신이다.

뒤러의 〈멜랑콜리아 I〉에서 창조의 근원을 골똘히 생각하는 천사의 말없는 관조는 수동성, 자기폐쇄성, 멜랑콜리를 보여준다. "순간적으로 스쳐지나가는 진정한 역사적 상을 붙잡을 자신이 없는 나태함, 태만"(「역사의 개념에 대하여」, 『선집 5』, 335쪽)이라고도 할 수 있다. 정신의 현존은 이와는 정반대되는 태도다. 이 태도는 "위험의 순간에 역사적 주체 앞에 예기치 않게 나타나는 과거의 이미지를 붙드는 일"(같은 글, 334쪽)을 위해 요구된다. 정신의 현존은 『일방통행로』에서처럼 산책자의 사유에 국한되지 않는다. 벤야민은 예술수용, 정치적 실천, 역사인식, 기억에서 모두 이 각성상태를 요구한다. 이를 통해 얻은 순간적 통찰이야말로 철학적 예술적 역사적 인식의 진정한 변화를 가져다주는 계기이기 때문이다.

## 꿈의 발굴

「멕시코 대사관」「113번지」「지하공사」「내부공사 관계로 임시 휴업!」 등의 글에서, 벤야민은 거리에서 마주친 간판, 벽보 등을 통해 자신이 꾸었던 꿈을 연상한다. 내부공사로 문을 닫은 어느 가게는 스스로 총을 쏘아 시신이 된 자신을 바라보던 꿈을 떠올리게 하고, 멕시코 대사관은 탐험대 일원으로 간 멕시코 원시림의 동굴에서 아주 오래전부터 내려온 멕시코 예배의식을 본 꿈을 연상시킨다. 지하공사 현장은 바이마르의 어느 광장에서 발굴 작업을 목격한 꿈을 환기한다. 멕시코 대사관, 공사로 문을 닫은 상점, 지하공사 현장 등 도시의 구체적 현실 단편을 작가 개인의 꿈과 연결시키는 『일방통행로』의 글들은 자본주의 문화의 산물에 집단적 꿈을 연결시킨 『파사젠베르크』의 전신이다.

벤야민은 이 단편들을 쓰던 당시 이미 파사주 프로젝트를 『일방통행로』의 후속편으로 구상했다. 『일방통행로』에서 묘사된 꿈은, 개인 심리의 차원에 머물고 있긴 하지만, 잊고 있던 꿈이 구체적 사물에 의해 어떻게 환기되는지를 보여준다. 이 점에서 꿈의 기술은 집단적 차원의 꿈과 무의식을 분석하는 파사주 프로젝트의 준비단계에 속한다. 벤야민은 단편 「우표상」을 파사주 프로젝트의 미니어처라고 부르기도 했다. 우표 모티프는 초현실주의자 루이 아라공의 소설 『파리의 농부』에서 가져온 것이다. 우표에 대한 관심은 "가장 가깝게 있는 것, 폐품에 대한 지향"(V, 1030쪽)에 기인한다. 우표는 19세기의 통신수단으로 한때는 유용했지만 전화, 전보 등 새로운 통신기술에 밀려 구식이 된 문화적 산물이다. 우표는 다다이즘, 구성주의, 미래주의 예술가들에게는 거의 주목받지 못한 낡은 사물에 속한다. 낡은 사물이 지난 세기의 꿈을 재발견하도록 하는 사물로서 관심을 받게 된 것은 초현실주의에 이르러서다.

아라공의 화자는 철거 직전의 파사주 안에 있는 우표가게에 들어가 먼지 낀 우표에서 유년시절의 꿈을 떠올린다. 브라질 황제의 초상화, 뉴질랜드의 기린, 오스트레일리아의 백조, 아메리카에 도착한 콜럼버스, 하얀 망토를 입고 낙타를 타고 있는 아랍인 등 우표에 그려진 다채로운 세계를 보면서 상상의 여행을 한다. 우표를 유년의 동반자로 기억할 모든 개인이 꾸었을 법한 꿈이 먼지 낀 우표에 각인되어 있기라도 하듯이. 우표에 대한 관심은 우표를 열정적으로 수집했던 유년기를 보낸 벤야민에게도 자연스러운 것이다. 우표 수집가였던 벤야민은 우표가 단지 통신수단이 아니라 미지의 나라로의 상상 여행을 가능하게 한 미니어처 세계였음을 잘 알고 있었다.

> 우표는 거대한 국가들이 아이의 방에 제출하는 명함이다…… 아이는 걸리버가 되어 자기가 갖고 있는 우표에 그려져 있는 나라와 민족을 방문한다.(『선집 1』, 146쪽)

벤야민의 우표 단상과 아라공 소설의 공통점은 시대에 뒤떨어진 것, 지나간 것 안에서 꿈의 흔적을 발견해내는 시선이다. 우표는 아주 작은 것, 일상적으로 가까이 있는 것이 지리적 역사적으로 먼 곳의 흔적, 꿈 같은 세계를 환기시키는 사물이다. 이 점에서 우표는 '꿈 키치'[18]에 해당한다. 벤야민은 우표 단상에서 아라공의 꿈을 넘어서고자 한다. 아라공 소설의 화자는 유년에 대한 즐거운 추억과 함께 세계사와 우표의 관계에 대해 잠시 반성하지만, 우표의 수수께끼 같은 측면에 사로잡힌 채 명상을 마친다. 즉 더이상 우표의 역사를 묻지 않고

---

18. 키치에 대한 벤야민의 시각에 대해서는 "Traumkitsch," II, 620~622쪽 참조.

유년의 꿈을 기록하는 데 그친다. 아라공에게 우표가 유년의 동반자에 그쳤다면, 벤야민은 19세기의 찬란한 개화기 이후 변화하는 세계사 속에서의 우표의 운명을 문제삼는다. 즉 우표를 역사의 폐품이 되게 한, 이른바 진보의 소실선이 우표에 새겨져 있다고 본다. 아라공 소설의 화자가 대도시의 먼지 낀 낡은 사물에 주목하면서 의도적으로 꿈 상태에 빠진다면, 벤야민은 우표에 대한 미시적 시각을 꿈 키치의 유래, 운명에 대한 반성과 결합시킨다. 벤야민이 의도한 것은 지난 세기에 꾼 꿈, 유년기의 꿈을 재발견하는 데 그치는 것이 아니라 과거의 꿈을 키치로서 인식하는 것이다. 이것이 중요한 이유는 현대인들이 "이제 꿈이 푸른빛의 먼 곳을 열어주는 것이 아니라 잿빛이 되어 버렸다"(II, 620쪽)는 사실을 인식해야 하기 때문이다.

잘 알려져 있다시피 우표의 언어가 있다. 이 우표 언어는 모스부호가 알파벳과 맺는 관계와 유사한 관계를 꽃의 언어와 맺고 있다. 그러나 활짝 피어난 꽃은 얼마나 오랫동안 전봇대 사이에서 살 수 있을까? 전후戰後의 저 크고 다채로운 예술적 우표들은 이미 이 식물군 중 가을의 꽃에 속하는 에스터와 달리아가 아닌가?…… 그 꽃은 20세기를 살아남지 못할 것이다.(『선집 1』, 147쪽)

이러한 반성과 함께 화자는 아이의 꿈에서 깨어난 역사가가 된다. 역사가는 우표에서 소멸한 삶의 흔적, 우표의 아우라가 깨지면서 생긴 세상의 조각, 폐품을 발견한다. 우표가 어떻게 수집가의 열정을 채워주는 골동품적 가치, 미학적 가치를 얻는지 벤야민은 누구보다 잘 알고 있었다. 그러나 우표상이 불러일으킨 역사적 성찰은 수집가의 열정을 넘어선다. 벤야민이 보기에 아라공은 꿈의 영역에 집착한 나머지 거기서 깨어나지 못했다. 초현실주의적 꿈 경험은 꿈에 머문 채 꿈의 변증법적 전환에 도달하지 못한다.

꿈의 변증법적 전환이 무엇인지는 단편 「아침식당」에서 엿볼 수 있다. "잠에서 깨어난 상태, 즉 아직 꿈에 취해 있는 상태에서는 꿈에 관한 이야기를 해서는 안 된다."(『선집 1』, 70쪽) 아직 꿈의 여운이 남아 있는 상태에 있는 사람은 그 꿈을 지속시키고자 하는 소망을 갖는다. "꿈의 건너편 강가에 섰을 때, 즉 밝은 대낮이 되어서야 비로소 기억의 우월한 자리에서 꿈에 말을 걸 수 있다."(같은 책, 71쪽) 이 구절은 프로이트의 꿈 분석을 상기시킨다. 개인 영혼의 무의식적 욕망들을 밝은 대낮으로 옮겨놓고자 한 프로이트의 꿈 분석은 일종의 상형문자 해독처럼 이루어진다. 분석가는 전치와 압축에 의해 변형된 꿈 이미지로부터 개인의 무의식적 욕망을 해석해내는데, 이는 꿈의 여운을 지속시키려는 태도와는 대조적이다.

벤야민이 생각한 꿈의 피안은 꿈과 단절된 경계 저 너머의 영역이 아니라, 오히려 꿈을 꿈으로 인식할 수 있게 되는 장소, 즉 비로소 안과 밖의 공간을 만들어내는 문지방 같은 영역이다. 경계와 달리 문지방을 기준으로 분리되는 공간은 자체 완결된 상태로 존재하는 것이 아니다. 문이 안과 밖의 공간을 만들어내듯이, 과거와 현재, 꿈과 깨어남이라는 서로 다른 차원은 그 자체로 존재하는 것이 아니라 문지방에서 비로소 만들어진다. 따라서 꿈에 대한 이야기는 바로 문지방에서 이루어지는 것이라는 점에서 꿈과 깨어남의 이분법을 넘어선다. 문지방 상태에 도달하는 유일한 방법은 아침식사와 같은 신체적 감각적 활동이다. 이러한 활동이 정신의 몽상적 상태를 벗어나는 유일한 길이기 때문이다. 말짱한 정신으로 꿈에 대해 이야기하는 것이 가능하기 위해서는, 정신의 몽상적 상태를 벗어나게 해주는 실천적 활동이 필요하다. 이는 꿈에 대한 이야기를 넘어 폐쇄적인 학문적 담론 영역을 벗어나는 방법이 무엇인지를 동시에 암시한다. 「숲속의 잠자는 공주」를 개작한 벤야민의 우화에서 잠자는 공주를 깨우는 계기가 "학문의 옷으로 치장한 백마 탄 왕자의 키스"가 아니라 "주방장이 시동의 뺨을 후려치는 소리"(*Briefe*, 418쪽)라는 것은 매우 시사적이다. 이 비유는 아카데미즘과의 공모를 포기한 벤야민이 어떠한 비평과 글을 추구했는지 짐작하게 해준다. 그것은 관조적 태도에서 비롯된 것이 아니라 현실로부터 온 경고음에 반응하는 글쓰기다. 여기서 꿈에 대한 논증적 반성적 꿈 해석의 진지함(프로이트의 꿈 해석)과도, 꿈에 대한 몰입(초현실주의)과도 다른 깨어남의 모델이 예고되고 있다.

벤야민은 꿈의 상태를 사유의 굳은 표면을 깨는 인식의 원천으로 본 초현실주의에 동의했지만 그 한계를 극복하고자 했다. 벤야민에 의하면 '마치 잠꼬대하듯이 꿈에 대해 이야기하는' 태도는 극복되어야 한다. 즉 일상의 이면에서 꿈 이미지, 신화 이미지를 발굴하는 초현실주의의 유산을 받아들이되, 이를 깨어남의 충격 및 기억 훈련과 결합시켜야 한다.

## 기술과 정치

『일방통행로』는 벤야민 스스로 비평가로서 자신의 사상적 전환을 새로운 글쓰기 방식으로 수행한 첫번째 결정적 시도다. 내용과 형식 모든 면에서 벤야민은 바이마르공화국 시대의 급진적인 문필가로 스스로를 자리매김한다. 벤야민이 비의적인 철학자이자 문학연구가에서 정치 참여적인 저널리스트로 전환했음을 보여준 이 최초의 책에는, 현실정치에 대한 날카로운 진단 및 윤리적 판단이 깔려 있다. 벤야민에게 정치적인 사유로의 전환은 무엇을 의미할까?

비교적 긴 단편 「카이저파노라마관」에서 그는 독일 사회의 위기를 진단하고 사회 전반을 지배하는 무기력, 비인간화, 문화적 퇴조 등을 신랄하게 비판한다. 벤야민의 진단은 상당히 포괄적이다. 인플레이션으로 인한 유통구조 몰락, 안정과 소유 관념에만 매달려오다 맹목적 대중이 되는 일반 시민, 화폐경제로 인한 사회의 비인간화, 극빈층의 존재, 독일의 고립화 등에 대한 벤야민의 진단과 비판이 '파노라마'처럼 펼쳐진다. 벤야민은 궁핍을 겪고 있는 계층을 향해 "가난과 평화협정을 맺어서는 안 되"며, "자신의 고통이 더이상 원한의 내리막길이 아니라 반란의 오르막길을 닦게 되는 그날까지 자기 자신을 단련시켜야 한다"(『선집 1』, 87쪽)고 주문한다. 저항을 촉구하는 발언은 단편 「화재경보기」에서도 찾아볼 수 있다. "3000여 년 발전해온 문화가 존속하느냐 아니면 종말을 고하느냐"(『선집 1』, 124쪽)라는 물음에 대한 답을 부르주아계급 지배의 중단에서 찾는 이 단편에서, 신학적 형이상학적 우수의 흔적은 더이상 찾아볼 수 없다.

『일방통행로』를 집필하기 이전인 1919년부터 벤야민은 현실정치의 한가운데에서 진정한 정치, 진정한 정치인에 대해 관심을 가지고 있었다. 이러한 관심에서 폭력 문제에 대한 논문들을 쓰고자 했는데 그중 유일하게 남은 논문이 1921년에 발표한 「폭력비판을 위하여」다. 여기서 벤야민은 폭력을 모든 정치의 원천이자 토대로 보면서 폭력의 정당성에 대한 비판적 성찰을 제시한다. 벤야민은 프롤레타리아트 총파업을 수단-목적 관계를 넘어선 순수한 폭력의 유형으로 옹호하는데, 이러한 입장은 정치적으로 급진적 면모를 보여주는 동시에 신적 정의에 대한 궁극적 물음과 연관된다. 이때는 아직 초기의 형이상학적이고 신학적 사유의 지평에 서 있다고 할 수 있다.[19]

---

19. 순수한 수단 개념에 대해서는 윤미애, 「종교적 전회와 벤야민의 매체이론」, 『브레히트와 현대연극』 제31집(2014), 388~394쪽 참조.

1924년에 만난 아샤 라치스는 벤야민으로 하여금 "급진적 공산주의가 지닌 시의성에 대해 깊이 있는 통찰"(Briefe, 351쪽)을 하게 해준 사람이다. 라치스의 아동극 연출 과정을 경험하고 쓴 「프롤레타리아트 아동극 프로그램」(II, 763~769쪽 참조)은 벤야민에게 정치적 사유로의 전환이란 신념의 문제를 넘어 무엇보다도 사회에 영향을 미치는 예술의 실천방식에 대한 탐색임을 보여준다. 브레히트와의 만남도 마찬가지의 의미를 지닌다. 1920년대 말에 시작된 벤야민과 브레히트의 의기투합은 예술, 문학, 문화, 정치를 둘러싼 논쟁이 붐을 이루면서 가히 말이 사실을 압도한 수사학의 시대를 배경으로 한다. 벤야민은 1920년대 중반 이후 정치적 수사에 그치지 않고 사회적 영향력을 발휘할 수 있는 글쓰기 문제로 고심하고 있었다. 1931년 서평 「좌파 멜랑콜리」(III, 279~283쪽 참조)에서 에리히 케스트너의 정치시를 비판하면서 밝혔듯이, 벤야민은 소재나 주제로 정치적 영향력을 발휘하려 드는 문학을 비판적으로 보았다. 동시대 연극에서 눈에 띈 정치극 역시 그가 생각하는 예술의 정치화에는 부합하지 않았다. 벤야민은 예술의 정치화란 신념이나 확신의 전파를 위해 예술을 도구화하는 것이 아니라 고도의 예술적 형상화와 정치적 의도를 결합하는 새로운 방식이어야 한다고 생각했다. 더이상 자연주의적 방식으로 재현할 수 없는 시대에 필요한 것은 예술적 형상화라는 것이다. 브레히트가 추구한 연극의 문학화, 장식의 포기, 제스처의 인용 가능성 등 서사극 요소들은 현실의 인위적 형상화를 위해 필요한 요소로서 본보기가 되어주었다. 벤야민에게 브레히트의 연극은 정치적 수사가 아니라 "우리의 삶을 규정하는 힘을 지닌 사실"(『선집 1』, 69쪽)을 형상화하는 데 중점을 둔 문학이었던 것이다.

『일방통행로』는 벤야민이 자신의 고유한 형이상학적 신학적 사유 모티프를 유물론과 접목시킨다는 사상적 포부를 막 밝힌 시기에 집필되었다. 그런 만큼 혁명과 정치에 대한 성찰은 이 책에서 다루어진 중요한 주제 중 하나다. 마지막 단편 「천문관 가는 길」에서 벤야민은 프롤레타리아트를 혁명의 주체로 분명하게 내세운다. 그러나 그 혁명의 목표는 계급 없는 사회에 그치는 것이 아니라, 인간과 자연, 인간과 우주의 관계를 지금까지와는 다르게 조직하는 것이다. 유물론과 정치에 대한 벤야민의 관심은 계급 없는 사회를 목적으로 내건 정치 운동에 맞닿아 있는 것이 아니라, 기술을 매개로 인간과 자연, 인간과 우주의 관계를 새롭게 설정한다는 데 있다.

지배계급은 이윤창출 욕망을 기술로 만족시키고자 했기에, 기술은 인류를 배신했고 신방新房은 피바다로 바뀌었다. 제국주의자들은 기술의 의미가 자연의 지배라고 가르친다. 그러나 어른이 아이를 지배하는 것이 교육의 의미라고 설명하며 매질하는 스승을 누가 신뢰하겠는가? 교육은 무엇보다도 세대 사이의 관계를 질서 있게 만드는 불가결한 것이 아니겠는가? 그리고 만일 우리가 지배라는 말을 쓰고자 한다면, 아이들이 아니라 세대 간의 관계를 지배한다는 말이 아니겠는가? 마찬가지로 기술 역시 자연을 지배하는 것이 아니라 자연과 인간의 관계를 지배하는 것이다…… 기술을 통해 인류에게 어떤 신체가 조직되고 있다. 이 신체 속에서 인류가 우주와 맺는 관계는 새롭게, 그리고 민족이나 가족에서와는 다른 방식으로 형성되고 있다.(『선집 1』, 163~164쪽)

천문관에서 밤하늘을 관찰하는 것은 기술의 정신이 가장 첨예하게 구현되는 무대인 대도시 일상에서는 하기 힘든 성찰의 계기가 된다. 밤하늘은 철저하게 자연으로부터 보호막을 친 대도시에서 혹독한 자연을 환기시킨다. 밤하늘은 "전율하는 네온사인의 붉은 띠로도 가려지지 않는"(같은 글, 91쪽) 자연에 속한다. "심지어 번화가에서도 [자연이 주는] 불안감은 도시인을 완전히 불투명하고 아주 섬뜩한 상황으로 몰아간다. 이러한 상황에서 도시인은 쓸쓸한 평지에 세워진 흉물 중에서 도시 건축학이 낳은 흉물을 받아들일 수밖에 없다."(같은 곳) 대도시 건축물이 흉물로 보이는 이유는 그것이 효율성과 합리성의 원칙에 토대를 둔 자연 지배의 가시화된 상징물에 속하기 때문이다. 대도시 기술문명의 본질에 대한 근본적 성찰에서 기술에 대한 기대는 '해방된' 기술을 통한 자연 지배가 아니라 고대인들이 도취 속에서 경험한 바 있던 우주와의 진정한 소통을 향한다. 기술이 인류를 배신했다는 벤야민의 표현에는 일차세계대전의 경험이 깔려 있다. 일차대전은 기술적 생산력이 어떻게 지배 질서에 의해 거대한 규모로 남용될 수 있는지 분명하게 보여준 사건이다.

벤야민은 이에 맞서 기술에 대한 도구적 관점과 구분되는 새로운 접근을 제안한다. 기술의 도구화는 지배권력뿐 아니라 그에 대항하는 혁명운동 영역에서도 마찬가지로 거부된다. 기술을 외부 목적을 위해 도구화하면 바로 그 때문에 그 목적은 달성하기 어려워진다. 중요한 것은 추상적 성찰이나 도덕적 신념이 아니라, 기술 내재적 형식에 따라 규정되는 실천이다. "인류에게 어떤 신체가 조직되고 있다"고 한 말은, 인간의 지각 및 경험이 구조적으로 기술에 의해 규정되기에 이르렀음을 의미한다. 벤야민은 현대에 들어 인간의 현실 모방능력은 확실히 기술적으로 형성된다고 보았다. 즉 인간의 모방능력은 기술의 이미지 공간으로 옮겨왔다고 볼 수 있다. 따라서 벤야민에게 정치는 이념 투쟁이나 의식화의 문제가 아니라 기술적 실천의 문제가 된다. 진정한 정치인에게 요구되는 결단은 "기사騎士적 사안이 아니라 기술적 사안이다."(같은 글, 124쪽) 정치적 결단은 단지 이데올로기적 입장의 문제가 아니라 현실 개입을 위한 정확한 인식과 기술의 적용 문제라는 것이다.

당시 많은 좌파 지식인이 추종한 공산주의에 대한 벤야민의 입장은 현실에 개입하는 사고가 무엇인지에 대한 답변이다. 1934년에 베르너 크라프트에게 보낸, 다음 구절이 들어 있는 편지에서, 벤야민이 피력한 입장은 유물론적 전향이 이루어진 시작점부터 일관되게 추구해온 입장이다.

중요한 것은 인류의 해결책인 것처럼 구는 비생산적인 태도를 중지하고, 공산주의를 실현 가능하게 만들 지식을 우선시해야 한다는 점입니다. 그렇습니다. '총체적' 시스템을 향한 과중한 시각을 버리고 적어도 다음과 같은 시도에 착수하는 것이 중요합니다―잠을 잘 자고 일어난 이성적 인간이 하루를 맞이하듯이 인류의 나날을 느슨하게 구성하는 것이지요.(*Briefe* IV, 467쪽)

## 2장

# 실내 비판

복고풍, 이국풍 가구로 채워진 19세기 부르주아계급 거주공간의 실내는, 그 시대에 유행한 절충주의양식을 전형적으로 보여준다. 벤야민은 "19세기만큼 주거 중독증이 나타난 시대도 없었다"(V, 292쪽)고 진단한다. 새로운 건축원리와 주거문화가 등장한 1920년대의 시점에서 되돌아본 실내는, 단지 한물간 것에 그치는 공간이 아니다. 19세기 실내를 회상한다는 것은 "부르주아계급이 쇠퇴의 첫 징조를 보이는 시점에 부르주아계급이 처했던 상황, 즉 부르주아계급 고유의 진보적 가치와 유토피아적 투사가 상실되기 시작한 때의 상황"[1]이 담긴 사회적 산물로 실내를 바라보는 일이다. 진보적 가치 대신에 등장한 것은 안정과 프라이버시라는 가치와 환등상Phantasmagorie이다. 이런 맥락에서 19세기 부르주아계급의 실내공간은 한물간 것이면서 동시에 이 계급의 소망을 상징한 공간의 의미를 지닌다.

19세기의 부르주아 실내공간을 바라보는 벤야민의 관점이 바로 앞

---

1. 할 포스터, 『강박적 아름다움』, 조주연 옮김, 아트북스, 2018, 229쪽.

세대와 얼마나 다른지는 게오르크 짐멜(1858~1918)과 비교할 때 잘 드러난다. 짐멜이 본격적으로 학문적 활동을 펼쳤던 19세기 말은 벤야민의 유년기에 해당하고, 성인의 시점에서 되돌아본 이 시기는 불과 수십 년 전의 과거인데도 아득히 먼 과거로 생각될 정도로 역사적 거리감이 느껴진다. 짐멜은 「대도시와 정신적 삶」(1903)[2]에서, 대도시의 공간적 조건이 사회적 상호작용 및 상호관계의 방식뿐 아니라 사람들의 심리 및 지각구조에 미친 영향을 선구적으로 분석했다. 역사상 가장 분화된 형태의 개인주의가 현대 대도시에서 가능해졌다고 본 짐멜은, 실내가 개인주의와 개성의 마지막 보루라고 보았다. 짐멜이 「양식의 문제」[3]에서 언급한 실내가 당대 최신의 실내라면, 벤야민에게는 주거문화에 대한 새로운 관점에서 돌아본 한물간 공간이다. 이 장에서는 먼저 짐멜이 어떤 시각에서 실내에 긍정적인 의미를 부여했는지를 살펴본 뒤, 실내에 대한 벤야민의 비판이 지닌 의미를 검토하기로 한다.


## 짐멜의 실내와 개인주의

짐멜은 실내를 개인이 개성을 공간적으로 표현할 수 있는 유일한 사적 환경이라고 보았다. 이러한 실내를 구성하는 데 개인화, 내면화, 심미화라는 세 가지 전제조건이 요구되는데, 짐멜은 이 조건들이 현대에 들어 충족되었다고 본다.

첫째, 개인화를 가능하게 하는 물적 토대는 현대의 화폐경제다. 짐

---

2. 게오르크 짐멜, 「대도시와 정신적 삶」, 『짐멜의 모더니티 읽기』, 김덕영·윤미애 옮김, 새물결, 2005, 35~53쪽 참조.
3. 「양식의 문제」, 같은 책, 117~130쪽 참조.

멜은 현대 대도시의 삶을 소외의 관점에서 비판적으로 분석하면서도 현대 개인주의의 발전이 화폐경제를 토대로 가능하다고 역설한다. 화폐는 단순히 경제적 교환수단이 아니라 사회적 상호관계에 중대한 영향을 미치는 요소다. 모든 사물이나 인간의 가치를 교환가치에 따라 매기는 태도는, 대상의 개별적 특성이나 구체적 상황에 영향받지 않는 계산적 정확성과 확실성이라는 기준을 따르는 태도다. 이로써 화폐를 매개로 하는 사회적 상호작용은 점점 더 객관화되고 비인격화된다. 이러한 시각으로만 화폐를 평가하면 문명비판론에 도달하게 되겠지만, 짐멜은 화폐의 문화적 의의를 양가적으로 해석한다. 즉 화폐는 문화의 타락, 소외, 비인간화를 초래하는 측면과 개인화와 사회화를 동시에 증대하는 측면을 동시에 지닌다고 본다.[4] 화폐를 매개로 하는 관계는, 인격적 요소가 개입된 과거의 사회적 관계에서보다 사회적 결합 가능성을 더 높일 수 있을 뿐 아니라, 개인으로 하여금 스스로 자립적 인격체로 의식할 수 있게 한다. 다시 말해 한편으로는, 화폐를 매개로 한 사회적 관계에는 개인의 내면적 문제나 성격, 감정이 끼어들 여지가 적어지고 그만큼 화해와 조정의 가능성이 더 커지면서 사회적 상호작용이 보다 원활해진다. 다른 한편으로는, 개인이 관계를 맺는 사회적 단위가 다원화됨에 따라 정치, 길드, 종교 영역에서 전인적 결합과 구속으로부터 해방되면서 개인은 스스로를 자립적인 인격체로 의식할 수 있게 된다. 개인은 이처럼 화폐를 매개로 다양한 사회적 역할을 받아들이면서 사회화되는 동시에 다양한 사회적 서클의 교차점으로서 정체성을 얻게 되는 것이다.

둘째, 화폐는 현대사회를 지배하는 비인격화와 소외의 가장 큰 원인이지만, 객관적 문화로부터 침해받지 않도록 영혼과 내면성의 영역

---

4. Georg Simmel, *Philosophie des Geldes*, Frankfurt a. M., 1907, 651쪽 참조.

을 외부로부터 보호해주는 토대이기도 하다. 그것은 객관적 문화에서 주관적 요소가 축소될수록 그만큼 개인의 내면세계의 주관성이 확대되는 현대문화의 구조적 역설 때문이다.

오늘날 돈의 존재는 인간의 객관적인 경제 행위를 개인적 색채 및 고유한 자아로부터 더욱더 명확하게 분리시킨다. 결국 인간의 고유한 자아는 외적 관계들로부터 물러나, 그 이전의 어느 때보다 더욱더 자신의 가장 내면적인 차원으로 회귀하게 된다.[5]

객관적 문화에서의 소외를 주관적 문화 강화를 통해 상쇄한다는 시각에서, 화폐는 "인격의 가장 내밀한 내용을 지키는 문지기"[6]다. 현대문화의 객관적 산물에 영혼과 인격을 삼투할 기회가 줄어들수록, 영혼은 객관 문화로부터 보호된 내면성의 영역을 더욱더 확고히 한다. 현대적 삶의 모순과 대립을 극복하려는 심미화 욕구가 자리잡는 곳도, 부단한 변화에 맞서 영원성 또는 초시간성에 대한 동경이 생기는 곳도, 유동성과 방향 상실의 경험을 극복하는 새로운 개성에 대한 요구가 제기되는 곳도, 바로 이와 같은 내면성의 영역이다. 일상의 공간인 실내에서 자신의 인격적 통일성을 표현하고자 하는 욕구도 여기에 속한다.

셋째, 과거 그 어느 때보다 분화된 현대에는 삶의 대립적 경향들 사이의 모순이 더욱 심화되면서 이를 극복하고자 하는 '심미화'의 소망이 커진다. 짐멜은 심미화 경향이 예술을 넘어 현대의 삶 전반에서 일어난다고 보았다. 따라서 심미화는 슈테판 게오르게, 로댕, 렘브란트

---

5.「현대 문화에서의 돈」, 『짐멜의 모더니티 읽기』, 18쪽.
6. *Philosophie des Geldes*, 653쪽.

등의 예술가들에 대한 예술철학적 성찰에서뿐 아니라 현대적 삶의 다양한 현상들을 다루는 그의 문화이론에서 중요한 범주로 등장한다. 심미화 이론은, 개별성의 파편화와 소외에도 불구하고 주관적 개인적 삶의 세계를 심미적으로 구축해내려는 의지와 능력을 지닌 주체를 상정한다. 이러한 주체는 현대에 이르러 비로소 태동한 질적 개인주의로 설명된다. 즉 화폐경제가 야기한 소외의 이면에서 현대에 이르러 가능해진 질적 개인주의는, 양적 개인주의와 달리 개인적 독립이라는 차원을 넘어 질적 독창성으로 나아가는 개인주의를 말한다.[7] 교양시민계급에게 짐멜은 그러한 질적 개인주의를 실현할 수 있는 주체가 되라고 요청한다. 그러한 주체는 현대적 삶이 인격과 심리구조에 초래한 변화를 토대로 경제와 문화, 물질적-경제적인 것과 예술적-심미적인 것을 결합시키는 능력을 발휘한다.[8]

실내는 일상에서 심미화를 추구할 수 있는 공간이자, 개인이 자신의 개성을 공간적으로 표현할 수 있는 유일한 사적 환경이다. 실내에서 어떻게 개성의 실현이 가능한지 짐멜은 다음과 같이 설명한다.

단 한 가지의 역사적 양식을 전적으로 따르는 사물들로 이루어진

7. 짐멜은 칸트를 양적 개인주의의 이론가로 본다. 칸트는 윤리학에서 자아의 무제한성을 윤리적 규범의 중점으로 설정했지만, 자아가 실현해야 하는 가치 내용은 평균화, 즉 개인과 그의 인격적 특성을 초월하는 강제력을 가진 정언명령에 두었다. 개인의 윤리적 행위는 이를 통해서만 정당화된다. 따라서 개인은 인격적-주관적 자아가 아니라 형식적-객관적 자아이고 인간이라는 보편적 개념에 근거한 개체성을 가진다. 이것이 양적 개인주의다. 이에 대해 짐멜은 개체성을 현실적이고 경험적인 범주로 파악하면서 19세기에 비로소 질적 개인주의가 지배적인 문화 이상으로 등장했다고 본다.
8. 이러한 주체는 객관 문화를 통한 소외에 매몰되지 않고, 개별화와 사회화, 개별성과 보편성 같은 삶의 대립적 경향들을 화해시킬 줄 안다. 초기에 짐멜이 사회주의적 미학과 개인주의적 미학을 동등한 가치로 받아들여야 한다고 생각한 것도 그 때문이다. G. Simmel, "Soziologische Ästhetik"(1896), *Soziologische Ästhetik*, Darmstadt, 1998, 77~92쪽 참조.

환경은, 곧 그 자체가 완결된 통일체로 집결되면서 그 안에 사는 개인을 그로부터 배제시킨다. 그렇게 되면 개인은 그러한 양식에는 맞지 않을 수도 있는 자신의 삶을 위한 어떠한 틈도 발견하지 못한 채 환경으로부터 유리된다. 그러나 만약 개인이 다양한 양식을 지닌 물건들로 취향에 따라 집안을 꾸미게 되면 사정은 전혀 달라진다. 이 경우 물건들 어디에도 있지 않지만, 그것들이 조합되는 특수한 방식을 통해 새로운 중심이 드러난다. 이러한 중심은 일종의 주관적인 통일체로서 그 안에서 물건들에 침투되고 동화된 개인의 영혼을 감지할 수 있다. 여기에 다른 무엇과도 바꿀 수 없는 매력이 있는데, 바로 그러한 매력 때문에 우리는 우리의 방을 지나간 시대의 물건들로 꾸민다. 개개의 물건은 양식, 즉 초개인적인 형식 법칙에서 나오는 평온한 행복감을 풍기고, 이들 물건들의 조합에서는 하나의 새로운 전체상이 형성된다. 이 같은 전체상에서 나오는 종합과 총체적인 형식은 철저하게 개인적 성격을 갖게 되고, 특별한 분위기를 지닌 개인의 인격에 초점을 맞추게 된다.[9]

다양한 양식의 조합은 19세기에 유행했던 절충주의양식을 의미한다. 절충주의가 유행하면서 부르주아계급은 복고풍, 이국풍 가구들로 집안을 꾸몄다. 뒤에서 자세히 살펴보겠지만, 벤야민은 이러한 절충주의 미학에 가차없는 비판을 보낸 반면, 짐멜은 생활영역에서 다양한 양식의 독창적 조립을 통해 개인이 자신의 개성을 표현할 수 있다고 보았다. 그것을 가능하게 한 물적 토대는 공예품의 산업적 생산이다.

실내를 구성하는 공예품의 양식은 보편성의 법칙에 입각해 있다. 양식화된 공예품은 보편적인 삶의 법칙에서 나오는 감정을 불러일으

---

9. 「양식의 문제」, 『짐멜의 모더니티 읽기』, 127쪽.

키기 때문에 개인은 여기서 평온함을 얻는다. 또 일상생활에서 양식을 추구하는 이유는 "개별성이라는 좁은 발판 위에서 균형을 잡아야 하는 절대적인 자기책임으로부터 구원"[10]받기 위해서다. 단 하나의 지배적 양식만 있었던 과거와 달리, 양식의 다양성이 실현된 현대에는 지배적 양식이 존재하지 않는다. 즉 현대에는 하나의 양식에 얽매이지 않으면서 양식이라는 문화적 요소를 매개로 개성을 실현할 수 있는 폭이 커진다. 현대의 개인은 자신에 대한 부담을 덜기 위해 양식화된 옷을 두르면서도, 양식의 구속을 벗어날 가능성을 다른 어느 시대보다 더 많이 확보해놓고 있다. 따라서 개인은 다양한 양식을 특수한 방식으로 조합하는 중심, 즉 일종의 주관적 통일체가 될 수 있다. 마찬가지로 개개 공예품에 적용되는 보편성의 법칙과 개인적 인격의 법칙을 화해시킴으로써 실내는 삶의 심미화를 실현시키는 공간이 된다.

그런데 개인이 보편성의 법칙과 개별성의 법칙을 주관적으로 결합시키는 구심점으로서의 인격이 된다고 해도, 사회화가 평준화를 뜻하게 되면서 생기는 문제들이 사라지는 것은 아니다. 현대적 삶의 양식은 대중적 성격과 모든 경계를 뛰어넘는 균등화로 인해 전대미문의 방식으로 개인을 평준화하기 때문이다.[11] 실내가 과연 대량생산의 시대에 맞서 자신의 고유한 삶의 양식을 지킬 수 있는 공간에 속하는가? 여러 양식의 골동품들로 자신의 삶과 환경을 꾸미려는 성향은 유

---

10. 같은 글, 125쪽.
11. 짐멜은 이러한 평준화에 대한 반작용으로 일어나는 과장된 주관주의도 언급했다. 튀고자 하는 욕구는 과장된 형식을 취한다. 그러한 욕구는 "유별남, 변덕과 같은 대도시 특유의 과장"(「대도시와 정신적 삶」, 같은 책, 50쪽)을 낳는데, 그 의미는 그러한 태도의 내용에 있는 것이 아니라, 다름, 튐, 눈에 띔이라는 형식에 놓여 있다. 물론 짐멜이 실내에서 구현 가능하다고 생각한 개성은 과장된 주관주의와는 구분된다. 그것은 사회적 상호작용의 한가운데가 아니라 바깥에서 형성되기 때문이다.

행을 추종하는 심리에서 비롯된 것일 수 있다. 공예품의 산업생산이 발전할수록 일상적 삶의 심미화가 가능해지고, 이는 유행의 교체를 기본 리듬으로 하는 자본주의적 생산방식을 떠나서는 생각할 수 없다. 따라서 일상적 삶의 심미화는 개별화보다는 사회화, 개성보다는 평준화에 치우치기 쉽다. 짐멜도 이 점을 모르지 않았다. 「인격문화와 물격문화」에서 그는 양식의 다양화는 물격문화, 즉 객관문화가 비대해지는 현상 중 하나로서 개성의 실현보다는 비인격화, 소외를 초래할 수 있다고 지적한다.[12] 다만 현대는 이러한 경향과 그와 상반되는 경향이 동시에 존재한다. 「사회학적 미학」에서 짐멜은 개인주의적 경향과 사회주의적 경향의 대립이 자기 시대의 핵심적인 대립이라고 주장한다. 이 대립은 미적 감각과 미적 가치평가에서의 대립, 즉 미적 개인주의와 미적 범신론의 대립으로 이어진다. 유일무이성, 개별성의 원리가 작용하는 예술작품이 개인주의적 미학의 대상이라면, 보편적 양식의 원리가 작용하는 공예품은 사회주의적 미학의 대상이 된다. 실용적인 목적에 기여하면서도 미학적 체험을 가능하게 하는 공예품은, 견본대로 똑같이 만들어 많은 사람에게 보급하는 것을 목적으로 한다는 점에서 보편적인 것에 가치를 둔다. 반면 예술작품에서 양식은 외부에서 주어진 것이 아니라 예술가의 모든 표현에 나타나는 근본적인 힘으로서 개인 법칙에 해당하며, 작품 그 자체와 분리될 수 없다. 즉 예술작품에서 양식은 예술가의 개인적 음조라는 의미를 지니

---

12. 짐멜은 실내에서 이러한 현상이 어떻게 나타나는지 다음과 같이 설명한다: "소수의 단순한 도구가 인격에 더 쉽게 동화될 수 있다. 반면 다채로운 대상물이 꽉 들어차 있으면 그것들은 곧 자아에 대적하는 무리를 이룬다…… 이전에는 주부의 불만이 객체에 대한 부자유의 감정으로까지 발전하지 않은 것은 그 당시에는 대상이 인격에 보다 밀접히 결합되어 있었기 때문이다. 주부는 더 작은 수의, 덜 분화된 대상에 자신의 인격을 스며들게 할 수 있었으며, 또한 이런 대상은 전문화된 사물처럼 인격에 대항하여 독립성을 내세우지 않았다."(게오르그 짐멜, 「인격문화와 물격문화」, 『게오르그 짐멜의 문화이론』, 김덕영·배정희 옮김, 길, 2007, 94쪽.)

기 때문에, 개별 작품의 가치는 손상되지 않는다. 공예품에 관해 짐멜은 생산 차원에서는 개별성의 법칙과 보편성의 법칙을 엄격히 구분하는 데 반해 체험의 차원에서는 두 법칙이 화해에 도달할 수 있다고 본다.[13]

그러나 짐멜의 기대와 달리 대중사회로 발전하면서 양식화 욕구는 개성 실현보다는 모방 충동에 더 가까워진다. 짐멜은 유행을 개인화와 사회화라는 현대의 이중적 체험을 결합하고 중재시킬 형식이라고 보았지만,[14] 대중화는 후자의 경향이 지배하기 때문이다. 일상의 심미화는 부르주아계급의 실내 공간을 넘어 19세기에 처음 등장한 대중의 공간인 파사주, 만국박람회 등의 공간 구성을 지배하는 원칙이 되었다.[15] 이제 심미화는 사교와 문화를 향유할 능력을 갖춘 부르주아에게만 가능한 것이 아니라, 대도시의 소비문화 공간을 이용하는 대중 모두에게 가능해졌다. 이에 따라 일상의 심미화를 통한 개성의 실현보다는 수동적인 수용과 획일화된 향유의 경향이 점점 더 커지게 되었다.


### 벤야민의 실내 비판

화폐경제가 가져온 문제점에도 불구하고 짐멜은 개성을 실현할 수 있는 공간이라는 의미에서 부르주아계급의 실내를 긍정적으로 보았다. 그에 의하면, 비인격화와 객관화가 지배하는 외부로부터 차단된 실내는 주관성과 내면성을 보장할 특권적 공간이 될 수 있다. 그러나

---

13. 「양식의 문제」, 『짐멜의 모더니티 읽기』, 120쪽 참조.
14. 「유행의 심리학」, 같은 책, 57쪽.
15. "Berliner Gewerbe-Ausstellung"(1906), *Soziologische Ästhetik*, 71~75쪽 참조.

실제로 산업화와 도시화가 진전될수록 개인의 삶은 인격의 특이성이라는 의미의 개인주의와 멀어지고, 그 자리에 대중적 삶이라는 새로운 형태가 자리잡는다. 물론 대중사회의 출현은 짐멜도 인식하고 있었다. 그러나 "현실이 대중에 맞추고 대중이 현실에 맞추는 현상"(「기술복제시대의 예술작품」, 『선집 2』, 110쪽)을 벤야민처럼 자명한 사실로 받아들일 수는 없었을 것이다. 반면 벤야민은 과거와 같은 의미에서의 개인주의가 더이상 가능하지 않은 사회, 즉 대중사회가 도래했다는 사실을 모든 성찰의 토대로 삼는다. 대중사회는 사적인 것과 공적인 것, 주관적인 것과 사회적인 것의 분리를 신봉하는 실내 이데올로기에도 영향을 미친다. 실내를 지배해온 정신의 문제점을 의식하게 되는 것은 대중사회의 경험이라는 프리즘을 통해 가능해진다.

19세기를 지배한 정신의 문제점을 분명히 하기 위해 벤야민은 '사적 인간'이라는 개념을 사용한다. '개인'을 대체하는 이 개념은 부르주아 개인 의식에 일어난 내적 분열을 시사한다. 과거에는 내면으로의 침잠이 사회 공동체의 제반 관심사에서 벗어나려는 경향과 반드시 결부된 것은 아니었다. 이는 실내에도 적용된다. 즉 실내 칩거가 항상 공적 영역, 일터의 현실원칙으로부터의 도피를 의미했던 것은 아니었다. 현대적 개성이 18세기에 생겨난 시민사회 내 핵가족에서 발생했다는 사실을 상기해보면, 실내의 문화적 의미가 어떻게 변했는지를 가능해볼 수 있다. 역사적으로 실내가 처음부터 전적으로 사적인 의미를 지녔던 것은 아니다. 부르주아계급의 부흥기에, 실내는 궁정과 귀족의 떠들썩한 살롱으로부터 거리를 취하고 교회의 후견을 떨쳐버리면서, 사회에 대한 비판의식 및 시민적 자의식을 확보하는 것을 가능하게 해준 공간이었다. 18세기 시민계급에게 실내는, 비록 노동과 생산의 공간으로부터 분리되긴 했어도, 중요한 사회적 기능을 담당하는 공간이었다. 핵가족으로 구성된 집은 자녀 양육과 교육 공간, 친밀한 감정 교류의 공간이자 시민적 가치를 내면화하고 사회화를 사전에 준비하는 공간이었다. 따라서 18세기 시민계급의 실내는 사적 인간과 공적 인간이 나뉘지 않는 시민의 산실이라고 볼 수 있다. 그러나 시민계급이 정치적으로 쇠퇴기에 접어들면서 실내 칩거는 익숙한 가구와 조망 가능한 공간에서만 자신감을 가질 수 있는, 흔들리는 자의식과 불안감의 표시가 된다. 19세기를 지나는 동안 시민계급의 변화는 주거공간과 실내장식에 집착하는 모습에서 볼 수 있다. 실내는 사적 공간의 배타성을 대표하고, 안정을 최우선의 가치로 삼는 부르주아계급의 문화적 욕구를 충족시켜주는 최적의 공간이 된 것이다. 집과 실내를 포근함과 친밀성의 상징으로 보는 비더마이어 전통은 벤야민의 유년시절에 이르기까지 지속되어왔다.

대도시에서의 익명성과 불안을 실내에서 보상하고자 한 부르주아적 생활방식은 벤야민에게도 친숙한 것이었다. 벤야민은 자신이 유년시절을 보낸 대도시 베를린의 거리 한복판에서 얼마나 무력했던지 회상한다. 대도시와 동질감을 느끼지 못했던 그에게, 자신의 방은 안정감을 주는 피난처였다. 유년시절에 대한 회상은, 세상과 소통하기보다는 자신만의 사적 왕국을 만들려는 성향의 어린 벤야민을 떠올린다. 유물론적 전향 이후 사적 인간의 고립과 배타성을 비판했던 시절에도, 벤야민은 실내와 사생활 없이 전적으로 공공성이 지배하는 환경을 낯설게 느꼈다. 아샤 라치스를 만나러 간 모스크바에서 대중집회가 일상화된 소비에트적 삶을 못 견뎌했던 것도 그 때문이다. 벤야민은 "혁명적 생활방식으로 구성된 '절대적 공중'은 그의 고유한 내적 요구와 배치되는 것"[16]이었음을 깨달았다. 망명 이후 1940년 삶을 마감할 때까지, 벤야민은 어린 시절에 누렸던 바와 같은 실내로 돌아

---

16. 베른트 비테, 『발터 벤야민』, 윤미애 옮김, 한길사, 2001, 118쪽.

가지 못했다. 망명지 파리에서의 불안정한 주거지, 브레히트의 덴마크 집 근처의 임시숙소, 이탈리아 산레모에서 전처가 운영하던 호텔 등 벤야민은 망명 시절 이후 '손님으로서의 거주' 상태에서 벗어나지 못했다.

안정감의 이면에 은폐된 부르주아계급의 불안은 벤야민이 회상을 시작하면서 낱낱이 드러난다. 그러한 회상의 한가운데 외할머니 저택이 자리잡고 있다. 벤야민의 외가는 브란덴부르크 지방과 메클렌부르크 지방에서 성공적으로 자리잡은 가축상과 곡물상 집안으로, 친가와 마찬가지로 베를린 구서부 지역에 살고 있었다. 『베를린 연대기』와 『1900년경 베를린의 유년시절』에서 벤야민은 블루메스호프 12번지에 있던 외할머니 저택을 상세히 묘사한다. 거리 쪽으로 돌출된 베란다, 그곳에 앉아 있는 외할머니에게 가려면 한참을 걸어야 했던 엄청나게 큰 식당과 거실, 열두서너 칸이나 되는 크고 작은 방들, 뒷마당이 보이는 로지아 등은 귀족 저택을 연상시킨다. 벤야민은 "할머니네 집 방에서 풍겨나오는 시민적 안정감이 주는 아주 오래된 느낌"(『베를린 연대기』, 『선집 3』, 213쪽)을 회상한다. 그러한 느낌은 무엇보다도 많은 방을 채운 가구들에서 나온 것이었다. 그 가구들은 제국 건설기 양식으로 만들어진 것으로 "친숙한 것, 안정적이고 편안한 것, 그리고 위안을 주는 요소"(같은 글, 213쪽)를 지녔다. 1870년대에 만들어진 그 가구들은 나중에 출현한 유겐트슈틸 물건들보다 견고한 재료로 만들어졌고, 그러한 견고함을 근거로 자기 자신의 지속성을 확신하는 듯이 보였다. 하지만 그것은 부단한 유행의 변증법에 내맡겨진 채 "자신의 종말을 가까이 혹은 멀리서 바라보면서 버티고"(같은 글, 213쪽) 있었던 것이나 다름없다. 마치 영원히 지속될 것처럼 후광을 띠고 있었지만 변화하는 유행 속에서 가장 형편없는 골동품가구가 될 운명의 양식을 지녔음이 곧 드러난다.

이상과 같은 묘사에서 벤야민의 화법은 이중적 울림을 갖는다. 표면적으로는 외할머니 저택을 채운 제국 건설기 양식의 가구들에 대해 이야기하는 것처럼 보이지만, 심층적으로는 빌헬름제국 시대에 안정만을 희구한 부르주아계급을 겨냥한다. 유행의 한가운데 놓여 있으면서도 유행을 벗어난 것처럼 보인 제국 건설기 가구는, 부르주아계급이 희구하는 안정이 얼마나 빈약한 토대 위에 세워진 것인지를 상징적으로 보여준다. 견고한 가구들로 꽉 찬 실내에 대한 부정적 시선은 "낮에는 그렇게도 쾌적해 보이는 공간이 밤에는 악몽의 무대가 되었다"(『1900년경 베를린의 유년시절』, 『선집 3』, 77쪽)는 진술에서도 드러난다. 심지어 부르주아 저택의 실내는, 에드거 앨런 포의 탐정소설에서 그려지고 있듯이, 살인 현장의 무대로 상상되기도 한다.

20세기 전환기에 등장한 유겐트슈틸(아르누보)에 대해서도 벤야민의 실내 비판이 이어진다. 19세기의 실내를 지배했던 절충주의양식에 반기를 들면서 등장한 유겐트슈틸은 고유한 방식으로 실내의 또다른 미화에 봉사하고자 했다. 건축물, 실내장식, 보석세공 등에 쓰였던 유겐트슈틸 디자인은 흔히 꽃줄기와 봉오리, 포도덩굴, 곤충의 날개 등 미묘하고 구불구불한 자연물의 모양을 하고 있다. 유겐트슈틸은 장식을 통해 철골건축의 대들보를 예술에 접목시키고자 했고, 콘크리트를 건축의 새로운 조형적 가능성을 여는 수단으로 사용했다. 철물, 유리, 세라믹, 벽돌 등 재료들을 자유롭게 조합하여 기둥과 대들보는 두꺼운 덩굴줄기가 되고, 장식은 덩굴손이 뻗어나가는 모양이 된다. 이처럼 신소재를 이용해서 만든 장식에 대해 벤야민은, "기술로 무장된 주변 세계에 맞서는 벌거벗은 식물적 자연의 상징"(V, 52쪽; 『선집 5』, 201쪽)일 따름이라고 혹평한다. 유겐트슈틸에 대한 벤야민의 비판은 단호하다. "그러한 장식에서는 대상에 대한 어떠한 내용도, 어떠한 역사적 내용도 찾을 수 없었다."(『선집 3』, 171쪽) 벤야민에게 유겐트슈틸은 "기술로 포위된 채 상아탑에 갇힌 예술의 마지막 탈출 시도"이자 "내면성의 비축된 에너지를 총동원"(V, 52쪽; 『선집 5』, 200쪽)하려는 개인의 시도다. 실내의 미화를 통해 "고독한 영혼의 미화"(같은 곳)를 꿈꾼 유겐트슈틸의 시도는 실패로 끝날 수밖에 없다.

1880년대 부르주아가 사는 실내에는 브레히트의 『도시민을 위한 독본』 중 「흔적을 지워라」에서 내린 지침과는 정반대되는 태도가 지배했다. "비가 오면 아무 집이나 들어가서, 앉아라 / 거기 있는 아무 의자에, / 하지만 머물러 있지 마라! 그리고 네 모자는 잊지 마라! / 내가 너에게 명령한다: / 흔적을 지워라!"(II, 555쪽에서 재인용) 이러한 지시는 정치적으로 쫓기는 자에게 내리는 지시일 뿐 아니라 익명성이 지배하는 대도시에서의 생존 전략을 우회적으로 전달한다. 흔적을 남기지 말라는 전략은 19세기 후반 부르주아계급의 실내 숭배에 정면으로 배치된다. 개인은 공적 공간에서의 흔적의 소멸에 맞서 자신의 사생활에서 거의 숭배라고 할 수 있을 정도로 흔적 남기기에 몰두하기 때문이다. 흔적을 남기고자 하는 욕구는 복잡한 상호작용이 급속도로 진행되는 도시의 공적 공간에서 개인적 흔적을 남길 수 없는 데 대한 보상심리에 기인한다. 19세기의 실내를 지배했던 포장, 케이스 문화는 이를 잘 보여준다. 개인은 습관을 최대한 많이 가짐으로써 사적 공간 안에 자신의 흔적을 남기고자 애쓴다.

벤야민은 거주자에게 습관을 최대화하도록 만드는 주거와 최소화하도록 만드는 주거를 구분한다.[17] 1880년대 시민계급의 실내는 전자에 해당한다. 시민계급의 실내는 "습관들로 만들어진 어떤 흔적"(『사유이미지』, 『선집 1』, 224쪽)을 담고 있는 공간이다. "쿠션과 안락의자에

---

17. 주거 문화에 대한 벤야민과 브레히트의 토론에 대해서는 에르트무트 비치슬라, 『벤야민과 브레히트―예술과 정치의 실험실』, 윤미애 옮김, 문학동네, 2015, 128~131쪽 참조.

남아 있고, 그의 친척들이 사진 속에 남겼으며, 그의 소유물이 케이스에 남겼던 흔적"(같은 책, 224~225쪽) 등이 실내에 보존된다. 부르주아 계급은 대도시에서 흔적 없이 사라지는 자신의 흔적을 자기 집의 벽 안에서 벌충하고자 노력하는데, 이는 실은 타인으로부터 자신의 흔적을 감추는 것이기도 하다. 집은 "개인을 그의 모든 부속물과 함께 담긴 공간으로, 마치 자연이 사라진 동물들의 자취를 화강암 속에 간직하듯이 개인의 흔적을 충실하게 보존한다."(「보들레르 작품에 나타난 제2제정기의 파리」, 『선집 4』, 95쪽) 『사유이미지』에 수록된 「흔적 없이 거주하기」에서 벤야민은 다음과 같이 설명한다.

1880년대 부르주아의 방에 들어서면 그 방이 풍길 법한 모든 '안락함'에도 불구하고 "네가 여기서 찾을 건 아무것도 없다"는 인상이 가장 강하게 다가온다. 찾을 게 하나도 없다는 것은 여기 거주자가 자신의 흔적을 남겨놓지 않은 구석이 이미 하나도 없기 때문이다. 즉 벽의 선반 위는 장식품들로 빼곡하고, 안락의자는 사람 이름의 머리글자를 수놓은 덮개가 씌워져 있으며, 유리창 앞에는 커튼이, 벽난로 앞에는 난로막이 병풍처럼 쳐 있다. 브레히트가 한 멋진 말이 이 방을 벗어나는데, 그것도 멀리 벗어나는 데 도움을 준다. '흔적을 지워라!' 여기 이 부르주아의 방에서는 그와 반대되는 태도가 습관이 되었다. 그리고 거꾸로 인테리어가 거주자들로 하여금 습관을 최대한 많이 갖추도록 강요한다. 그 습관들은 안주인들의 눈앞에 보이는 '가구가 된 주인양반'의 이미지 속에 집약되어 있다. 거주한다는 것은 이 속물적 공간들에서는 습관들로 새겨진 흔적을 끌고 다니는 일과 다름없다.(『선집 1』, 224쪽)

'흔적 없이 거주하기'는 고립화되고 개인화된 주거 패러다임을 극복할 것을 요구한다. 그런데 흔적에 대한 벤야민의 시각은 이러한 문화정치적 차원을 넘어선다. 벤야민이 흔적에 관심을 갖게 된 또다른 동기는 탐정소설이다. 탐정소설 애독가였던 벤야민은 실내와 거리에서 발견한 사소한 흔적을 통해 범죄와 관련된 특정한 구도를 포착해내는 탐정의 추리력과 상상력에 매료된다. 벤야민은 보들레르에 대해 쓴 에세이에서 포의 단편 「마리로제의 수수께끼」를 인용한다. 이 소설에서 탐정 뒤팽은 아무도 주목하지 않는 사실, 사건과 아무 관계가 없어 보이는 사소한 것에서 사건을 해결할 열쇠를 찾는다. "가장 가치 있는 발견들은 대체로 간접적, 부수적, 우발적인 일들에 바탕을 두고 있다"[18]는 뒤팽의 확신은, 역사적 인식의 결정적 단서를 극히 사소한 디테일에서 찾는 벤야민의 확신이기도 하다. 이에 따르면 19세기 부르주아계급의 실내는 19세기 정신적 관상학을 읽을 수 있는 흔적들의 무대다.

### 수집가의 실내

19세기의 사적 인간은 수집가이기도 하다. 사람들은 사회로부터 도피하는 고독한 은거생활을 이국적이고 역사적인 세계를 집안으로 끌어들임으로써 보상받을 수 있다고 생각했는데, 이는 갖가지 수집품을 통해 가능했다. 프랑스 루이 필리프 시대의 실내가 대표적이다. 이 시대의 실내는 온갖 양식의 수집품과 기념품으로 치장한 부르주아계급의 취향을 적나라하게 보여준다. 헤셀이 "꿈꾸는 듯 황홀한 악취미의 시대'라고 부른 이 시대의 실내는 고딕풍, 페르시아풍, 르네상스풍 등

---

18. 에드거 앨런 포우, 「마리로제의 수수께끼」, 『포우 단편 베스트 걸작선』, 박현석 옮김, 동해출판, 2011, 308쪽.

여러 양식이 교대로 이어졌다. 이러한 "양식의 가장행렬"(V, 288쪽)은 19세기 말을 풍미했던 절충주의양식에 해당한다. 과거의 지배계급과 달리, 부르주아 권력자들은 공적 공간과 사적 공간의 분리 때문에 자신들이 살고 있는 장소에서 자신의 권력을 직접적으로 재현하지 못한다. 자신의 권력을 재현할 대표적 양식을 갖지 못한 대신에, 그들은 모든 세기의 양식들을 자신의 영역에 주문처럼 끌어모은다.(V, 288~289쪽 참조) 권력의 상징적 재현 기능을 박탈당한 실내는 오로지 거주자의 환상에 봉사하는 기능만을 담당하게 된다.

사무실에서 현실의 일들을 처리하는 사적 인간은 실내에서 자신의 환상들을 즐길 수 있기를 요구한다. 이 필요성은 그가 사업과 관련된 숙고를 사회적인 차원의 숙고로 확장하려고 하지 않는 만큼 더욱더 절실해진다. 자신의 사적인 환경을 조성할 때 그는 그 두 가지, 즉 사업과 관련된 숙고와 사회적인 차원의 숙고를 모두 억압한다. 여기서 실내의 환등상이 생겨난다. 실내는 사적 인간에게 우주를 나타낸다. 실내에서 사적 인간은 먼 곳과 과거의 물건을 수집한다. 그의 살롱은 세계극장 속의 특별석이다. 실내는 예술의 도피처다. 수집가는 실내의 진정한 거주자다. 수집가는 사물을 미화하는 것을 자신의 일로 삼는다. 그에게는 사물을 소유함으로써 사물에서 상품적 성격을 벗겨낸다는 시시포스적인 과제가 주어진다.(V, 67쪽; 「19세기의 수도 파리」(1935), 『선집 5』, 199~201쪽)

사회적 직업적 세계와의 연관성을 배제한 실내는 점점 더 인위적이 되어가고, 자연, 먼 곳, 영원함에 대한 아우라적 요구를 대리만족시켜주는 키치의 공간, "도취와 꿈의 자극제"(V, 286쪽)가 된다. 온갖 양식의 물건을 수집할 수 있는 부르주아 재력가는 19세기의 실내를

"환등상"(V, 52쪽)의 우주로 체험할 수 있게 된다. 그러한 환등상의 우주를 채우는 장식품들은 역사, 이국적인 세계, 자연 모티프로 이루어져 있다. 실내에서도 자연 모티프를 딴 장식품들을 통해 마치 "신기한 꽃이 핀 땅에 앉아 있거나" "저 먼 대양을 항해하는"(V, 290~292쪽)[19] 듯한 환상에 빠질 수 있고, 낯선 시간(과거), 낯선 공간(먼 곳)의 물건들을 가지고 자신의 실내를 일종의 사설 박물관으로 만들 수 있다. 벽에 걸린 과도한 장식에 대해 벤야민은 "세계사적 사건들이 완전히 고혈이 빨린 곤충들처럼 여기저기 걸려 있는 거미집"(V, 286쪽)이라고 비유하기도 한다. 수집품으로 가득한 실내는 어떻게 동일한 공간에 상이한 과거가 동시에 투사될 수 있는지를 보여준다는 점에서 파사주 주프루아 입구에 있는 그레뱅 밀랍인형박물관과 유사하다. 이는 "해시시 마약을 통한 공간의 매음, 여기서 그는 존재했던 모든 것에 봉사한다"(「중앙공원—보들레르에 대한 단장」, 『선집 4』, 260쪽)는 벤야민의 말을 상기시킨다.

19세기의 실내에 나타난 수집강박증은 단순히 취향의 문제가 아니라 19세기 문화 전반의 특징, 즉 역사주의적 태도와 연관된다. 역사가 레오폴트 폰 랑케로 대변되는 역사주의는, 주체의 관점에서 과거에 접근하는 것이 아니라 과거를 있는 그대로 인식하는 것을 목표로 세우면서 주체의 관점을 제거할 수 있다고 주장했다. 따라서 이러한 역사인식의 이상은, 과거에 대한 주체적 재구성이 아니라 객관적 사실의 축적에 있다. 19세기에 성행한 박물관, 기념물, 전시관 등은 이러한 인식을 반영하는 사회적 제도라고 할 수 있다. 그러나 역사에 대한

---

19. 『파사젠베르크』에 나오는 이 구절은 아도르노의 키르케고르 인용을 재인용한 것이다. 아도르노는 키르케고르가 빠진 실내의 환상을 다음과 같이 비판한다. "키르케고르는 단순히 반영되고 또 반영하는 내적 주관의 모든 현실이 가상임을 인지하지 못했듯이, 실내의 이미지에서 공간적인 것의 가상도 꿰뚫어보지 못했다."(V, 290쪽)

이러한 태도는 이미 당대에 비판을 받았다. 역사가 현재의 삶에 적대적인 힘을 행사한다고 한 니체의 『반시대적 고찰』이 대표적이다. "등에 진 짐을 손에 쥔 보물로 바꾸어야 한다"[20]는 벤야민의 비유적 표현도 19세기의 박물관 문화에 대한 비판을 의미한다. 사람들은 19세기 중반 이후 늘어난 공공예술관, 도서관, 문서고, 박물관을 놀라워했지만, 20세기에 들어 사람들은 과거의 엄청난 기록에 현기증을 느꼈다. 여기서 박물관 문화와 수집욕에 대한 비판적 시각이 생긴다. 잃어버린 역사적 감각을 보상하기 위해 발명된 박물관 제도는 역사의식을 키우는 데 기여하지 못하고, 수집 역시 객체가 주체를 압도하게 되면서 문제시되었다.

자신의 수집 경험을 바탕으로 한 벤야민의 글은, 한편으로는 수집의 역사적 형태에 대한 서술을, 다른 한편으로는 진정한 수집가에 대한 성찰을 포함한다. 수집의 역사적 형태는 수집가와 수집품의 관계에 따라 규정된다. 수집의 상이한 형태는 수집가 벤야민을 통해서도 볼 수 있다. 『일방통행로』의 단편 「확대사진들」에서 어린 벤야민이 수집 상자 속에 돌조각, 꽃송이, 나비 등을 수집하는 모습은 물건들을 상호유사성의 관계에 두는 전근대적 수집가에 가깝다. 반면 우표, 장서 등으로 확대된 훗날의 수집 체험은 "무질서에 익숙해져서 그것이 오히려 질서처럼 보이는"[21] 체험이라는 점에서 포스트모던적이라고 부를 만하다. 수집가와 수집품의 관계 역시 변화한다. 의미와 질서를

---

20. 이 비유는 문화사에 대한 비판적 성찰을 담은 「수집가이자 역사가로서의 푹스」(1937)에 나온다. "문화사는 인류의 등에 쌓이는 보화의 무게를 증가시키고 있기는 하다. 하지만 문화사는 인류에게 그 보화를 뒤흔들어 그것을 수중에 얻을 수 있도록 할 힘을 부여하고 있지는 않다."(발터 벤야민, 『발터 벤야민의 문예이론』, 반성완 편역, 민음사, 2003, 284쪽)
21. 수집에 대한 벤야민의 단상은 "Ich packe meine Bibliothek aus. Eine Rede über das Sammeln," IV, 388~396쪽 참조. 위의 구절은 같은 책 388쪽에서 인용했다.

부여하는 심급으로서 주체의 지위를 갖고 있는 수집가와, 자신을 둘러싼 수집품들에 눌려 주체가 되기를 포기한 수집가는 대조적이다.

벤야민은 역사적으로 수집가가 한물간 유형이 되었다고 말하면서도 진정한 수집에 대한 성찰을 전개한다. 후자의 측면에서 수집은 역사인식의 방법론으로서 의미를 지닌다. 수집가가 수집품을 어떻게 다루는지에 대한 다음 언급은 수집가와 역사가 모두에게 해당된다.

> 진정한 수집가에게 하나하나의 사물은 이러한 체계[독자적으로 만들어낸 새로운 역사적 체계] 속에서 시대, 풍경, 산업, 그것의 소유자에 대한 모든 학문의 백과사전이 된다. 마지막 전율(취득 순간의 전율)이 사라지면서 개개 사물이 경직될 때 그것을 하나의 마법적 원 안에 봉해버릴 때야말로 수집가가 가장 깊숙이 마술에 홀리는 순간이다. 상기되고 생각되고 의식된 모든 것이 그가 소유한 것의 주춧돌, 틀, 받침, 자물쇠가 된다…… 수집은 실천적인 기억의 형식이고, '가까움'의 세속적 현현 중에서 가장 구속력이 강한 것이다.(V, 271쪽)

진정한 수집가는 사물을 그것이 원래 속한 기능적 연관들로부터 떼어놓을 줄 알아야 하고, 세속적인 소유자가 보는 것과는 전혀 다른 방식으로 사물을 보는 시선을 지녀야 한다. 그것은 수집물 하나하나 속에 세계가 현전하는 것처럼 보는 것으로(V, 274쪽 참조) 여기서는 사물 자체의 데이터나 그 밖의 다른 데이터들이 모여 하나의 마술적인 백과사전이 만들어진다. 어디서 구입했든 수집품은 수집가의 사적 소유가 된다. 다만 수집품으로부터 상품의 성격을 얼마나 지우고자 하는가에 따라, 진정한 수집가와 세속적인 소유자가 구분된다. 후자는 수집품에 대해 사용가치와 다른 새로운 가치를 부여하지 못한 채 단순히 그것을 교환가치로만 평가한다. 진정한 수집가는 사물을 갱신

한다. '치울 줄 모르는 아이'의 자르고, 색칠하고, 떼어내고 붙이는 행위에서 보듯이, 수집은 옛것을 새것으로 만드는 작업이다. 수집은 단지 시각적인 것에 그치는 것이 아니라 촉각적인 활동을 요구한다. 수집가의 시선은 '관조적 침잠'과는 달리 촉각적이다. "거리산책자는 시각적이고 수집가는 촉각적이다."(V, 274쪽) 벤야민은 진정한 수집가를 '사물세계의 관상학자'로 부르기도 하고, 다음과 같이 알레고리 작가와 비교하기도 한다.

> 수집가의 가장 비밀스러운 동기는 분산에 맞서 투쟁을 벌이는 것이다. 아주 처음부터 대수집가는 세상의 사물들이 처한 혼동과 분산의 상태에 마음이 끌린다. 바로크 시대에 사람들이 그렇게 몰두한 것도 이와 동일한 광경이다…… 그런데 알레고리 작가는 수집가와 대극에 서 있다. 알레고리 작가는 사물들이 무엇과 유사한지, 무엇이 거기에 속하는지를 알아내어 사물들을 해명할 것을 포기했다. 알레고리 작가는 사물들을 그것이 속한 연관관계로부터 떼어내고 그 의미를 해명하는 일을 처음부터 자신의 명상에 맡긴다. 이와 반대로 수집가는 서로에게 속한 것들을 하나로 묶는다. 그런 만큼 그는 사물들의 친족관계 혹은 시간적 순서를 통해 사물들에 대한 지식을 주는 데 성공할 수 있다. 그럼에도 모든 수집가 속에는 알레고리 작가가 숨어 있고, 모든 알레고리 작가 속에는 수집가가 숨어 있기 마련이다. 수집가의 경우 그의 수집은 결코 완전하지 않다. 한 조각이라도 결여되면 그가 수집한 모든 것은 패치워크에 머물게 되는데, 알레고리에서는 처음부터 모든 사물이 패치워크다.(V, 279쪽)

수집가와 알레고리 작가를 비교하는 이러한 언급은 수집이 단순한 취미에 불과한 것이 아니라 사물에 대한 "탐구의 근원현상"(V, 278쪽)

이라는 주장으로 이어진다. 수집가에게 탐구란 "사물들 속으로 침잠하는 것이 아니라, 그것들이 우리의 삶 속으로 침투해 들어오게 하는 것"(V, 273쪽)이다. 탐구에 대한 이러한 정의는, 정신이 산만한 대중에 의한 예술작품 수용을 건축물의 수용과 유사하다고 본 「기술복제시대의 예술작품」을 떠올리게 한다.[22]

20세기에 들어서면서 수집가는 한물간 인물 유형이 되었다. 어린 시절부터 수집광이었고 한때 엄청난 책 수집가이기도 했던 벤야민은, 이 점을 명백히 의식하고 있었다. 벤야민의 장서 수집은 엄청났다.[23] 벤야민이 수집가에 대한 성찰을 진지하게 펼친 것은, 수집가가 한물간 인물 유형으로 사라지는 시점에 비로소 그 의미가 드러나는 것이라고 생각했기 때문이다. 벤야민은 개인적으로는 수집가의 행복이 무엇인지를 경험한 세대에 속한다. 하지만 자신의 경험을 소개하는 글을 끝맺으면서 "수집가의 행복은 사적 인간의 행복"(IV, 396쪽)이었다는 단서를 붙이는 것을 잊지 않았다.


## 다공성

실내에 대한 벤야민의 역사적 고찰은 실내와 거리, 내부와 외부, 사적 공간과 공적 공간의 분리를 문제삼는 데로 이어진다. 그 직접적 계

---

22. "정신이 산만한 대중은 예술작품이 자신들 속으로 들어오도록 한다. 이러한 현상을 가장 잘 보여주는 것은 건축물이다. 예로부터 건축은 정신분산 속에서, 그리고 집단적 방식으로 수용이 이루어지는 예술작품의 원형이었다."(「기술복제시대의 예술작품」, 『선집 2』, 144~145쪽)
23. 발터 벤야민의 수집 이론을 자세히 다룬 논문으로는 Dominik Finkelde, "Musealisierte Welt. Zum Motiv des Sammelns bei Benjamin, Flaubert und Balzac," in: *Topographien der Erinnerung. Zu Walter Benjamins Passagen*, 248~257쪽 참조.

기는 1920년대 중반에 떠난 나폴리와 모스크바 여행이다. 벤야민은 두 도시에 대한 경험을 각각 에세이 「나폴리」(IV 307~316쪽)와 『모스크바 일기』로 남겼다. 현대화가 느리게 진행되고 있는 남부유럽의 소도시 나폴리와 사회주의혁명에 의해 개조에 이를 정도의 변화가 이루어지고 있는 모스크바는 북유럽의 주거환경을 일상적인 것으로 받아들였던 벤야민에게 깊은 인상을 남겼다. 사적 주거지와 공동사회 간 경계가 없지는 않지만 그 경계가 수시로 지워지는 나폴리의 가정집들은 아프리카 토착민 마을을 연상시켰고, 사적 영역을 철폐하는 실험을 진행중인 모스크바의 공동주택은 군대막사를 떠올리게 했다.

나폴리에 대한 벤야민의 도시관상학은 다공성多孔性, Porosität 개념을 중심으로 전개된다. 다공성이란 새로운 것과 낡은 것, 공적 영역과 사적 영역, 성스러운 것과 세속적인 것, 의례적인 것과 즉흥적인 것이 상호침투 혹은 융합하는 방식을 말한다. 이는 경계 해체를 초래한다. 이러한 의미에서 다공성은 대도시화와 현대화가 훨씬 더 앞서 진행된 북유럽에서의 고립화되고 개인화된 주거공간에서는 사라진 지 오래다.

나폴리는 공동생활의 영향이 모든 사적인 태도와 행동에 스며든다는 점에서 아프리카 토착민 마을과 유사하며, 이 점에서 다른 대도시와 구별된다. 북유럽에서 가장 사적인 일인 가정생활이 여기서는 원주민 마을처럼 집단의 일이다…… 거리에 의자, 화로와 제단을 갖춰놓아 방이 거리 위에 재현되는 것처럼, 거리가 방으로 들어오기에 방은 거리보다 시끄럽다…… 남녀 가리지 않고 그늘진 구석에서 보충하는 잠은 북유럽의 보호된 잠자리와는 다르다. 나폴리에는 낮과 밤, 소음과 평화, 실외의 빛과 실내의 어둠, 거리와 집이 상호침투한다.(IV, 314~315쪽)

나폴리에서 개인적이고 사적인 것은 자주 길거리에 다니는 사람들이 던지는 시선에 노출되고, 반대로 공적인 것이 실내공간으로 침투하기도 한다. 이러한 도시 풍경은 실내와 실외, 집과 거리의 경계가 명확히 그어진 북유럽에서는 볼 수 없는 것이다. 다공성은 성스러운 것과 세속적인 것의 관계에도 적용된다. 건축물의 배열에서 보듯이, "한 발짝만 옮기면 더러운 안마당의 시끌벅적함에서 흰색으로 칠한 높은 교회건물의 순수한 고독 안으로"(IV, 310) 들어갈 수 있고, 평범한 사람들의 일상적 활동과 종교적 의식은 분리되어 있지 않다. 일상적 활동은 곧 종교적 제례로 바뀌고 다시 일상으로 돌아가는 일이 나폴리 시민의 삶에서는 비일비재하다.

　나폴리에서는 근대 자본주의 사회를 구조화하는 경계들, 즉 사적인 것과 공적인 것, 개인적인 것과 집합적인 것, 세속적인 것과 종교적인 것 사이의 경계들이 아직 확립되어 있지 않다. 나폴리에서 다공성은 철저한 근대화가 이루어지기 이전의 과도기 현상이다. 벤야민은 나폴리에서 다공성의 도시적 표현을 발견하고 다공성의 관점에서 북유럽의 고립되고 개인화된 주거 패러다임을 비판하지만, 그렇다고 나폴리 체험을 이상화한 것은 아니다. 그가 묘사한 나폴리는 "원형적인 것이 현대에 의해 질질 끌려 왜곡되어 있는 자취"[24]를 담은 채 저개발 특유의 자본주의 형태를 보여주기 때문이다.

---

24. 그램 질로크, 『발터 벤야민과 메트로폴리스』, 노명우 옮김, 효형출판, 2005, 75쪽. 질로크는 나폴리에 대한 벤야민의 글을 나폴리의 현재적 삶에 대한 서술이라고 주장하면서 수전 벅모스에 대해 이의를 제기한다. 수전 벅모스가 나폴리를 "지중해의 기원으로서, 신화로 둘러싸인 서구 문명의 어린 시절"(수전 벅모스, 『발터 벤야민과 아케이드 프로젝트』, 김정아 옮김, 문학동네, 2004, 45쪽), "역사적 쇠망을 보여주는 고대의 폐허"(같은 책, 46쪽)로 보고 있다는 것이다. 하지만 수전 벅모스 역시 벤야민의 나폴리 에세이를 "근대적 사회관계가 붕괴하는 전근대적 질서의 껍데기 위에 불안정하고 불규칙하게"(같은 책, 47쪽) 세워져 있는 사회적 진실을 관상학적으로 묘사하고 있는 글이라고 본다는 점에서 질로크의 대립각은 불필요해 보인다.

벤야민이 1927년 방문한 모스크바는, 나폴리와 마찬가지로 이행기의 도시로 그려진다. 모스크바는 사회주의로의 이행을 실천하고 있는 도시라는 점에서 자본주의화의 문턱에 있는 나폴리와 다르다. 모스크바는 거대한 실험이 벌어지고 있는 도시로서, 이행기 도시 특유의 현상, 즉 새로운 것과 낡은 것, 지속적인 것과 전통적인 것이 얽혀 있다. 나폴리 체험에서 다공성을 이야기했다면, 모스크바의 도시관상학에서는 다공성이라기보다는 서로 다른 것의 공존에 주목한다. 건축 환경은 더욱 그렇다. 모스크바에는 농촌, 전통양식, 아방가르드양식, 집합주의양식이 공존하고 있다. 모스크바의 도시 풍경이 갖는 특징은 다음과 같이 서술된다.

'건축물의 초원'이라고 라이히가 표현했던 모스크바의 특성은 중심지보다 여기에서[변두리 거리에서] 더 야생적으로 드러난다. 넓은 거리 양편으로 유겐트양식으로 지어진 빌라와 나무로 된 농가들, 혹은 6층짜리 건물의 무미건조한 전면이 서로 교차하고 있었다.(『선집 14: 모스크바 일기』, 120쪽)

모스크바의 거리에는 무언가 특별한 것이 있는데 그건 러시아 마을들이 이 거리에서 숨바꼭질을 한다는 것이다. 커다란 마을 문들 중 하나……를 통과해 들어가면 매우 넓은 주거지가 펼쳐진다. 그곳은 마치 이 도시에서는 공간이 공짜이기라도 하듯 그렇게 넓고 넉넉하게 지어져 있다. 이런 식으로 공판장이나 마을이 모습을 드러낸다…… 구석구석에 늘어서 있는 땔감이나 장비 혹은 석탄이 보관된 창고들, 여기저기 둘러서 있는 나무들, 원시적인 사다리나 부속건물들이 거리 쪽에서 보면 꽤 도시적으로 보이는 집들의 옆이나 뒷면에서 러시아 농가의 모습을 불러낸다. 이렇게 거리가 풍경의 차원으로 자라난다.(같은 책,

158~159쪽)

『모스크바 일기』에서 눈에 띄는 것은 모스크바식 새로운 주거방식에 대한 태도다. 벤야민은 공공공간으로부터 차단된 부르주아 가정 못지않게 사적 영역이 파괴된 모스크바식 주거에 대해서도 거리를 두었다. 모스크바의 새로운 실험에서는 사적인 것, 개인적인 것과 특이한 것 대신에 집합적인 것, 대중, 중앙집중이 지배적인 것이 된다. 사생활을 제거한 이러한 공공성은 개인이 아닌 집단을 우선시한다. 벤야민은 부르주아 가정에서처럼 사적 세계에 갇힌 개인적인 것을 반대하지만, 그렇다고 실내와 사적 세계의 어떠한 보장도 없는 전면적 공공화를 추구한 것은 아니다.

거리와 실내, 공적 공간과 사적 공간의 이분법을 어떻게 극복할 것인가? 이는 주거에 대한 벤야민 성찰의 핵심에 속한다. 내면성을 총동원해서 개인주의를 완성하고자 한 19세기적 실내의 정신은, 개인주의를 점점 더 불가능하게 만드는 문화적 위기에 대한 반작용이었다. 사적 인간이 자신이 사는 공간, 즉 '용기容器'에 자신의 흔적을 남기려고 애쓰는 것도 마찬가지다. 벤야민은 이러한 의미의 낡은 주거 개념 대신에 새로운 주거 개념을 찾으면서, 1920년대의 신건축운동에 관심을 갖게 된다. 신건축운동은 산업기술의 발전에도 불구하고 지속된, 건축의 미학화 경향에 반대해서 등장한다. 벤야민은 지크프리트 기디온이 선물한 『프랑스의 철골 건축과 철근콘크리트 건축』을 열독하고 크게 감명받는다. 르코르뷔지에와 기디온은 철골과 유리 소재 등을 사용한 19세기의 기술적 건축에서 뿌리를 찾으면서 새로운 기술과 재료로부터 건축의 구성원리 및 미학을 도출한다. 특히 건축에서 유리 사용의 확대는 공간의 내부와 외부의 성격과 양자의 관계에 영향을 미쳤다. 르코르뷔지에, 미스 반데어로에, 기디온 등이 만든

건축은 수평으로 넓게 퍼진 전면 창을 통해 내부를 넘어 외부 풍경으로 열려 있고, 내부와 외부 경계를 완화시키는 설계를 통해 내부와 외부의 통합 및 동질화를 추구한다. 현대 건축은 좁고 주관적인 내부, 미궁 같은 어두운 내부를 부정하고, 내부의 외부화, 외부로의 통합을 지향함으로써 내부로부터의 자유를 공간적으로 보여준다. 이처럼 외부의 빛과 공기가 투과하는 실내는, 용기처럼 거주하는 사람을 외부로부터 보호하는 부르주아 저택의 실내와는 정반대다.

이처럼 1920년대의 신건축운동은 고립되고 개인화된 주거 패러다임에 반기를 들면서 "다공성, 투명성, 야외의 빛과 공기"(V, 292쪽)를 선호한다. 신건축에서 사용되는 철골의 구성주의적 원리와 신소재 유리의 투명성은 부르주아의 실내공간을 지배하는 정신과는 다른 정신을 내포한다. 즉, 철골은 기존의 건축에 구현된 인간중심주의와는 맞지 않고, 유리는 개별화된 것, 사적인 것이 아닌 공공성에 적합하다. 벤야민은 빛과 공기가 투과하는 유리 문화를 지지하는 것처럼 보인다. 그렇다면 외부와 내부를 단일한 세계로 통합하는 신건축의 공간관에 대해서는 어떤 입장을 가지고 있었는가? 신건축운동은 실내의 고립되고 개인화된 주거 패러다임을 극복하기 위해서 내부를 넘어 외부를 지향하는데, 이러한 일방적인 외부화는 벤야민의 공간관에는 부합하지 않는다. 벤야민은 외부로부터 격리된 공간에서 자신만의 문제에 몰두하는 사적 인간뿐 아니라, 개인적 자각 없이 대중심리를 추종하는 소시민의 대중도 비판하기 때문이다.[25] 시류에 휩쓸리지 않고

25. '긍정적 야만'이나 아우라의 파괴 등에 대한 벤야민의 테제는 일견 집단적 인간학을 토대로 하는 것처럼 보이지만, 사실은 그렇지 않다. 「기술복제시대의 예술작품」 제2판에서 제시된 기술철학적 논의에서 제2기술의 혁명적 성격이 대중의 형성을 필연적으로 전제하지 않는다고 한 발언이 그 근거 중 하나다. 이러한 발언에서 벤야민은 개인적 인간성의 문제를 포기한 것이 아님을 암시한다. 벤야민의 '느슨한 대중' 개념은 진정한 혁명은 다양한 개인들의 자각을 통해 오히려 대중의 해체를 가져온다는 주

개인적 자각에 바탕을 둔 의사소통은 그 공간적 조건으로서 실내, 용기 안에서의 삶을 전제로 한다.

한편에서 부르주아 실내에서 실현된 주거문화는 역사적으로 몰락할 운명에 처했지만, 다른 한편에서 그 안에는 주거의 근원현상이 들어 있다. 자궁 속의 태아처럼 '용기 안에서의 삶'은 비록 부르주아의 실내에서 고립된 삶으로 변질되기는 했지만, 오랜 옛날부터 인간의 삶을 추동한 소망 이미지에 속한다. 안락함의 모태가 되고 자기만의 성찰의 시간을 가질 수 있는 실내는 양가적 해석을 허용한다. 물론 실내에서도 거리에서도 과거의 개인적 경험 방식은 붕괴되었기 때문에, 더이상 "안락한 방"(「초현실주의」, 『선집 5』, 166쪽)은 존재하지 않는다. 그러나 붕괴되는 것이 다 부정되는 것은 아니다. 그 안에는 새로운 맥락에서 구제될 만한 것이 들어 있기 때문이다. 문화사의 변증법을 위한 벤야민의 다음과 같은 지적은 이를 잘 보여준다.

> 모든 부정은 살아 움직이는 것, 긍정적인 것의 윤곽이 드러나게 하는 바탕이 될 때 그에 한해서 가치를 지닌다. 따라서 미리 배제된 부정적인 부분에 다시금 새롭게 구분법을 적용하는 것이 결정적으로 중요하다. 관점(기준이 아니라!)의 전환을 통해 부정적 부분 안에서도 새롭게 긍정적인 요소, 이전에 규정된 것과는 다른 요소가 드러나도록 말이다.(V, 573쪽)

내부와 외부의 경계를 없애고 외부화를 추구한 신건축운동은, 19세기의 거주방식을 완전히 부정하는 순수주의의 입장을 취했다.[26]

---

장을 함축하고, 대중과 개인의 비변증법적 대립을 지양할 필요성을 추론케 한다. 「기술복제시대의 예술작품」, 『선집 2』, 74~75쪽 참조.

26. 벤야민과 신건축운동의 관계에 대해서는 브라이언 엘리엇, 『Thinkers for

반면 벤야민은 과거의 공간을 쉽게 몰아낼 수 없다는 입장을 대변한다. 실내든 도시의 외부공간이든 마찬가지다. 기억은 본질적으로 물리적인 환경과 연결된 것이기 때문이다. 과거의 건조 환경이 아무리 노후화되고 쇠퇴했다고 해도, 거기서 도시 계보학을 기억해내는 일은 초현실주의자들에게 중요했고, 대도시를 바라보는 방식을 초현실주의자들로부터 배운 벤야민에게도 마찬가지다.

Architects 5: 발터 벤야민』, 이경창 옮김, 스페이스타임, 2012, 57~81쪽 참조.

# 3장
# 파리의 거리와 보들레르

## 벤야민과 보들레르

벤야민은 오랫동안 보들레르 연구에 매진했다. 헤셀과 함께 『악의 꽃』을 번역하기 시작한 1921년, 벤야민은 프랑스의 상징주의 시의 선구자로 소개된 보들레르를 대도시의 경험을 토대로 하는 시인이라는 관점에서 바라본다. 당시 독일 시 문단에서 영향력이 있었던 시인 슈테판 게오르게는 보들레르를 언어 그 자체의 형태적 표현력을 중시한 상징주의 시의 선구자로 소개했고, 이러한 보들레르의 이미지에 맞지 않는 산문적인 표현을 순화하기까지 했다. 『악의 꽃』 2부 「파리 풍경」의 벤야민 번역은 언어형식 뒤의 내용과 의미를 살리고자 했다는 점에서 게오르게의 번역과 구분된다. 보들레르에 대한 벤야민의 각별한 관심은, 1927년 시작해서 죽기 직전까지 몰두했던 파사주 프로젝트에서 보들레르 관련 자료가 차지하는 비중만 봐도 드러난다. 벤야민은 아직 완성하지 못한 파사주 프로젝트 중에서 보들레르 관련 자료를 토대로 보들레르 연구서를 집필하겠다는 계획을 세웠다.

원래 벤야민은 보들레르론을 총 3부로 기획했다. 1부에서는 알레고리 시인으로서의 보들레르, 2부에서는 시인에 대한 사회비판적 해석, 3부에서는 시적 대상으로서의 상품을 다룰 생각이었다. 유일하게 완성된 형태로 남은 두 편의 보들레르 에세이는 2부에 해당한다.[1] 이러한 기획에서 보듯이 벤야민에게 보들레르는 무엇보다 알레고리라는 전통적인 시 형식을 현재화한 시인이고(1부), 그러한 알레고리는 시대적 배경을 지니며(2부), 알레고리의 토대는 자본주의 사회를 지배하는 상품이다(3부). 벤야민에게 보들레르는 19세기 자본주의 문화가 대도시 파리를 무대로 전개되면서 경험의 구조에 어떠한 변화를 가져왔고, 그러한 변화에 상응하는 새로운 시의 가능성이 무엇인지를 알려준 가장 중요한 시인이다. 다시 말해 보들레르는, 19세기를 20세기 전반 자본주의의 선사先史로 보면서 철학적 미학적으로 해명하는 열쇠다.

　　벤야민은 원래 계획 중 2부에 해당하는 글만 썼기 때문에 알레고리와 상품을 연결하고자 한 그의 보들레르론은 미완으로 그쳤다. 따라서 보들레르 연구서 2부로 기획하고 쓴 보들레르에 대한 첫번째 글 「보들레르의 작품에 나타난 제2제정기의 파리」[2]를 전체 구도 속에서

1. 보들레르 에세이 집필과 관련된 자세한 설명에 대해서는 최성만, 『발터 벤야민. 기억의 정치학』, 길, 2014, 353~359쪽 참조.
2. '보들레르의 작품에 나타난 제2제정기의 파리'라는 제목에서 보듯이, 벤야민은 그 시기의 파리가 어떻게 시에서 표현되고 있는지를 해독해내고자 했다. '보헤미안' '거리산책자' '영웅' 등 보들레르 시대의 특별한 사회적 유형에 대한 연구 역시 이러한 의도에 따른 것이다. 벤야민은 모반가 집단인 파리 보헤미안의 사회적 환경 속에 보들레르를 귀속시킨다. 보들레르의 시에 깔린 이중적인 악마주의와 보들레르의 정치적 이론적 입장표명의 이중성이 그 근거다. 기습공격, 헤아리기 어려운 아이러니, 느닷없는 포고 등이 음모가의 버릇이라면, 벤야민은 보들레르 시론에서도 이러한 특징을 발견한다. 즉 예술의 유용성을 기치로 내걸다가도 몇 년 후 이를 번복하면서 예술을 위한 예술을 옹호하고, 1848년 혁명을 옹호하다가 성직자적 반동과 영합하면서, 보들레르는 이러한 극단적 입장 사이에 어떠한 매개도 시도하지 않았기 때문이다.

평가하기가 어려웠다. 사회조사연구소 잡지에 보낸 벤야민의 이 글에 대해 아도르노가 보여준 몰이해도 그 때문으로 보인다. 벤야민은 "보들레르가 얼마나 19세기 안에 깊이 파묻혀 있는지를 밝히고자" 했기 때문에 당시의 사회경제적 문화사적 정치적 사실들을 소환해내고자 했다. 이에 대해 아도르노는, 이론적 매개 없이 사회적 사실과 문학적 현상을 일대일로 연결시키고 있다고 지적하면서 벤야민의 서술을 실증주의적이라고 비판했다.[3] 벤야민은 아도르노의 비판에 맞서 자신의 의도를 옹호하면서도 재집필을 시도했고, 그 결과가 「보들레르의 몇 가지 모티프에 관하여」다. 경험과 기억이론을 바탕으로 보들레르 시의 현대성을 해명한 이 글은 아도르노의 지지를 받는다. 아도르노는 두번째 글에 대해서만 지지와 동의를 보냈지만, 보들레르에 대한 전수된 상을 뒤집으려면 첫번째 글도 필요하다.

> 나의 의도는 보들레르가 19세기 안에 얼마나 깊이 파묻혀 있는지 보여주는 것이다. 그가 19세기에 남긴 흔적은 분명하게 있는 그대로 드러나야 한다. 수십 년 동안 한곳에 있던 돌을 치울 때 그 자리에 남는 흔적처럼.(V, 403쪽)

보들레르에 대한 전승된 상은 보들레르가 19세기에 남긴 흔적을 가리는 돌에 다름없다. "한 작품 속에 필생의 업적이, 필생의 업적 속에 한 시대가, 그리고 한 시대 속에 전체 역사의 진행 과정"(「역사의 개념에 대하여」, 『선집 5』, 348쪽)이 보존되고 지양된다는 벤야민의 역사인식은 보들레르에게도 당연히 적용된다. 따라서 보들레르 필생의 업

---

3. Th. W. Adorno / W. Benjamin, *Briefwechsel 1928~1940*, Frankfurt a. M., 2003, 365~368쪽 참조.

적이 『악의 꽃』이라면 이 작품에는 보들레르가 살아낸 시대인 19세기 혹은 현대의 새로운 경험이 표현되어 있다. 19세기를 그전 시대와 구분하는 결정적인 경험은 대도시와 군중의 경험이다. 대도시와 군중은 보들레르 시의 중심에 놓인, 새로운 성격을 지닌 대상들로서 "『악의 꽃』의 토대를 이루는 경험들"(「중앙공원」, 『선집 4』, 278쪽)을 규정한다.

표면적으로 보들레르 시는 대도시나 군중과 그다지 밀접한 연관성을 지니지 않는다. 물론 『악의 꽃』 2부는 '파리 풍경'이라는 제목 아래 파리 거리를 배경으로 하는 시들을 담고 있다. 예를 들어 카루젤광장이 언급되는 「백조」, 파리 거리를 가로질러가는 노파를 묘사한 「가여운 노파들」 등이 있다. 또한 군중 속에서 등장해서 군중 속으로 사라지는 여인을 묘사한 「지나가는 여인에게」라는 시도 있다. 그러나 『악의 꽃』은 전체적으로 보면 사회학적 테마인 대도시나 군중보다 악마주의, 우울, 반反자연적인 에로티시즘처럼 심미주의적 테마가 더 두드러져 보인다. 또한 벤야민이 주목한 알레고리 형식 또한 대도시와 군중 관련 테제와는 맞지 않는 것처럼 보인다. 알레고리는 구체적인 현실을 재현하기에는 부적합한 형식으로 간주되기 때문이다. 벤야민의 언어이론에 따르면, 원래의 맥락에서 떼어낸 사물에 자의적으로 의미를 부여하는 알레고리는 "사물이 어떻게 전달되어 오느냐에 근거를"(「언어 일반과 인간의 언어에 대하여」, 『선집 6』, 86쪽) 둔 언어가 아니라 주체가 사물에 부여한 지식, 즉 주관적인 지식을 담은 추상적 언어에 속한다. 이점을 의식하면서 벤야민은 다음과 같이 묻는다. "알레고리 작가의 태도처럼 적어도 외관상으로는 그토록 철저하게 '시대에 역행하는' 태도가 그 세기의 시작품에서 첫째 자리를 차지한다는 것이 어떻게 가능할까?"(「중앙공원」, 『선집 4』, 283쪽) 벤야민은 보들레르 연구를 통해 이 질문에 답변을 제시하고자 했다.

이 답을 완성하려면, 알레고리적 의도와 상품물신의 관계에 대해 구체적으로 설명해야 한다.[4] 이 설명을 제시하기로 한 보들레르론 3부가 집필되지 못했기 때문에 명확한 답변을 재구성하기는 어렵다. 벤야민은 경제와 문화 간의 관계를 마르크스처럼 인과적인 연관관계로 보지 않는다.[5] 그 대신 "경제가 문화 속에서 어떻게 표현되는지"(V, 574쪽)를 밝혀야 한다고 본다. 이러한 시각은 벤야민의 문학비평의 토대를 이루는 언어의 매체적 측면에 대한 성찰에 기인한다. 1916년에 쓴 「언어 일반과 인간의 언어에 대하여」에서 벤야민은 어떤 내용을 전달하거나 지시하는 기호체계로 보는 언어관에 맞서, 언어는 자신 '속에서' 직접적으로 스스로를 전달하는 매체라고 규정한다. 언어를 '통해서'가 아니라 언어 '속에서' 전달되는 것에 주목할 때, 언어는 무엇을 반영하거나 전달하는 통로가 아닌 매체라는 것이다. 즉 언어는 전달 가능한 의미를 넘어서는 잠재적인 의미를 내포한다. 가령 독일어 안에 독일적 정신이 녹아 있다고 보면, 독일어는 단어 하나하나

---

4. 발터 벤야민은 알레고리적 의도와 상품물신의 관계에 대한 서술을 완결하지 못했다. 바로크 시대의 알레고리와 현대의 알레고리의 공통점 외에 차이가 어디에 있는지에 대한 논의도 미완으로 그쳤다. 거리산책자가 상품 영혼에 감정을 이입함으로써 상품물신이 거리산책자의 영감(I, 588쪽)이 되고 있지만, 상품물신에서 알레고리로의 궤적은 이어지지 않는다.(I, 1095~1096쪽) 따라서 거리산책과 상품물신이 유사성의 관계에 놓인다면, 알레고리의 이원론(의미하는 것과 의미된 것)은 상품의 이중성(사용가치와 교환가치)과 형식적이고 외적인 유사성을 갖는 데 그친다. Winfried Menninghaus, *Walter Benjamins Theorie der Sprachmagie*, Frankfurt a. M., 1980, 155쪽 참조.
5. 벤야민은 이데올로기적 상부구조에 대한 마르크스의 시각을 '표현'이라는 개념을 통해 교정하고자 했다. "하부구조가 사유와 경험의 소재에서 상부구조를 어느 정도 결정한다면, 그러한 결정이 단순한 반영이 아니라면, 그것은 어떻게 특징지을 수 있는가? 하부구조의 표현이 그 답이다. 상부구조는 하부구조의 표현이다…… 그것은 잠자고 있는 사람의 배부른 상태가 꿈의 내용에 반영되는 인과적인 조건에 해당할지는 몰라도, 그 상태는 꿈의 내용에서 반영되는 것이 아니라 표현되고 있다…… 집단은 먼저 자기들의 삶의 조건들을 표현한다. 그 조건들은 꿈속에서 표현되고 깨어날 때 해석된다."(V, 495~496쪽)

가 전달하는 내용의 총합을 넘어 독일적 정신까지 직접적으로 표현하는 매체인 것이다. 따라서 언어의 매체적 표현가치는 전달되는 내용의 차원을 넘어선다. "모든 언어는 자기 자신을 전달한다. 또는 더 정확히 말해 모든 언어는 자기 자신 속에서 전달되며, 언어는 가장 순수한 의미에서 전달의 매체Medium다. 이 매체적인 것, 이것이 모든 정신적 전달의 직접성이며 언어이론의 근본문제다."(「언어 일반과 인간의 언어에 대하여」, 『선집 6』, 75쪽)

다분히 형이상학적이고 사변적인 초기 언어논문에서 전개한 성찰은, 벤야민의 모든 문학비평의 토대를 이룬다. 문학비평은 문학작품을 어떤 이념이나 의미의 전달적 측면이 아니라 이와 같은 매체적 측면을 밝혀내는 데서 시작한다. 추상적인 요소들로 이루어진 언어일지라도 사물의 본질을 자체 안에서 직접적으로 표현하는 매체적 속성을 지닌다. 사물에 주관적으로 의미를 부여하는 알레고리가 사물의 탈가치화라는 자본주의 상품사회 고유의 경험 내용을 자체 안에서 직접적으로 전달한다고 보는 것은 이와 같은 언어철학적 성찰에 토대를 둔다.

보들레르론에 깔린 벤야민의 역사철학적 시각도 주목할 필요가 있다. 벤야민에게 과거는 객관적 인식의 대상이 아니라 역사적 경험의 대상이다. 역사적 경험에서 중요한 것은 "지금 이 순간과 섬광처럼 성좌를 이루면서 나타나는 과거의 이미지"(V, 576쪽)를 떠올리는 것이다. 벤야민은 이러한 이미지를 '변증법적 이미지'라고 부른다. 과거가 변증법적 이미지가 되는 것은, "현재가 스스로를 과거의 이미지 안에서 의도된 것으로 인식"(「역사의 개념에 대하여」, 『선집 5』, 334쪽)함으로써 가능하다.

변증법적 이미지는 섬광처럼 나타나는 이미지다. 따라서 과거의 이미지를, 이 경우에는 보들레르의 이미지를, 인식 가능성의 '지금' 순간 섬광처럼 나타나는 이미지로 붙잡아야 한다. 이 방식으로, 오직 이 방식으로만 수행되는 구원은 자칫 놓칠 뻔한 것을 지각함으로써만 이룩될 수 있다.(「중앙공원」, 『선집 4』, 290쪽)

변증법적 이미지는 과거와의 유일무이한 경험 속에서 나타난다. 인식이 범주를 통한 대상의 주관적 전유라면, 경험은 대상(과거)과 주체(현재)가 상호관계하는 장이다. 지나간 것과 지금이 이루는 성좌 구도, 꿈으로부터 깨어남, 기억과 회상 등의 용어는 바로 과거와 현재를 연속적으로 진행되는 서사가 아니라 단자적 이미지에 포함된 동시적 계기로 봄을 의미한다.[6] 벤야민에게 보들레르가 표현한 경험이 과거의 한 계기가 아니라 현재형으로 다가오는 것은 이 때문이다. 과거에 대한 관심은 "역사적 대상이 과거의 존재에서 지금의 존재(깨어 있는 존재!)로 더 구체화된 단계로 상승했다고 느끼는"(V, 494~495쪽) 방식으로 일어난다. 벤야민은 과거와 현재의 이러한 관계를 이론이 아니라 경험의 지평에 두었고, 그러한 경험에서 과거는 감정이입을 통한 재구성의 대상이 아니라 "위기의 구도"(V, 587쪽)를 여는 하나의 계기다.

벤야민은 1927년부터 1933년까지 여러 차례 파리를 방문했는데, 특히 독일 나치 정권을 피해 파리로 망명한 후 파리의 19세기 이후 역사 연구에 몰두했다. 이 연구는 보들레르의 시에서 프랑스 제2제정기의 파리를 읽어내도록 하는 데 결정적이었다. 벤야민은 보들레르를 19세기의 사회적 정치적 문화적 맥락 속에 놓인 시인으로 띄우고, 보

---

6. "과거의 한 단편에 현재성이 부여되기 위해서는, 양자 사이에 어떠한 연속성을 설정해서는 안 된다."(V, 587쪽) 역사적 유물론은 역사에서 서사적 요소를 포기해야 한다.

들레르의 시에서 현대 대도시와 대결하는 시인의 모순된 경험을 읽어낸다. 나치에 동원된 대중, 소비자 집단으로 비정치화된 대중, 혁명의 주체세력으로서 기대와 실망을 동시에 안긴 벤야민 시대의 프롤레타리아트 대중은 보들레르의 시에 아른거리는 과거의 군중과 겹친다. 보들레르를 변증법적 이미지로 읽은 벤야민은 다음과 같은 결론에 이른다.

> 보들레르가 최초의 사람 중 한 명으로 겪은 역사적 경험들은……
> 이후 점점 보편화되고 지속적이 되었다…… 그의 문학에서 낡은 것은
> 아직 없다.(V, 425쪽)

## 대도시의 군중

보들레르는 일시성과 우연성에 지배되는 현대 대도시의 변화를 시적 영감을 주는 새로운 체험으로 받아들인다. 여기서 보들레르가 추구한 시적 전략은, 자연적인 것과 친숙한 것을 거부하는 반자연주의, 진부한 윤리와 도덕을 무시하는 악마주의로는 전부 설명되지 않는다. 벤야민은 보들레르 시에 각인된 가장 중요한 대상이 대도시와 군중이라고 보았다. 이런 시각은『악의 꽃』중에서 '파리 풍경' 연작시에 기반을 둔다. 물론 '파리 풍경' 외에도『악의 꽃』의 시 대부분은 대도시와 군중의 존재를 은밀한 방식으로 보여준다. 예를 들면, '우울' 연작시의 첫번째 시「우울 1」에 나오는 묘지와 포부르 지역, 하트 잭과 스페이드 퀸은 영혼을 빼앗긴 대도시 대중과 공허하고 소외된 개인의 존재가 어떻게 상호보완을 이루는지 은밀한 방식으로 보여준다.(V, 443쪽 참조) 그러나 군중과 대도시 이 두 요소가 시의 직접적 주

제인 경우는 드물다.[7]

『악의 꽃』에는 파리에 대한 묘사가 전혀 없다…… 보들레르는 마치
시끄러운 파도 소리에 대고 이야기하는 사람처럼 파리의 아우성에 대
고 목소리를 높인다. 식별할 수 있는 한 그의 말은 명확하다. 그러나 무
언가가 섞여들어와 그것을 침해한다. 그리고 그의 말은 줄곧 이 아우
성에 섞여들어가며 아우성은 그의 말을 더욱 멀리 끌고 가 그것에 어
떤 알 수 없는 의미를 부여한다.(「중앙공원」, 『선집 4』, 280~281쪽)

"파리의 아우성"은 보들레르 시에서 직접적인 묘사 대상이 아니다.
그 대신 "파리의 소음을 상기시키는 많은 구절"이 있고, 그 소음은
"보들레르의 시구 속에 리드미컬하게 끼어든다."(같은 글, 285쪽) 보들
레르의 시구 중에는 "대도시 환경이 아니면 태어날 수 없는"(V, 326쪽)
시구가 많다. 그도 그럴 것이 파리에 대한 별난 편애라고까지 말할 정
도로, 대도시 파리는 보들레르의 내면에 뿌리깊게 자리잡고 있었기
때문이다.

물론 파리를 거의 떠나지 않고 살았으면서도 보들레르만큼 파리를
불편해한 사람도 없었다. 당시 폭풍처럼 파리를 덮친 혁명의 반향, 사
회적 혼란, 계급 갈등의 현실은 보들레르 시에서 찾아보기 어렵다.
1848년 혁명의 현장인 파리 골목을 누볐던 보들레르에게 혁명의 거
리 파리에 대한 기억은 평생 지속되었지만, 그 의미는 정치적이지 않
았다. 보들레르는 거리에 등장한 혁명 주체 군중을 대상으로 작품을
쓰지도 않았다. 그러나 바리케이드가 곳곳에 쳐진 파리의 골목들과
거리를 메운 군중은 보들레르의 뇌리에 깊이 박힌 이미지였다고 벤

7. 「아침의 어스름」은 대도시의 허약함을 분명하게 암시한 예외적인 시다.

야민은 보고 있다. 보들레르의 시작詩作에서 중요한 존재는 혁명적 대열을 이룬 노동자 집단이 아니라, 거리를 메운 행인, 눈앞을 지나가는 사람, 시장에 몰려든 다수의 소비자, 계급, 세대, 성별 차이를 초월한 무정형의 군중, 바로 대도시의 군중이다. 보들레르의 파리는 군중으로 과밀해진 도시다. 예를 들면, 『악의 꽃』의 '파리 풍경'에 나오는 시 「일곱 늙은이」는 "붐비는 도시, 환상이 가득한 도시"[8]라는 구절로 시작하고, 「가여운 노파들」에서 역시 화자는 "붐비는 파리의 화폭"[9] 속에서 군중을 뚫고 노파들을 따라간다.

　　보들레르는 이 군중의 존재를 결코 잊은 적이 없다. 군중은 그의 어느 작품에도 모델로 사용되고 있지 않지만…… 그의 창작에 숨은 형상으로서 각인되어 있다.(「보들레르의 몇 가지 모티프에 관하여」, 『선집 4』, 196쪽)

벤야민에 따르면, 보들레르의 군중 경험은 빅토르 위고와 비교해볼 때 분명한 장점을 지닌다. 낭만주의 작가 위고에게 군중은 "관상觀想의 한 대상으로 시에 들어간다."(「보들레르의 작품에 나타난 제2제정기의 파리」, 『선집 4』, 115쪽) 위고는 대도시 군중의 존재로부터 아무런 심리적 혼란도 경험하지 못한다. 위고에게 군중은 대도시, 자연, 초자연을 망라해서 다수, 어둠, 혼효로 표상되는 명상의 대상이고, 때때로 "바위 위에서 부서지는 파도 이미지"(같은 글, 121쪽)로 떠오르기 때문이다. 반면 보들레르에게 군중은 도시의 소란 속에서 겪는 "수많은 부딪힘"(같은 글, 115~116쪽)의 흔적이 새겨진 존재다. 보들레르는 "군중의 팔

---

8. 보들레르, 『악의 꽃』, 윤영애 옮김, 문학과지성사, 2003, 222쪽.
9. 같은 책, 226쪽.

꿈치에 떠밀리는"(「보들레르의 몇 가지 모티프에 관하여」, 『선집 4』, 250쪽)
경험을 자신의 인생에서 가장 결정적이고 유일무이한 경험으로 받아
들인다.

보들레르는 군중과 부딪치며 도시적 우연성을 경험한다. 대도시는
다양한 사회적 계급과 개인을 한데 모으면서 게토 같은 사회적 고립
과 구분되는 개방성을 지닌다. 그러한 개방성이 일시적이고 우연적이
면서 동시에 개별적이고 유일무이한 사건들을 낳는다. (이는 시간 속에
서 진행되는 보편적 흐름에 맞서는 공간의 개인화다.) 보들레르가 대도시
주민을 몇 가지 유형으로 재현하는 생리학을 받아들이지 않은 것도
그 때문이다. 보들레르에게 힌트를 준 대도시 관련 장르는 탐정소설
이었다. 보들레르는 대도시 생활의 불안하고 위협적인 양상에 천착한
탐정소설의 일정 요소들을 받아들였다. 보들레르가 에드거 앨런 포의
번역가이기도 했던 사실을 상기해볼 필요가 있다. 『악의 꽃』에는 논
리적인 추론을 특징으로 하는 탐정을 제외한 나머지 탐정소설의 요
소들이 포진해 있다. 벤야민은 피해자와 범죄 현장이 묘사되는 「순교
한 여인」, 살인범이 나오는 「살인자의 술」, 군중의 존재가 암시되는
「저녁 어스름」을 예로 든다. 보들레르의 시가 탐정소설과 공유하는
가장 결정적인 것은, 대도시에서 군중이 담당하는 고유한 기능들에
대한 인식이다. 그중 하나가 '범죄자의 은신처'다.[10]

---

10. 『군중 속의 남자』에서 화자가 쫓는 한 남자는 "자신이 속한 사회에서 편안함을 느
끼지 못해서" 군중 속으로 숨는데, "그 정체를 파악하기 어려울수록 그만큼 수상한 인
물"(「보들레르의 작품에 나타난 제2제정기의 파리」, 『선집 4』, 97쪽)이 된다. 밤새 번
잡한 장소를 찾아 런던의 대로와 골목길을 누비는 익명의 남자는 인파가 북적이는 곳
에서는 활기를 찾고, 행인들이 드물어지면 불안과 초조함을 보인다. 군중 속의 남자
는 결정적으로 신분 은닉을 가능하게 한 도시의 산물이고, 여기서 도시의 군중은 반
사회분자일지도 모르는 사람을 숨겨주는 은신처로 나타난다. 군중 속의 남자에게서
엿볼 수 있는 내면은 군중의 매혹에 빠진 오로지 군중 의존성일 뿐이다. 여기서는 단
지 인파 속에서는 안정과 활기를 찾고, 인파가 드물어지면 불안과 무력감에 빠져드는

군중은 도시의 환등상을 만드는 베일이라는 또다른 기능을 갖는다. 군중이라는 베일을 통해 보면 "익숙한 도시가 거리산책자에게 눈짓하는 환등상으로 보인다."(V, 54쪽) 군중 경험은 시인의 독특한 환상의 원천이 된다. 군중은 시인으로 하여금 감정이입의 유혹을 불러일으키는 보다 강력한 도취제다. 보들레르는 『파리의 우울』에 나오는 산문시 「군중」에서 타자의 몸속에서 일순간 자아를 잊어버리는 것, 자아가 타자로 자리바꿈하는 것을 성적 결합의 비유를 들어 군중 속 불특정 다수에게 열려 있다는 점에서 '매춘'이라고 표현했다.[11] 거리산책자는 스쳐지나가는 미지의 것, 눈앞에 느닷없이 나타난 것에 완전히 몰입해 자아를 잊어버리고 타자로 자리바꿈하고자 한다. 『파리의 우울』의 「창문들」에서 시인은 거리를 산책하다 우연히 촛불이 밝혀진 창가의 여인을 보고 그 여인의 과거와 고통과 은밀한 비밀에까지 파고들어, 자신도 그녀와 동일한 경험을 한 것 같은 환상 속으로 빠져든다. 시인은 다음과 같이 말한다. "나는 나 자신이 아닌 타자 속에서 살았고 괴로워했다는 것에 만족하며 자리에 눕는다."[12] 타자의 은밀한 내면에 파고들어 그의 숨겨진 비밀을 자신의 것으로 삼는, 이른바 타자와 자신을 동일화하는 상상력의 또다른 본보기는 「가여운

---

심리상태만을 엿볼 수 있다.
11. "군중 속에 몸을 담그는 것은 누구에게나 주어진 것이 아니다. 군중을 향유하는 것은 하나의 기술이다…… 시인은 마음대로 자기 자신으로 혹은 다른 사람으로 될 수 있는 이 비할 데 없는 특권을 누린다. 육체를 찾아 떠도는 혼처럼 그는 제가 욕망하는 때에 다른 사람의 인격 속에 들어간다…… 그는 기회가 닿는 대로 모든 직업, 모든 기쁨, 모든 비참을 자신의 것처럼 다 받아들인다. 스쳐지나가는 미지의 것에 시심과 연민을 가지고 완전히 몰입하는 것, 눈앞에 느닷없이 나타난 것에 완전히 빠져드는 것, 즉 영혼의 성스러운 매춘, 저 형용키 어려운 몰아경에 비교하면, 사람들이 사랑이라고 부르는 것은 시시하고 제한적이고 취약하기 그지없다."(Charles Baudelaire, *Les Spleen de Paris*, in: *Baudelaire. Sämtliche Werke/Briefe*, Bd. 8, München/Wien, 1992, 148~151쪽; 『파리의 우울』, 황현산 옮김, 문학동네, 2015, 33~34쪽에서 인용.)
12. 같은 책, 256쪽.

노파들」에서 볼 수 있다. 파리의 한 골목길에서 시인은 괴물 같은 느낌을 주는 노파들을 보고 강력한 호기심에 이끌려 뒤쫓는다. 시인은 그들의 육체적 외양에 대한 담담한 언급에 이어 그들의 내면을 들여다보기라도 한 듯이 말한다. '영혼의 성스러운 매춘'이라는 표현을 쓰면서 보들레르는 기독교 문명화 과정에서 분리되었던 감각적 향락주의적인 요소와 종교적 형이상학적인 요소를 다시 결합시켜야 한다는 초기 사회주의자들의 이념을 염두에 두었을 수 있다.[13] 벤야민의 다음 해석은 이러한 정신사적 계보와는 전혀 다른 맥락에서 이루어진다.

> 거리산책자가 탐닉하는 도취, 그것은 고객의 물결에 부딪치는 상품의 그것이다.(「보들레르의 작품에 나타난 제2제정기의 파리」, 『선집 4』, 108쪽)

군중 속에서 우연히 만난 모든 타자와 일체감을 느끼는 시적 상상력이 구매력 있는 모든 고객에게 호소하는 상품의 영혼과 유사하다는 이러한 테제는, 상품물신주의가 지배하는 자본주의 문화의 시각에서 접근함을 보여준다. 벤야민은 어떤 근거에서 보들레르의 군중 체험이 상품과 고객의 관계로 설명된다고 주장하는 것일까? 이 질문에 답하기 위해서는 이 장 서두에서 언급한 벤야민의 역사적 시각으로 돌아가야 한다. 벤야민은 보들레르 시에 숨겨진 군중에 대한 표현을 보들레르 당시보다 더 분명하게 읽어내는 것이 중요하다고 생각한다. 보들레르가 "군중 속에 침전된 사회적 환상을 꿰뚫어보지 못했다"(같

---

13. 비어만에 따르면 "영혼의 성스러운 매춘"은 상품의 영혼이 아니라 푸리에와 같은 초기사회주의자들에게서 발견되는 종교적 사회주의 이념이다. Karlheinz Biermann, "Vom Flaneur zum Mystiker der Massen. Historisch-dialektische Anmerkungen zu Beziehung zwischen Ich und Menge bei Hugo, Baudelaire und anderen," in: *Romanistische Zeitschrift für Literaturgeschichte*, H.2/3(1978), 312쪽 참조.

은 글, 123쪽)는 판단은, 보들레르라는 과거와 벤야민이라는 현재가 이루는 구도에서 이루어진다.

벤야민의 군중은 어떠한 군중이었을까? 파리 망명을 떠나기 직전인 1933년 벤야민의 고향도시 베를린의 거리에서는 '나는 유대인이다'라는 팻말을 목에 걸고 행진하는 유대인들을 볼 수 있었다. 보들레르가 『악의 꽃』을 발표한지 수십 년 뒤 벤야민은 대도시에서의 소외를 보들레르보다 훨씬 더 강도 있게 경험했고, 파시즘에서 군중이 지닌 정치적 역기능을 목도한 세대에 속한다. 베를린은 나치가 집권하기 전에도 정치적인 투쟁과 충돌이 벌어지는 무대였다. 1929년 5월 1일에 베를린에서는 독일 공산당과 경찰 간의 충돌과 이어진 폭력적인 진압으로 수십 명이 희생되었다. 1848년 혁명의 한가운데 있던 보들레르 역시 정치적 집단으로서의 군중은 익숙한 것이었지만, 파리의 거리에서 그를 매혹하기도 했고 그가 맞서기도 했던 군중 속에 드리운 사회적 가상을 꿰뚫어보지 못했다. 보들레르가 시에 남긴 군중의 흔적을 추적하면서 벤야민이 어떠한 현재의 관점을 가지고 있는가는 다음 발언에 압축되어 있다.

새로운 것이 어떤 것인지를 가장 잘 알려주는 사람은 거리산책자일 것이다. 그 자체 움직이고 혼을 지닌 군중이라는 가상이야말로 새로운 것을 향한 거리산책자의 갈증을 채워준다. 사실 이 집단은 가상 이외에 아무것도 아니다. 거리산책자가 보고 즐거워한 이 '군중'은 70년 뒤 민족공동체를 만들어내게 될 거푸집이다. 자신의 민첩함, 자신의 기벽에 대해 그토록 자신만만해했던 산책자 역시 그후 수백만을 눈멀게 한 환영의 최초 희생자라는 점에서 자신의 동시대인들을 앞섰던 것이다. (V, 436쪽)

군중은 그 자체 혼을 가진 실체가 아니라 일종의 '거푸집'인 것이다. 거리에 우연히 모인 사람들이 어떠한 사회적 계급으로 정의되지 않는 단순 집합에 불과하다면, 상품을 구매하러 시장에 모여든 사람들은 고객이라는 집합을 이룬다. 이 집합은 "우연한 사적 이해를 통한 사적 인간의 군중화 현상"(「보들레르의 작품에 나타난 제2제정기의 파리」, 『선집 4』, 118쪽)을 의미한다. 전체주의 국가들은 "고객의 대대적인 군중화"(같은 곳)를 기획하면서 이러한 집합을 인종에 기초한 운명공동체로 승격시킨다. 그러한 운명공동체는 군중의 원초적인 측면, 즉 군거본능과 반사행동에 판을 벌려준다. 벤야민은 거기에 맞서 '느슨한 대중'을 내세운다. '느슨한 대중'은 프롤레타리아 대중의 연대가 어떠한 성격을 지녀야 하는가에 대한 답으로 제시된 개념이다. 느슨한 대중은 "단순한 반응에 지배받기를 그만두며" "개인과 대중 사이의 죽은 대립, 비변증법적 대립을 혁파"(「기술복제시대의 예술작품」, 『선집 2』, 74쪽)하는 연대를 일컫는다. 이러한 연대에 반해 소시민층은 뭉쳐 있는 무리일 뿐이다.

그것은 실제로 덩어리일 뿐이며 부르주아지와 프롤레타리아트라는 두 적대적인 계급 사이에서 처하게 된 압박이 크면 클수록 더욱더 단단한 덩어리가 된다. 이 소시민의 덩어리에서 실제로 대중심리학이 말하는 정서적 요소가 결정적 역할을 한다…… 단단한 대중의 표출은 전적으로 공포에 빠지는 모습을 띤다. 이 공포에 빠지는 특성은, 그 표출이 전쟁에 대한 열광을 표현하든 유대인에 대한 증오심을 표현하든 자기보존본능을 표현하든 공통적으로 나타난다…… 파시즘이 지지해주는 대중이 단단하면 단단할수록 소시민층의 반혁명적 본능이 그 대중의 반응에서 지배적이 될 기회가 더 많아진다.(같은 글, 75쪽)

보들레르를 매혹시키고 또 그가 영웅적인 태도로 맞선 군중은 벤야민 시대에 서유럽의 전면에 나타난 대중적 현상을 주조해내게 될 거푸집이다. 보들레르를 "난폭하게 뒤흔들어놓았던"(「보들레르의 작품에 나타난 제2제정기의 파리」, 『선집 4』, 114쪽) 군중 경험에 벤야민이 보이는 관심은, 이처럼 과거와 현재가 이루는 위기의 동시적 구도에 자리잡고 있다.


## 아우라의 몰락과 현대적인 사랑


경험의 우연성이 극명하게 나타나는 장소인 거리에서 우연한 인간관계가 군중 안에서 이루어진다. 이때 필요한 태도는 오랜 소망의 대상을 향한 감수성이 아니라 우연히 스쳐가는 대상을 놓치지 않고 포착하는 능력인 자발성이다. 자발성은 「지나가는 여인에게」에서 지나가는 여인의 눈을 깊숙이 들여다보는 태도로 나타난다. 시인은 그 눈에서 "얼을 빼는 감미로움과 애를 태우는 쾌락을" 마셨다고 쓴다. 여인의 눈길은 "한줄기 번갯불"처럼 번쩍이며 시인을 "홀연 되살렸던" 눈길이다. 하지만 이러한 눈길에서는 "인간의 시선이 불러일으키는 기대가 실현되지 않"는다.(「보들레르의 몇 가지 모티프에 관하여」, 『선집 4』, 242쪽) 벤야민은 보들레르의 시적 상상력의 원천 중 하나인 시선에 대해 다음과 같이 적는다.


보들레르는 보는 능력을 상실한 눈들을 묘사한다. 그러나 이러한 특성에 있어 눈들은 어떤 매력이 있는데, 바로 이 매력으로 그의 본능적인 욕구가 상당 부분, 아니 거의 대부분 충족된다. 보들레르의 성은 이러한 눈의 마법에 사로잡혀 에로스와 결별한다.(같은 글, 242쪽)

벤야민의 이러한 해석은 「지나가는 여인에게」에서 시인의 경험이 아우라적인 시선교환과 무관함을 의미한다. 아우라는 무엇인가? 벤야민은 아우라를 다양하게 규정한다. 먼저 "아무리 가까이 있더라도 멀리 떨어져 있는 어떤 것의 일회적인 현상"(「기술복제시대의 예술작품」, 『선집 2』, 50쪽)이라는 저 유명한 정의는 아우라의 종교적 기원을 시사한다. 아우라는 무의지적 기억의 독특한 경험으로 제시되기도 한다. "무의지적 기억에 자리잡고 있는 어떤 관조대상의 주위에 모여드는 연상들"(「보들레르의 몇 가지 모티프에 관하여」, 『선집 4』, 236쪽)이 그렇다. 또한 아우라는 독특한 시선의 경험이다. "어떤 현상의 아우라를 경험한다는 것은 그 현상에 시선을 되돌려주는 능력을 부여한다는 뜻이다."(같은 글, 240쪽) 이러한 의미에서의 시선은 예술작품, 자연, 인간, 심지어 단어를 바라보면서도 가능하다.[14] 어떤 대상을 바라보면서 "그 시선이 향하는 대상에게서 응답이 올 거라는 기대가 충족되는 곳에서는 아우라의 경험이 충만하게 이루어진다."(같은 곳) 이상의 규정들을 종합해보면, 아우라는 독특한 시공간적 거리감, 현존과 부재의 교차, 유일무이한 경험, 의식적 통제 너머의 순간적 인식 등과 같은 지각 현상의 스펙트럼을 갖는다.

아우라 개념을 둘러싼 벤야민의 질문은 두 가지다. 하나는 아우라가 어떤 대상에 고유한 속성인지 아니면 체험 주체에 따라 나타나는 미학적 경험의 일종인지이고, 다른 하나는 아우라가 역사적으로 규정되는 지각방식인지 인간의 잠재적인 경험 가능성을 말하는지다.[15] 예

---

14. 벤야민은 단어들도 아우라를 지닐 수 있다고 생각하면서 카를 크라우스의 다음 발언을 인용한다. "한 낱말을 가까이 응시하면 할수록, 그 낱말은 그만큼 더 멀리서 돌아본다."(「보들레르의 몇 가지 모티프에 관하여」, 『선집 4』, 240~241쪽)
15. 벤야민에게 아우라는 전반적으로 "기존의 철학적 의미에서의 개념이 아니라 세계와 역사의 인식 가능성 전체를 가리키는 하나의 이름"으로 보아야 한다.(Josef Fürnkäs, "Aura," in: M., Opitz / E. Wizisla(Hg.), *Benjamins Begriffe*, Frankfurt a. M., 2000,

술생산과 수용에 일어난 역사적 변화를 논한 「기술복제시대의 예술작품」에서 아우라는 예술작품의 원본성과 진본성에 결부된 객관적 가치이자 사회적 기술적 변화 속에서 극복되어야 할 지각방식으로 설명되고 있다.[16] 「경험의 빈곤」에서 벤야민이 아방가르드 예술가들을 칭찬하는 이유 역시 경험의 빈곤을 무릅쓰고서라도 아우라를 비롯한 전통적 가치와 단절하고자 하기 때문이다.

아우라는 벤야민이 만들어낸 조어가 아니라 20세기 초 신지론자들이 사용한 개념이었다. 벤야민은 현대 경험의 위축과 삶의 무미건조함이 그 반작용으로 정신주의, 신비주의의 유행을 불러왔음을 잘 알고 있었다. 벤야민의 환각제 체험기는 신지론자들의 주장과 달리 아우라가 특정한 종교적 대상과만 결부된 것이 아니라 모든 사물에서 경험 가능하다는 사실을 입증한다. 이 체험기에서 벤야민은 "신지론자들의 관습적이고 진부한 표상들과 대립되는 진정한 아우라"[17]를 언급하고 있다. "진정한 아우라는 속물 신비주의 저서들에서 묘사하는 저 강신술과 같은 빛의 마술"(VI, 588쪽)이 아니다. 진정한 아우라는 어떤 사물이나 존재를 마치 주머니처럼 감싸고 있는 장식으로 경험된다. 이때 아우라는 도취 상태가 아니라 도취에서 깨어나는 일순간 기억 속에서 풀어야 할 수수께끼로 다가온다. 이러한 설명은 속물신비주의에 의해 변질된 아우라 개념에 대한 구제적 비판이기도 하다.[18]

---

104쪽.) 아우라는 자연 체험이든 시선의 경험이든 기억의 경험이든 인간학적 경험의 잠재력에 포함된다.

16. 매체이론 논의에서 아우라 경험은 유일무이한 원본에서만 가질 수 있고 사진이나 영화처럼 복제된 산물에서는 사라진다. 복제를 통해 예술작품의 시공간적 현존성의 가치, 일회적 현존성이 하락하고 이를 통해 예술작품의 가장 민감한 부분이 손상되기 때문이다. 대량복제는 일회성 대신에 반복성을, 사물의 지속성 대신에 일시성에 대한 감각을 증대시키고 이는 전통의 동요를 가져온다.

17. 환각제 체험에서 나타나는 아우라에 대해서는 V, 587~592쪽 참조.

18. 아우라를 청산 대상으로만 보고 있지 않다는 생각을 뒷받침하는 예들은 적지 않

벤야민은 「기술복제시대의 예술작품」에서 아우라를 수용미학적 지각이론과 예술정치적 시각에서 다루었다면, 보들레르 에세이에서는 미학적이자 역사철학적인 시각에서 아우라의 몰락 및 붕괴를 언급한다. 보들레르는 "아우라의 붕괴를 기록"(「보들레르의 몇 가지 모티프에 관하여」, 『선집 4』, 250쪽)하고, "아우라의 몰락에 대한 고통과 아우라의 붕괴에 대한 동의"(V, 433쪽)를 시작詩作의 법칙으로 삼았다. 한편으로 보들레르의 시는 아우라 몰락이 기술매체에 의해 야기된 현상이 아니라 이미 선구적 예술의 특징이었음을 입증한다. 다른 한편으로 보들레르는 단순히 아우라의 몰락에서 오는 우울을 기록하는 데 그치지 않고 아우라에 대한 향수를 노래한다. 벤야민은 보들레르 시 「만물조응」에서 아우라가 어떻게 회상의 대상이 되는지, 아우라에 대한 향수는 보들레르의 극도로 날카로운 감수성에서 오는 우울과 어떠한 관계에 있는지 묻는다.

'몰락'이라는 단어는 벤야민의 초기 언어철학을 특징지었던 신학적 역사관을 상기시킨다. 벤야민은 언어의 역사를 아담의 언어로부터 몰락해온 역사로 보는데, 이에 따르면 아담에서 연원하는 이름의 언어가 몰락하고 그 대신 판단의 언어, 추상적 언어가 등장했다고 한다. 추상적 언어가 지배하면 사물의 세계는 자신을 드러내지 못한 채 침묵한다. 다분히 형이상학적이고 신학적인 이러한 언어관에서 언어의 역사는 몰락이라는 단선궤도에만 놓인 것이 아니라, 신학적 의미에서

다. 우선 「기술복제시대의 예술작품」에서 아우라를 자연 대상에 대한 경험을 예로 정의하고 있다는 점도 아우라 경험의 가능성이 전적으로 사라진 것이 아님을 암시한다. 물론 자연에 대한 경험 방식도 역사적 변화를 겪지만 벤야민의 이러한 정의는 초역사적 자연 경험을 입증하는 것처럼 해석될 수도 있다. 벤야민이 카메라 렌즈의 시각과 관련해 기술한 '시각적 무의식의 세계'는 지금까지 은폐되어 있던 사물세계와의 시선 교환, 시선 응답의 가능성을 내포한다는 점에서 아우라 경험의 복원을 암시한다. 또한 정교한 카메라 조작 결과 생긴 사진 이미지가 학문적 가치를 넘어서는 마법적 가치를 지닐 수 있음을 지적하기도 했다.

몰락과 구제라는 이중적 궤도에 놓여 있다. 언어에 대한 구제 의도는 「번역가의 과제」에서 분명하게 드러난다. 여기서 번역은 인간의 경험적 언어 안에 흩어져 있는 순수언어의 파편들을 구제하여 이들을 짜맞춤으로써 언어의 근원을 복원하는 활동으로 규정되고 있다.

몰락과 구제의 이중성을 아우라에도 적용할 수 있다. 아우라의 몰락은 예술을 매개로 가능했던 종교적 경험의 소멸을 의미한다. 성스러운 것의 신비스러운 현존이나 초일상적인 가치와 거리가 먼 전시가치, 산만함, 껍질이 없는 대상, "자기 앞에 가까이 있는 대상을 상 속에, 아니 모사 속에 복제를 통해 전유하고자 하는 욕구," "세상에 있는 동질적인 것에 대한 감각"(VII, 355쪽) 등이 득세한다. 전통적인 혹은 종교적인 경험양식으로서의 아우라는 현대의 변화된 조건 아래 소멸한다. 물론 벤야민의 아우라 이론이 아우라 소멸 테제로 환원되는 것은 아니다. 「기술복제시대의 예술작품」에서는 주로 아우라적 경험양식과 배치되는 기술적 조건들을 밝히는 데 초점을 맞추기 때문에 '아우라가 무엇인가'라는 질문에 대한 답변은 충분하지 않다. 오히려 다음과 같은 자연체험의 예시는 아우라가 지각의 역사성을 넘어서는 잠재적인 인간학적 경험임을 암시한다. "어느 여름날 오후 휴식 상태에 있는 자에게 그늘을 드리우고 있는 지평선의 산맥이나 나뭇가지를 따라갈 때─이것은 우리가 산이나 나뭇가지의 아우라를 숨쉰다는 뜻이다."(「기술복제시대의 예술작품」, 『선집 2』, 50쪽) 구조적 거시적 차원에서 아우라 같은 전통적인 경험양식이 약화되었다고 해도 개인적이고 미시적인 차원에서 아우라 및 신성화에 대한 소망까지 사라지는 것은 아니다. 아우라의 몰락이나 소멸을 절대화할 수 없는 또다른 이유는 몰락과 구제가 변증법적으로 연관되어 있기 때문이다. 환각제 체험기에서 아우라는 도취 상태 그 자체라기보다 도취에서 깨어나는 일순간 기억 속에서 풀어야 할 수수께끼이듯, 아우라는 사라지고 난 순간에야 비로소 회상되는 경험양식이다. 벤야민은 이러한 회상이 보들레르의 상상력의 두 축 중 하나를 이룬다고 본다.

보들레르의 시 「만물조응」에서 화자는 아득한 태고시절에 집단 제의 가운데 음향, 색채, 냄새의 협연으로 실현 가능했던 마술적 경험을 회상한다. 이 시에서 묘사하는 인간과 자연의 교감은 어떠한 현대적 체험의 특징도 지니지 않으며, 따라서 아무런 연결고리도 없이 '현대적인 미'와 나란히 서 있다. "인간이 상징의 숲속을 지나면 / 상징의 숲은 정다운 시선으로 그를 바라본다."(「보들레르의 몇 가지 모티프에 관하여」, 『선집 4』, 242쪽에서 재인용) 이 시와 「어느 전생」이라는 시에서 부각되는 만물조응은 오로지 의식儀式적인 것의 영역에서만 가능하고, 내가 바라보고 있는 사물들은 내가 바라보고 있는 것처럼 나를 바라보는, 마치 꿈속에서의 지각 과정과 같은 차원에서 이루어진다는 점에서 아우라적 경험방식에 속한다. 보들레르는 은밀하게 전사前史의 이미지를 명명하지만 거기에는 향수의 눈물, 상실에 대한 의식이 수반된다는 점을 강조할 필요가 있다. "아, 그대는 아득히 먼 시간 속에 있었구나 / 나의 누이여 혹은 나의 아내여."(같은 글, 239쪽에서 재인용) 보들레르가 회상에 성공하는 순간은 이 점에서 프루스트가 성공하는 순간과 구분된다. 프루스트에게 이 순간은 그 자체로서 유일무이한 순간이다. "잃어버린 시간의 숨결로 감싸인 모든 상황은 이로써 비교 불가능한 것이자, 나날의 연속에서 돌출된 것이 된다."(같은 곳) 이에 반해 보들레르에게 회상의 순간은 아득한 태곳적 시간을 향하고 있고, 그 순간은 언제라도 우울이 깔려 있는 물화된 기억으로 급전할 태세를 갖추고 있다.[19]

---

19. "보들레르의 시 쓰기의 결정적인 기초는 극도로 날카로운 '감수성'과 극도로 집중된 명상 간의 관계를 특징짓는 그 긴장이다. 이 관계는 이론적 차원에서 만물조응 이론과 알레고리 이론 사이에서 다시 발견된다. 보들레르는 자신에게 그토록 중요했던

보들레르는 특별한 회상의 순간에 아득히 먼 전사의 경험을 떠올리고 있지만, 전사에 대한 이러한 향수는 현대적 시인의 극도로 날카로운 감수성에서 오는 우울과 팽팽한 긴장관계에 놓여 있다. 벤야민에 의하면, 『악의 꽃』이 훌륭한 이유는 만물조응의 시들 못지않게 아우라의 몰락과 파괴를 증언하는 우울을 기조로 하는 시들 덕분이다. 우울에 사로잡힌 시인은 "지상이 적나라한 자연상태로 퇴행해 있음을 본다."(「보들레르의 몇 가지 모티프에 관하여」, 『선집 4』, 236쪽) "전사의 입김은 어디에서도 찾아볼 수 없다. 일말의 아우라도 없다."(같은 곳) 우울이야말로 상품경제로 인해 인간 환경이 무가치하게 변하게 된 역사적 경험의 정수를 표현한다. 이렇게 보면 아름다운 자연의 이미지도 상대방의 시선도 되돌려받지 못하는 시인의 눈은 우울이 비치는 거울이고, 그 거울에는 전생에 대한 향수를 쫓고 있는 영혼의 대립적 풍경도 투영된다.

보들레르가 그린 만물조응은 상징주의자들의 동시적 만물조응처럼 하나의 아름다운 가상으로 현재화되는 것이 아니라, 꿈으로부터의 깨어남 속에서 파편으로 전달된다. 까마득하게 잊힌 것, 지나간 것의 회상으로 인한 충격 속에서 회상된 것은 파편으로만 복원될 수 있다. 이에 따르면 만물조응은 이미 붕괴된 경험양식의 파편 혹은 메아리로 전달된다.[20] 벤야민에 의하면 보들레르는 어떠한 화해의 가상을 통해서도 아우라의 부재를 만회하려고 하지 않았다. 「만물조응」이나 「어느 전생」과 같은 시들은 태고의 경험양식, 즉 현실에 대한 마술적 지각형식에 대한 향수로부터 비롯된 것이지만, 그렇다고 최초의 근원이라는 이념으로 환원되지는 않는다. 그 시들은 권위적 제의 아우라

---

이 두 가지 사변적 관념의 관계를 어떤 식으로도 정립해보려고 하지 않았다."(「중앙공원」, 『선집 4』, 279쪽)
20. *Benjamin Handbuch*, 579쪽 참조.

도 교환가치의 변용인 사이비 아우라도 아닌, "모더니티의 경험 안에서 흩어져 있는 아우라적 경험의 흔적들"[21]로 이루어졌다.

그런데 「만물조응」 같은 시에서 묘사된 인간과 자연의 상응은 어떠한 현대적 체험의 특징도 지니지 않는다. 그것은 "위기에 아무런 영향받음 없이 스스로의 위치를 굳히려고 하는" 어떤 규범적인 경험일 뿐, 돌이킬 수 없는 "지나간 삶 속에 자리잡고 있기" 때문이다. 따라서 그것은 "매개되지 않은 채로 '현대적 미'라는 개념과 나란히 서 있다." (「보들레르의 몇 가지 모티프에 관하여」, 『선집 4』, 226~227쪽) 벤야민에 의하면, 보들레르 서정시의 현대성은 "먼 곳의 매력을 포기"(「중앙공원」, 『선집 4』, 272쪽)한다는 점에 있다. 먼 곳의 매력을 포기하는 대신 시인은 순간적으로 스쳐지나가는 가까운 것을 포착하고자 한다. 그러기 위해서는 다채로운 도시적 삶을 반사하는 거울 혹은 만화경이 아니라, 자신의 고독을 타자에 대한 관심으로 채우려는 의지를 통해 감정과 지각을 고양시키는 집중력이 필요하다. 「지나가는 여인」에 나오는 거리산책자도 이러한 집중력을 가지고 순간적인 행복을 추구한다.[22] 현대 대도시인은 "영혼의 한가운데 확실한 것이 결여되어 있기

---

21. Stéphanes Moses, "Ideen, Namen, Sterne. Zu Walter Benjamins Metaphorik des Ursprungs," in: Ingrid und Konrad Scheuermann(Hg.), *Für Walter Benjamnin*, Frankfurt a. M., 1992, 191쪽. 흔적들에 대한 언급은 초기 벤야민의 신학적 역사모델로의 귀환을 암시한다. 벤야민의 보들레르 비평은 「기술복제시대의 예술작품」과 마찬가지로 신학적 사유의 익명성을 지키고 있긴 하지만, 근원적 진리의 파편들과 '완전복구restitutio in integrum'라는 신학적 과제와의 연관성을 숨기고 있다. 벤야민의 다음 해석을 참조하라. "보들레르가 우울과 전생前生 속에서 진정한 역사적 경험의 흩어진 파편들을 그의 손에 쥐고 있다면 베르그송은 그의 지속이라는 개념 속에서 역사로부터 더욱더 멀리 떨어져나와 있다."(「보들레르의 몇 가지 모티프에 관하여」, 『선집 4』, 235쪽)
22. 산책자로서 시인은 외부의 우연적 만남에 전적으로 의탁하면서도 모든 것을 자신의 힘과 정신집중에 의존하는 정복욕에 의해 움직인다는 점에서 모험가와 유사하다. 짐멜에 의하면 모험에는 "한편으로 모든 것을 오로지 자기 자신의 역량과 냉정한 정신력에 의존하는 정복자의 기질과, 다른 한편으로 우리를 행복하게 할 수 있지만 또

때문에 언제나 새로운 자극과 센세이션, 외적 행위를 통한 순간적 충족을 추구한다."[23] 지나가는 여인에게 느끼는 감정은 "한줄기 번갯불, 그러고는 어둠!……"이라는 시구에서 보듯이, 낯설고 새로운 대상, 우연히 만난 대상에서 감지되고 그것이 감지되는 순간 바로 해소된다.

　　대도시인들이 느끼는 황홀감은 일종의 사랑 감정인데 그것도 처음 느끼는 사랑 감정이 아니라 마지막으로 보고 느낄 때의 사랑 감정이다. 그것은 일종의 영원한 작별로서 그 작별은 시 속에서 매혹의 순간과 일치한다.(「보들레르의 몇 가지 모티프에 관하여」, 『선집 4』, 204쪽)

「지나가는 여인에게」 마지막 연에서 작별의 순간은 정열이 사라지는 것 같지만 실은 만남의 절정이면서 정염의 불길이 비로소 타오르는 순간이다. 이러한 정열의 순간성은 현대인의 체험방식 일반에 적용된다. 아주 짧은 시간 안에 생성하고 소멸하는 사랑 감정은 시간에 근거한 지속적인 경험의 질서를 무효화시킨다. 그것은 경험의 연관관계로부터 분리되면서 언제나 처음부터 다시 시작되는 사건이 된다. 행복에 접근했다는 환상은 그 환상이 절정인 순간 곧 깨지고 시인은 계속 새로운 환상을 찾아헤맨다. 새로움에 대한 열망은 유행을 좇는 심리와 흡사하다. 다시 말해 대도시인이 추구하는 사랑의 리듬은 유행과 마찬가지로 부단히 교체되고 소멸한다.
　　이상에서 살펴본 것처럼 현대적 사랑은 고전적인 사랑과 다르다. 고전적 사랑은 시간적 공간적으로 멀리 떨어진 대상이 지금 이 순간 유일무이한 의미로 나타나는 사랑으로, 사랑의 대상을 향한 오랜 소

---

한 단숨에 파괴할 수도 있는 세계의 위력과 우연에 완전히 자신을 맡겨버리는 태도"(「모험」, 『짐멜의 모더니티 읽기』, 212쪽)가 공존한다.
23. *Philosophie des Geldes*, 551쪽.

망은 부단히 재생산된다. 고전적인 사랑이 아우라적 소망의 충족이라면, 현대적 사랑은 "바로 다음 칸으로 굴러떨어지는 상아공이나 맨 꼭대기에 놓인 다음 카드"(같은 글, 223쪽)를 향한 즉흥적인 욕망이다. 소망은 오래 지속될수록 그 소망을 품어온 과거의 시간들로 돌아가는 것, 즉 기억하기가 가능해지고, 그러한 기억된 시간들이 경험의 내용을 이루게 된다. 따라서 "충족된 소망은 경험에 주어지는 왕관"(같은 글, 222쪽)이 된다. 반면 지나가는 여인에게 느낀 감정이 오래된 아우라적 소망의 충족이 아닌 것처럼, 도박꾼이 우연하게 얻은 행운도 마찬가지다. 바로 다음 카드, 다음 패를 향한 도박꾼의 욕망은 기억할 만한 것을 남기지 않는다. 도박꾼의 행운은 굶주림이나 갈증의 해소에 그칠 뿐 영원히 지속되는 충족감이 될 수 없다. 거기에는 "'뭔가 아름다운 것'이 주어진다고 여겨지는 그런 소망"(같은 글, 238쪽)이 작용하지 않는다.

한 점의 그림은 그것을 바라볼 때 아무리 바라보아도 싫증이 나지 않는 어떤 것을 재현한다. 그 원천으로 투영되는 소망을 충족해주는 무언가가 그림 안에 들어 있다면 이 무엇이 소망을 끊임없이 키워낸다.(같은 글, 238~239쪽)

사진은 언제라도 동일한 내용으로 소환될 수 있는 이미지를 제시하는 데 그친다는 점에서 의지적 기억의 영역에 편입된다.[24] 반면 그림은 그것을 바라볼 때 환기되는 어떠한 이미지로도 그림의 의미가 완전히 환원되지 않는다. 아무리 바라보아도 싫증나지 않는 이유가

---

24. 아우라가 무의지적 기억과 연관되는 것은 아우라가 의지에 따라 소환 가능하거나 의식적인 의미 부여에 의해 완전히 소진되는 것이 아님을 의미한다.

여기에 있다. 따라서 일회적인 충족에 그치지 않고 부단히 소망이 재생산되는 것이다.

거리산책자의 사랑은, 다음 구멍으로 들어가는 당구공이나 도박에서 다음 패에 대한 기대처럼 앞의 경험과 무관한, 새로운 것에 대한 기대를 반복한다. 그런데 시인의 감수성은 새로운 것, 센세이션에 대한 쾌락과 다르다. 지나가는 여인의 이미지를 성적 충격의 이미지이자 파국의 이미지로 경험하면서도 순간적인 행복욕구에 내맡기는 데 그치지 않는다. 대도시의 변질된 사랑 체험은 시에 의해 잊을 수 없는 체험이 되고, 시인은 비범하면서도 의미 있는 경험에 대한 동경을 버리지 않는다. "나 그대 사랑했어야 했을 터인데"라는 한탄은 그 때문이다.

## 경험의 빈곤과 체험

보들레르 시대의 독자라면 순간적인 황홀경을 묘사한 보들레르의 「지나가는 여인에게」와 아우라 경험으로 충만한 사랑을 묘사한 괴테의 「복된 동경」 중에서 어떤 시를 선호할 것인가라는 질문을 던져볼 수 있다. 당시의 독자들은 보들레르의 시에 대해 그다지 큰 호응을 보내지 않았지만 전래되어온 괴테의 서정시와는 더 거리감을 느꼈을 것이다. 벤야민에 의하면, 보들레르의 독창성은 서정시를 읽는 데 어려움을 겪는 대중, 집중력이나 의지력이 부족한 대신 감각적인 향락을 선호하며 우울과 친숙한 대중을 독자로 두고 있다는 인식에서 비롯된다. "위선적인 독자여, ―내 동포여, ―내 형제여"로 시작하는 『악의 꽃』의 서시는 보들레르가 과거와는 다른 독자 유형을 염두에 두고 있음을 보여준다. 비록 보들레르의 시가 당대에 성공을 거두지는 않았지만, "독자들이 대중의 형태로 나타나게 되었다는 사실"(「중앙공원」, 『선집 4』, 282쪽)을 누구보다 명확하게 인식했다고 벤야민은 평가한다. 괴테가 묘사한 바와 같은 아우라적인 경험은 당시의 독자층에 더는 지배적인 경험이 아니다. 괴테의 시는 "아주 예외적으로만 독자들의 경험과 관계맺고"(「보들레르의 몇 가지 모티프에 관하여」, 『선집 4』, 181쪽) 있는데 그 이유는 "독자들의 경험이 그 구조 면에서 변했기 때문"(같은 곳)이다. 당시 독자가 전래되어온 서정시를 읽는 데 어려움을 느낀 이유는 경험의 빈곤에 있다. 「경험과 빈곤」(1933)에서 벤야민은 두 가지를 강조한다. 하나는 현대에 의미 있는 경험을 할 가능성이 줄었다는 사실이고, 다른 하나는 휴머니즘의 모든 교양 전통에도 불구하고 그러한 전통 유산이 경험의 빈곤을 극복하는 데 전혀 도움이 되지 못한다는 사실이다. 여기에는 전래되어온 서정시도 포함된다.

벤야민은 군중 속의 행인, 노동자, 도박꾼, 신문 독자에 이르기까지 경험이 빈곤해진 현대의 상황을 보들레르 시의 배경으로 서술한다. 이러한 상황이 점점 더 분명해질수록 그에 맞서는 시도가 있었다. 그 철학적 시도가 베르그송의 순수기억이론이라면, 문학적 시도는 프루스트의 소설 『잃어버린 시간을 찾아서』다. 『물질과 기억』에서 베르그송은 종합적 기억을 현재화하는 관조적 삶과 활동적 삶을 구분하면서 경험의 본질이 지속하는 기억이라고 보았다. 벤야민은 경험에서 종합적 기억이 결정적이라는 베르그송의 테제를 경험의 시간질서에 대한 탁월한 통찰로 받아들인다.

경험은 기억Erinnerung 속에 엄격히 고정되어 있는 개별적 사실들에 의해 형성되는 산물이 아니라 종종 의식조차 하지 않는 자료들이 축적되어 하나로 합쳐지는 종합적 기억Gedächtnis의 산물이다.(「보들레르의

몇 가지 모티프에 관하여」, 『선집 4』, 182쪽)

베르그송에게 기억은 삶이 지속되는 동안 체험한 과거의 모든 내용을 잠재적인 상태로 보존하는 동시에, 현실적으로 유용한 것들을 이미지나 실제적인 행동으로 현재화하는 정신적 운동이다. 따라서 기억은 잠재적인 기억과 현재화하는 기억으로 이루어진다. 기억은 수축-팽창의 이중운동을 통해서 이미지나 행위의 형태로 현재화됨으로써 삶을 창조한다. 실제적인 행동으로 현실화하는 기억은 운동기억, 신체적 기억, 습관기억으로, 이미지로 현재화하는 기억은 관조적 기억, 이미지기억, 순수기억으로 불린다. 전자는 과거의 운동을 현재의 운동으로 실행하고, 후자는 이미지로 상상한다. 여기서 베르그송은 신체적 기억의 자동화되고 반복적인 메커니즘과 순수기억의 정신성을 엄격히 분리한다. 또한 잠재적인 과거는 관조하는 개인의 의지에 따라 언제라도 현재화될 수 있다고 보면서 기억의 지속성을 주장한다.

벤야민에 의하면, 이 주장은 경험의 역사적이고 유물론적 맥락 속에서 반증된다. 베르그송은 현대의 사회적 역사적 조건들에 의해 일어난 경험구조의 변화를 도외시하면서 경험의 구조를 역사적으로 규정하는 모든 시도를 거부한다. 그는 경험구조에 기억구조가 결정적인 영향을 미친다는 사실은 정확하게 통찰했지만, 기억구조에 의사소통, 노동구조가 영향을 미친다는 점은 논외로 삼기 때문이다. 벤야민의 베르그송 비판은, 벤야민이 초기의 형이상학적 경험 개념에서 사회적이고 역사적인 경험 개념으로 어떻게 문제의식을 확장 및 수정해나갔는지 가늠할 수 있게 해준다. 1917년에 쓴 「다가올 철학 프로그램」은 형이상학적 경험 개념을 전개시키고 있는 대표적인 논문이다. 여기서 벤야민은 칸트의 경험 개념이 경험론에 붙들린 개념이라고 비판하면서, 종교적 입장에서 순수인식에 토대를 둔 진정한 경험을 내세운 바 있다.[25] 순수인식의 요체를 신이라는 심급에 두면서 신앙과 지식의 연관성을 재구성하고자 한 초기의 이러한 시도는 다분히 형이상학적이고 신학적이었다. 베르그송 비판은 벤야민 자신의 초기 경험 개념에 대한 자아비판이기도 하다.

베르그송은 의지만 있으면 이러한 경험을 관조적으로 현재화하는 일이 가능하다고 생각한다. 프루스트는 바로 이 점을 부인한다. 한 개인이 자신에 대해 어떠한 상을 얻을 수 있는지를 결정하는 종합적 기억은 개인의 의지가 아닌 우연에 달려 있는 무의지적 기억이라는 것이다. 벤야민이 한때 몰두했던 프루스트의 기억작업은 베르그송이 염두에 둔 경험이 오늘날의 사회적 조건들 아래에서 얼마나 하기 어려워졌는가를 역설한다. 프루스트는 진정한 경험의 구제 가능성을 포기하지 않았지만, 그것이 의지로도 자연적으로도 형성될 수 없다고 보았다. 베르그송이 잠재적인 과거를 관조하는 개인의 의지로 언제라도 현재화할 수 있다고 주장한다면, 프루스트는 그것은 자발적 노력으로 가능하지 않고 오로지 무의지적이고 우연한 계기로 일어난다고 주장한다.[26] 프루스트에게 진정한 경험의 구제는 무의지적인 기억에 달려 있다.[27] 프루스트는 우연히 맛본 "마들렌의 맛이 옛 시절로 되돌아가

---

25. 벤야민은 당시 경험을 인간의 경험적 의식 차원으로 환원시킨 칸트와 칸트 후계자들의 이론을 부정함으로써 "더 높은 경험개념"을 종교적 경험에 정초하고자 했다. II, 157~171쪽 참조.

26. 그러나 베르그송에게 순수기억은 의도적 노력의 문제라고 본 벤야민의 해석과 달리 베르그송 역시 우연 혹은 탈집중화를 통해 진정한 기억의 차원에 진입함을 암시한 바 있다는 지적도 있다. Manfred Koch, *Mnemotechnik des Schönen*, Tübingen, 1988, 126쪽 참조.

27. 프루스트에게 무의지적 기억을 불러일으키는 계기는 사소한 신체적 동작일 수 있는데 여기서 신체적으로 매개된 무의지적 기억은 베르그송의 습관 기억과는 전혀 다른 지위를 가질 수 있다. 베르그송의 이론과 달리 두 기억은 상호침투 가능하다. 즉 이미지 기억에 고유한 상상력과 신체적 기억에서 일어나는 물리적 신경감응은 상호 연

게 해주기 전까지는 주의력의 호소에 부합하는 기억이 떠올린 것에
만 갇혀 있었다"(「보들레르의 몇 가지 모티프에 관하여」, 『선집 4』, 184쪽)
고 말한다. 프루스트는 마들렌을 맛보며 우연히 떠오른 무의지적 기
억에 비해 의지적 기억의 내용은 빈약하다고 생각한다. 의지적 기억
에서는 "지난 일들을 말해주는 정보 속에 과거의 흔적이 보존되어 있
지 않다."(같은 곳) "여기 와본 적이 있는 것 같아."(I, 1133쪽) 어린 시절
식구들과 어디든 소풍을 가면 벤야민의 남동생이 하던 이 말은 기억
의 구체적 내용이 아니라 '와본 적이 있다'라는 사실만 가리키는 기계
적 기억이다. 특정한 경험에 대한 구체적인 기억이 아니라 어디든 상
관없이 기계적으로 동일한 기억을 반복하게 되는 것, 여기서 바로 갈
고리표를 붙인, 즉 처리된 체험이 생긴다. 프루스트를 비판적으로 넘
어서기 위해 벤야민은 무의지적 기억 개념을 역사적 맥락에서 해석
한다.[28] 즉 무의지적 기억의 우연성, 사적 성격, 의지적 기억과 무의지
적 기억의 대립은 자명한 사실이 아니라 역사적으로 설명된다는 것
이다. 기억의 정례화에 해당하는 과거의 제의는 그러한 대립을 벗어
나 있었다.

그런데 벤야민은 기억문화의 변화를 역사적으로 설명하기보다는
프루스트가 설정한 대립을 심리학적 차원에서 보다 심층적으로 설명
하기 위해 프로이트의 이론을 도입한다. 『쾌락원칙을 넘어서』에서 프
로이트는 지난 일들에 대한 정보들로 이루어져 있는 의지적 기억에
과거의 흔적이 보존되지 않은 이유를 기억과 의식화의 차이로 설명
한다. 그에 따르면 의식의 중요한 기능은 충격적일 수 있는 외부의 자

---

결 가능하다.
28. 프루스트의 무의지적 기억은 역사인식에 대한 벤야민의 독특한 시각에도 결정적
인 영향을 미친 개념이다. 벤야민은 "엄밀한 의미에서 역사는 무의지적 회상의 이미
지"(「'역사의 개념에 대하여' 관련 노트들」, 『선집 5』, 374쪽)라고 규정한다.

극을 일정하게 조직화하는 데 있다. 예를 들면, 충격적일 수 있는 어떤 사건의 구체적 내용이 아니라 그것이 '일어났다'는 사실의 형태로만 의식에 기록하는 식이다. 지난 일들에 대한 정보는 이런 방식으로 형성되는데, 지난 일들이 정보 형태로 저장될수록 기억의 내용은 빈약해진다. 기억의 흔적들을 모으는 일은 의식과는 구별되는 다른 두뇌 조직의 몫이기 때문이다. "의식화되는 것과 어떤 (무의지적) 기억의 흔적이 남는다는 것은 동일한 체계에서는 서로 상충한다. 기억의 잔재들은 오히려 '이러한 기억의 잔재들을 남기는 사건이 결코 의식에 도달하지 못할 때 가장 강력하고 가장 지속적'이 된다."(「보들레르의 몇 가지 모티프에 관하여」, 『선집 4』, 188쪽에서 재인용) 프로이트에 의하면 의식 그 자체는 어떤 종합적 기억의 흔적도 받아들이지 않는다. 의식의 더 중요한 과제는 자극의 수용보다는 자극의 방어에 있기 때문이다. 의식화는 일종의 자극방어다. 물론 일상적으로 모든 자극이 이처럼 방어되는 것은 아니다. 일반적으로 자극은 의식에 손상을 가져오지 않는 범위에서 수용되는 경우가 많고, 트라우마처럼 자극방어에 실패하는 병리학적 상태도 있다.

벤야민은 프로이트의 개념을 자신의 구상과 일치시키기 위해 일련의 의미 변화를 시도하는데 '충격' 개념이 대표적인 예다. 프로이트의 의미에서 충격을 방어하는 것은 불가능한데, 충격이란 자극방어가 깨질 때 일어나는 효과이기 때문이다. 그럼에도 벤야민이 충격방어라는 표현을 계속해서 사용하는 이유는, 경험 구조의 변화를 일으킬 정도로 현대 대도시인들의 삶에서 "충격의 요소가 개별적 인상들에서 차지하는 비중"(「보들레르의 몇 가지 모티프에 관하여」, 『선집 4』, 192쪽)이 점점 더 커지고 있기 때문이다.[29] 충격에 대한 자동적 반응양식은 군

---

29. '충격방어'는 「대도시와 정신적 삶」에서 짐멜이 말한 둔감증을 상기시키는 표현이

중 속 행인뿐 아니라 기계를 다루는 노동자에게도 해당된다. 노동과 정이 기계화될수록 노동자들에게는 '연습'이 아니라 '훈련'이 요구된다. 수공업의 결정적 원칙으로서 연습은 생산과정에 적용하는 과정에서 서서히 경험을 완성시키도록 하는 반면, 기계의 요구에 자동적으로 반응하는 훈련에 그치는 비숙련 노동은 "경험이 침투되지 못하도록 밀봉 처리되어 있다."(같은 글, 218쪽) 기계를 다루는 비숙련공의 이러한 자동적 반응양식은 노동자의 기억에 아무런 흔적도 남기지 못하면서 노동자가 겪는 모든 사건에 체험의 성격을 부여한다.

정보가 지배하는 의사소통구조, 분업 및 전문화가 지배하는 노동구조에 따라 기억은 점점 빈약해지고, 그 결과 종합적 기억의 산물로서의 경험은 성립되기 어려워진다. 노동의 영역뿐 아니라 여가의 영역에서도 비슷한 일이 일어난다. 도박은 공장 노동과 전적으로 대립되는 것처럼 보이지만 현대에 특징적인 '체험'의 성격을 지닌다는 점에서 노동과 유사하다. 비숙련공의 노동에는 도박꾼을 지배하는 신기루 같은 모험은 결여되어 있지만, 비숙련공의 노동과 도박은 "앞선 동작과 아무런 상관관계가 없는 손동작," 공허함, 완성할 수 없음, "언제나 처음부터 새로 시작하는 것"(같은 글, 223쪽)이라는 특징을 공유한다. 이 점에서 노동과 도박은 기억할 만한 것을 별로 남기지 않는 체험만을 가능하게 하고, 과거의 현재화에 기초한 경험의 질서와 구분되어 있다.

---

다. 짐멜에 따르면, 대도시인들은 "이미지들이 급속도로 교체되면서 밀려오거나, 하나의 이미지 안에서 포착되는 내용의 변화가 급격하거나, 밀려드는 인상들이 전혀 예기치 못한 경우에 더 큰 부담을 갖는다."(「대도시와 정신적 삶」, 『짐멜의 모더니티 읽기』, 36쪽) 충격적인 인상들에 대해 생길 수 있는 신경과민으로부터 자신의 인격을 보호하기 위해 만들어내는 심리적 방어기제가 둔감증이다. 현대에 특유한 충격경험이 지속적인 상태가 되면서 점차로 그러한 충격에 대해 둔감증을 형성하게 되는데 짐멜은 여기서 집단적 차원의 심리적 방어기제를 본다.

벤야민은 현대에 노동 및 여가의 구조 변화, 공적인 것과 사적인 것의 분리, 상품에 의해 매개된 사회화 등으로 변화된 경험구조를 체험이라고 칭한다. 벤야민의 체험 개념은 베르그송의 생철학에 기초한 딜타이의 체험 개념과는 전혀 다른 의미를 지닌다. 딜타이는 삶의 개별적 경험들이 삶의 과정 전체에 대한 연관관계 속으로 결합됨으로써 체험이 된다고 설명한다. 그에 따르면 체험은 모든 정신적 힘의 개입하에 내적 외적 경험들이 하나의 통일체로 융합되어가는 일종의 심리적 행위다. 그에 반해 벤야민의 체험 개념은 인간의 자기 소외를 나타내는 사회적-심리적 경험구조의 의미로 도입된다.

충격은 그런 방식으로 저지되어, 즉 그런 식으로 의식에 의해 방어되어 그 충격을 야기한 사건에 명확한 의미의 체험Erlebnis적인 성격을 부여한다. 그렇게 되면 그 사건은 (곧장 의식적인 기억의 기록부에 동화됨으로써) 시적 경험을 위해서는 별 쓸모가 없는 것이 되어버린다.(「보들레르의 몇 가지 모티프에 관하여」, 『선집 4』, 190쪽)

경험이 위축된 자리에 체험이 지배적이 되면 시적 소재는 점점 빈곤해진다. 시적 소재로 삼을 만한 의미 있는 경험이 사라지고 체험이 지배하면서 내면의 공백이 일어난다면 어떤 시를 쓰는 것이 가능한가? 보들레르는 "체험으로부터의 해방"(같은 글, 191쪽)을 자신의 시 창작의 고유한 과제로 삼았다. 벤야민에 의하면, 이 과제를 수행하기 위해서 보들레르는 "고도의 의식성"(같은 글, 190쪽)을 발휘했다. 이는 보들레르의 시적 내면성의 양 극단인 우울과 이상에 모두 적용된다. 이상에 대한 추구로 보이는 시 「만물조응」에서 보들레르는 프루스트와 마찬가지로 역사적으로 돌이킬 수 없이 사라져버린 것들을 회상하고 있는데 이러한 회상에서 엿보이는 감수성은 "극도로 날카로운 '감수성'"(「중앙공원」,『선집 4』, 279쪽)이다. 이 감수성은 유약함이나 평온함과는 양립 불가능하다. 프루스트의 복고적 의지가 기껏해야 한 개인의 지난 인생을 돌아보고 있다면, 보들레르의 그것은 훨씬 더 먼 과거인 아득한 태곳적 시간을 향하면서,[30] '영영 사라진 시간'에 대한 의식을 동반한다. 보들레르의 회상이 베르그송이나 프루스트와 다른 점은 지속의 현재화가 가능하다는 믿음 대신에 시간에 대한 강박관념을 인간의 영혼에서 지워버릴 수 없다는 의식을 고수한다는 점이다.

시적 내면성의 또다른 축인 우울에서 비롯된 시들도 유약한 감수성과는 거리가 멀다. 보들레르는 새로운 것이 항상 동일한 것에 불과함을 포착했지만, 새로운 것을 도외시하기는커녕 그 반대를 추구했기 때문이다. 보들레르는 아무리 "동일한 위안이 무력해지고, 동일한 열정이 좌절되고, 또 동일한 노력이 실패로 돌아가는 가운데서도, 조응이 축제를 벌이는 시들에 조금도 뒤지지 않는 시들"(「보들레르의 몇 가지 모티프에 관하여」,『선집 4』, 232쪽)을 썼다. "영원히 동일한 것의 반복"에서 오는 우울 속에서도 "항상 동일한 것 속에서 새로운 것"(V, 425쪽)을 쟁취해내기 위해서는 유약한 감수성이 아니라 "극단적인 자발성"(「중앙공원」,『선집 4』, 261쪽)이 요구된다. '새로운 것이 실은 항상 오래된 것'일 뿐이라는 의식에서 비롯된 우울 속에서도 보들레르는 오래된 것을 새로운 것의 프리즘을 통해서 꿰뚫어보고자 했다. 우울을 특징짓는 시간의식도 첨예하다. 우울을 주제로 한 보들레르의 시들에는 공허하게 축적되는 시간, 사물화되는 시간에 대한 묘사가 종종 나온다.[31]

---

30. "……보라, 죽은 세월이, 해묵은 옷을 입고,/하늘의 발코니에서 굽어본다."(「보들레르의 몇 가지 모티프에 관하여」,『선집 4』, 231쪽에서 재인용)
31. "눈 많이 내리는 해들의 무거운 눈송이 아래/우울한 무관심의 결과인 권태가/불멸의 크기로까지 커질 때,/절뚝이며 가는 날들에 비길 지루한 것이 세상에 있으랴."

우울 속에서 시간은 물화되어 있다. 1분, 2분…… 매 분은 눈송이처럼 사람을 덮는다. 이 시간은 무의지적 기억의 시간처럼 역사가 없다. 그러나 우울 속에서 시간의 지각은 초자연적으로 날카로워져 있다.(같은 글, 233쪽)

보들레르의 시는 회상의 힘을 선사하고 있는 이상에서나 "수많은 초 단위로 붕괴된 시간"(같은 글, 232쪽)을 끌어모으고 있는 우울에서나 모두 진정한 역사적 경험의 파편들을 손에 쥐고 있다는 점에서 베르그송과도 프루스트와도 다르다. 보들레르 시가 현대성을 갖는 이유가 여기에 있다.

보들레르가 우울과 전생vie antérieure에서 진정한 역사적 경험의 산산 조각난 파편들을 손에 쥐고 있다면, 베르그송은 지속이라는 개념 속에서 역사로부터 더욱더 멀리 떨어져나와 있다…… 지속은 경험의 옷을 빌려 입고 으쭐대는 체험의 핵심개념이다. 우울은 그와 반대로 체험을 적나라하게 전시한다.(같은 글, 235쪽)

## 알레고리와 도시

『악의 꽃』 '이상' 편의 보들레르가 만물조응에 대해 극히 세련된 감수성과 환상의 시인이라면, '우울' 편의 보들레르는 극히 집중된 명상 능력을 지닌 시인이다. 벤야민은 보들레르를 명상가로서도 비할 데

(「우울」, 『악의 꽃』, 160~161쪽) "그리고 '시간'이 시시각각 나를 삼킨다./끝없이 내린 눈이 빳빳하게 굳은 몸뚱이를 삼키듯."(「허무의 맛」, 『악의 꽃』, 166쪽)

없이 탁월하다고 보았다. "보들레르의 작품에는 오랜 명상의 각인이 강하게 찍혀 있다."(V, 392쪽) 보들레르의 명상은 우울을 기저로 한다. 우울은 "경험을 기만당한 사람"(「보들레르의 몇 가지 모티프에 관하여」, 『선집 4』, 224쪽), 즉 현대 대도시인 모두의 공통된 심적 상태다. 경험이 붕괴되고 체험이 지배하는 현대 대도시에서 기억은 폐허라는 도식 아래 놓이게 되고,[32] "손에 쥔 파편에 놀라서 시선을 떨구는 명상가는 알레고리 작가가 된다."(V, 408쪽) 즉 우울에 빠진 명상가가 선호하는 예술형식이 바로 "이미지를 사상에 봉사하게 하는"(「중앙공원」, 『선집 4』, 272쪽) 알레고리다.

바로크 알레고리와 보들레르의 알레고리에서 공통적인 것은 의미의 공동화를 보여주는 사물의 파편이다. 알레고리적인 것의 현상학, 즉 의미 부여의 자의성, 사물의 파편화, 조립, 아름다운 가상의 파괴, 최고의 엠블럼 시체 등이 보들레르의 알레고리에도 적용된다. 그뿐만 아니라 역사를 죽음의 경직에 빠진 자연사로 바라보는 심적 상태인 멜랑콜리에서도 양자는 일치한다. 그럼에도 바로크 드라마와 보들레르 시에 나오는 알레고리는 그 안에 표현된 역사적 사실내용에 있어 다르다.[33] 벤야민에 의하면, 바로크 드라마의 형식언어는 종말론에 대한 회의가 지배적이던 그 시대의 신학적 상황에서 배태된 산물로서, 역사 대신에 자연사를, 윤리적 개인 대신에 피조물적 존재를 관조의 대상으로 삼았다. 이이 비해 보들레르의 알레고리는 전통붕괴의 가속화, 기술화, 대중화, 상품경제의 지배 등 대도시의 현대적 조건들 하에서 등장한다. 벤야민은 "상품에서 일어나는 사물세계의 탈가치화가

---

32. B. Lindner, "Allegorie," in: *Benjamins Begriffe*, 74쪽 참조.
33. 보들레르의 알레고리에 대해 의도한 3부는 집필되지 않았기 때문에 두 알레고리의 비교 분석은 이루어지지 못하고, '중앙공원—보들레르에 대한 단장'이라는 제목으로 모은 단상들만 남아 있다.

알레고리적 의도의 [물적] 토대"(I, 1151쪽)를 이룬다고 주장한다.[34] 바로크 시대에 알레고리가 보편적인 예술형식이었다면, 알레고리 작가로서 보들레르는 아웃사이더였다. 벤야민의 보들레르 해석이 지닌 독창성은 개인적인 양식으로 보인 보들레르의 알레고리에서 현대 상품사회 경험의 표지를 읽어냈다는 점에 있다.

알레고리는 사물과 상황을 그것이 속한 일상적인 맥락으로부터 분리시킨 뒤 의미를 부과(같은 글, 788쪽)하는 작가의 자의성을 가리키고 있는데 거기에는 오히려 모든 의미 현존을 의문시하는 내면적 감정으로서의 우울이 깔려 있다. 벤야민은 우울이라는 감정을 매개로 알레고리와 유행이 연결되어 있다고 본다. 알레고리라는 예술형식과 유행이라는 사회적 형식이 우울을 매개로 연결된다는 테제를 이해하기 위해서는 우울이 어떤 감정이고 무엇이 우울을 초래하는지 알아야 한다. "우울은 항구적인 파국에 부응하는 감정"(「중앙공원」, 『선집 4』, 258쪽)이다. 항구적인 것, 동일한 파국의 반복은 알레고리와 유행에 공히 적용된다. 알레고리는 작가에 의해 부단히 만들어지는 새로운 의미에도 불구하고 의미의 파괴와 의미의 부재라는 동일한 현실을 표현한다. 항상 새로운 것이라는 외피를 쓰고 등장하는 유행 역시 내용이 상이함에도 현재의 유행이나 과거의 유행이나 마찬가지로 생성과 소멸의 교체라는 항상 동일한 공식의 반복이다.

이처럼 현대적 시인 보들레르의 알레고리와 자본주의적 상품사회의 형식인 유행은 "동일한 것의 영원회귀"(같은 글, 258쪽)가 관철되는 방식에서 공통적이다. 즉 동일한 것의 영원회귀는, 항상 동일한 내용이 반복되는 것이 아니라 부단히 새로운 내용이 낡은 내용을 교체하

---

34. 보들레르의 알레고리와 19세기 문화에 영향력을 끼치기 시작한 상품경제의 연관성에 대한 자세한 논의는 미완으로 남았다. 벤야민의 보들레르 알레고리론에 대한 상세한 재구성은 *Walter Benjamins Theorie der Sprachmagie*, 134~178쪽 참조.

면서 이러한 교체가 질적으로 새로운 어떤 것도 가져오지 않은 동일한 것으로 지속된다는 것이다. 부단히 변화하면서 "교체의 내용은 바뀔지 모르지만 교체 자체는 계속된다"[35]는 짐멜의 공식은 유행의 형식에 대한 것이다. 유행의 대량생산이 가능해지면서 "동일한 것의 영원회귀가 처음으로 감각적으로 지각할 수"(같은 글, 288쪽)[36] 있는 것이 되었다. 알레고리 역시 동일한 것의 영원회귀를 예술의 영역에서 유행과 유사하게 수행한다. 알레고리에서 모든 사물은 다른 어떤 것을 의미하는 기호가 되는데, 부단히 새롭게 만들어지는 알레고리에서 주목받는 것은 의미를 지시하는 기호들 자체가 아니라 아무것도 변한 것은 없다는 의식이다. 유행과 알레고리 모두에서 동일한 것의 영원회귀란 동일한 내용의 반복이 아니라 부단히 새로운 것 안에서 동일한 것이 관철된다는 사실을 말한다.

언제나 동일한 것이 다시 일어나는 것이 중요한 것이 아니다. 영원회귀는 말할 나위도 없다. 그보다 중요한 것은 다름아닌 최신의 것에서도 세상의 얼굴은 전혀 변하지 않고, 모든 단편에서 최신의 것은 항상 동일한 것이라는 사실이다.(V, 676쪽)

오스망의 도시재개발로 변화된 파리를 보면서 옛 파리의 모습을 떠올리는 화자는 현재의 파리를 과거의 파리와 마찬가지로 모두 동일하게 덧없음을 지시하는 알레고리로 본다. 도시의 덧없음은 고고학

---

35. 짐멜, 「유행의 심리학」『짐멜의 모더니티 읽기』, 65쪽.
36. "대도시에서 성매매가 취해온 형상 속에서 여성은 상품으로, 가장 정확하게 말하면 대량생산품으로 나타난다……똑같은 의상을 입은 뮤직홀 댄서들."(V, 437쪽); "보들레르에게서 심연은 새로움이라는 사회적 지표를 지니고 있는 것이 아닐까? 알레고리의 자의성이란 유행의 자의성의 쌍둥이 형제가 아닐까?"(V, 348쪽)

적 비전을 통해서가 아니라 도시의 현재를 이미 지나간 것으로 바라보는 관조적 태도를 통해 표현된다. 우울 속에서 "현재의 순간과 막 지나간 순간 사이에는 수백 년의 세월이 놓여 있는 것"(V, 423쪽)처럼 느껴진다.[37] "보들레르에게 현대는 최신의 고대"(같은 곳)에 다름없다. 보들레르가 환기시킨 대도시 알레고리들에서 새로운 것의 센세이션과 항상 동일한 것의 악몽은 겹쳐진다.[38] 고대란 현대성이 진행되면서 영속적으로 남기는 흔적에 다름없고, 알레고리는 이러한 겹침에 예정된 형식이다.

바로크적인 멜랑콜리가 사소한 모든 사물도 수수께끼 같은 지혜의 암호로 보는, (사물과의 자연적이고 창의적 관계가 결여된) 병리학적 상태라면, 현대의 우울은 공허한 시간의식에서 비롯된다. 우울 속에서 시간은 물화되어 있다."(「보들레르의 몇 가지 모티프에 관하여」, 『선집 4』, 233쪽) 즉 우울한 사람을 지배하는 시간은 늘 똑같이 움직이는 초침의 박자다. 보들레르가 자신의 우울이 어디서 비롯되었는지를 명확하게 인식하지 못했다면, 벤야민은 후대의 관점에서 다음과 같이 해석한다. 보들레르의 알레고리는 상품물신이라는 실체에 부딪힌 상상력의 산물이라는 해석이 그것이다.

상품 진열장, 특히 신유행품점의 증가와 더불어 상품의 인상이 점점 강력하게 부각되었다. 이러한 현상이 보들레르 상상력의 광맥 혹은 '우리의 의지라는 귀금속' 위를 마치 자석처럼 지나쳐가는 일이 없었

---

37. 「백조」에서 화자는, "파리는 변한다! 그러나 내 우울 속에선 / 무엇 하나 끄떡하지 않는다! 새로 생긴 궁전도, 발판도, 돌덩이도, / 성문 밖 오랜 거리도, 모두 다 내게는 알레고리가 되고, / 내 소중한 추억은 바위보다 무겁다"(『악의 꽃』, 219~220쪽)라고 한탄한다.
38. 「일곱 늙은이」에서 일곱 명으로까지 늘어난 늙은이는 바로 이러한 겹침, 즉 새로운 것의 이면은 곧 동일한 것의 반복임을 보여주는 알레고리가 된다.

다면, 아무리 예민한 감수성을 가졌다고 해도 보들레르가 이 현상을 기록하지 못했을 것이다. 보들레르 상상력의 지배적 모델인 알레고리는 사실상 상품물신에 전적으로 상응한다.(V, 465쪽)

만약 벤야민이 '시적 대상으로서의 상품'이라는 제목의 3부를 집필했다면 그 중심에는 성매매 여성 모티프가 놓였을 것이다. 성매매 여성은 자본주의적 상품형식이 지배하면서 어떻게 사용가치와 교환가치가 분리되는지를 가장 분명하게 경험하게 해주는 대상이기 때문이다. "보들레르에서 상품형태는 알레고리적 직관 형식의 사회적 내용이다. 형식과 내용은 양자의 종합인 성매매 여성에서 하나로 합쳐진다."(V, 422쪽) 성매매 여성이 대변하는 "탈영혼화된, 쾌락에 봉사하는 육체"(I, 1151쪽)는 인간화된 상품이자 죽음을 의미하는 알레고리다. 한편에서 성매매 여성의 육체는 성적 향유 능력을 지닌 상품으로서 대도시 대중을 유인하는 상품물신과 환등상을 대표한다. 상품이 된 성매매 여성은 자신이 가진 감정이입 능력, 향유 능력을 팔면서 고객의 돈에 감정이입한다. 사랑에 관한 한 보들레르는 오로지 성매매 여성과의 만남을 다루었는데, 성매매 여성에 대한 이끌림은 다름아닌 "상품에 대한 감정이입의 변용"(V, 475쪽)이다.

성매매 여성에 대한 보들레르의 알레고리는 상품형식의 환등상을 파괴시키고자 하는 시적 전략이다. 성매매 여성은 죽음을 의미하는 삶의 알레고리로서 "알레고리의 승리에서 가장 값진 전리품"(「중앙공원」, 『선집 4』, 268쪽)이 된다. 「순교한 여인」은 이를 경악스러울 정도로 잘 보여준다. 시는 머리가 잘린 채 침대 위에 놓인 '고위인사를 상대하는' 성매매 여성 시신의 몸통, 침대 옆에 놓인 머리를 묘사한다. 시체에 대한 이러한 묘사는 모든 유기적 생명체를 파괴시키는 알레고리적 의도를 여지없이 보여준다. 성매매 여성이 성적 향유라는 교환

가치를 언제라도 충족할 수 있다고 약속하면서 "대도시 대중을 환상 속으로 유인하는 효모"(같은 글, 272쪽)라면, 보들레르는 섹스 대상을 시체로, 그것도 토막난 시신으로 보여줌으로써 상품세계가 퍼뜨리는 기만을 파괴한다. 죽음과 다름없는 삶의 알레고리는 대도시 대중을 유인하는 상품물신과 환등상, 즉 "상품세계의 기만적인 변용"(같은 글, 274쪽)에 대항하는 시적 전략에 속한다. 이러한 전략은 단지 사디즘에서 비롯된 것이 아니라 상품의 경험을 원천으로 한다.

보들레르의 알레고리에 대한 벤야민의 비평은 다음과 같이 요약된다. 첫째, 보들레르의 알레고리적인 시선에는 우울로 나타나는 시간의식과 현대 상품사회에서의 소외경험이 침전되어 있다. 둘째, 보들레르의 알레고리는 기존 질서를 미화해서 견딜 만한 것으로 만드는 총체성 또는 유기적 전체라는 가상에 대한 파괴적 충동을 특징으로한다. 그러한 가상에는 고도 자본주의에 수반된 환등상, 기술적 진보관, 사회적 혁명의 약속 등이 포함된다. 비록 그 가상의 본질을 꿰뚫어보는 데는 이르지 못했지만, 보들레르의 알레고리는 어떠한 가상이든 가차없이 추방하고자 하는 파괴적인 의도에 있어 진취적인 경향을 지닌다.

> 세계의 흐름을 중단시킨다는 것—이것이 보들레르의 가장 깊은 열망이다…… 바로 이 열망으로부터 그의 폭력성, 초조감과 분노가 생겨난다.(같은 글, 269쪽)

알레고리적 의도는 「파괴」에서 거침없이 표현된다. 여기서 알레고리는 "파편들밖에는 남지 않을 정도로 사물의 세계를 왜곡하고 흔들어놓는다."(V, 441쪽) 모든 유기적 생명체를 무기적인 것으로 만들어버리는 파괴적이고 반자연적인 상상력이 여기에 작용한다.

모든 사물과 상황에서 의미의 현존을 의문시하는 데 있어 보들레르는 바로크 드라마 작가보다 더 급진적이다. 구원에 대한 확신이 깨어졌다고 해도 17세기 작가들의 내면성은 분열되고 모순된 형태로나마 종교적이었다. 바로크 드라마는 주권자와 신하의 격정을 적나라하게 전시하면서 슬픔과 멜랑콜리를 다양한 형태로 과시하는 유희 공간으로 나타난다. 이 공간에서 주관적 시선이 낳은 알레고리들은 그 시선의 눈멂을 의미하는 알레고리로 반전한다. 알레고리는 작가에 의해 부여된 의미의 부질없음을 노출하면서 알레고리적 시선이 공허한 주관성에서 비롯된 것임을 알리는 기호, 즉 알레고리의 알레고리가 된다. 바로크 드라마에서 이와 같은 반전은 멜랑콜리적 침잠의 본질로 구원을 향한 종교적 내면성을 구원한다. 벤야민은 알레고리적 관찰의 반전을 다음과 같이 설명한다. "알레고리는 자신의 가장 고유한, 곧 비밀스러운 특권적 지식, 죽은 사물의 영역을 지배했던 자의성, 짐짓 믿어온 희망 없는 상태의 무한성 모두를 잃고 만다. 이 모든 것은 단 한 번의 반전과 함께 흩어져버린다. 이 반전 속에서 알레고리적 침잠은 객관적인 것이라는 마지막 환등상을 떨쳐내야 하고 전적으로 자기 자신에 의지한 채 이제 더이상 지상의 사물세계에서 유희적 태도가 아니라 하늘 아래에서 진지하게 자기 자신을 재발견한다. 이것이 바로 멜랑콜리적 침잠의 본질이다."[39]

반면 보들레르의 알레고리에는 그러한 반전이 없다. 역사의 파국, 예술의 위기를 향한 심미적 감각으로서 알레고리적 관찰은 보들레르의 경우 "이 세계에 난입하여 그 조화로운 구성물들을 깨뜨리고 파괴하기 위해 불가결한 내적인 분노의 흔적을 지닌다.(「중앙공원」, 『선집 4』, 274쪽) 가상을 파괴하는 충동에 있어 보들레르의 알레고리는 바로크

---

39. 「알레고리와 비애극」, 『독일 비애극의 원천』 중 특히 260~281쪽, 347~349쪽 참조.

보다 훨씬 더 전면적이고 강력하다. 보들레르의 알레고리는 환등상과 신화가 강력하게 지배하는 자본주의적 상품문화에 둘러싸여 있기 때문이다. 알레고리는 현대판 "신화 해독제"(같은 글, 283쪽)로서 "보들레르가 신화와 얼마나 떨어져 있었던가를 보여준다."(같은 곳) 이를 위해 "보들레르는 시체를 내부에서도"(같은 글, 294쪽) 바라보았고, "바로크 문학에서와 달리 알레고리의 환상적 성격을 더이상 고백하지 않는다."(같은 글, 257쪽) "알레고리에서 나타나는 사물세계의 탈가치화"(같은 글, 258쪽)보다 현실세계, 즉 자본주의적 상품사회에서 일어나는 탈가치화가 훨씬 더 전면적이고 심층적이기 때문이다.

그가 한 시도의 무분별함은 현실의 무분별함을 넘어설 수 없었다. 따라서 그의 작품의 어투가 병리학적 혹은 사디즘적 효과를 보여주는 것은 그가 현실을 간발의 차이로 비껴가기 때문이다.(V, 438~439쪽)

벤야민은 보들레르의 알레고리를 단순한 예술형식이 아니라 현대 자본주의 문화 안에서 일어나는 탈가치화의 표현형식으로 인식한다. 환등상으로 대중을 유혹하는 대도시에서 지각이 자동화되는 현상에 맞서, 알레고리는 지각의 예외상태를 지향한다.

4장

# 베를린의 유년시절

## 회상과 역사적 경험

벤야민이 베를린 유년시절에 대해 집필하기 시작한 시기는 나치 집권이 임박한 1931년 말이다. 당시 독일의 문학 유력지였던 『리터라리셰 벨트』로부터 청탁을 받아 집필했지만 수록 계획은 무산되었다. 이 원고가 『베를린 연대기』다. 벤야민은 1932년과 그다음 해에 걸쳐 처음에 쓴 글을 새롭게 구성하고 수정 및 보완해서 『1900년경 베를린의 유년시절』을 만들었다.[1] 벤야민은 1933년 초에 집필을 얼추 마쳤다고 친구 숄렘에게 전했지만 단행본 출판 계획은 또다시 실패했다. 1933년 4월 초부터 10월 초까지는 망명지 파리에서 글 여섯 편을 익명으로 발표했다. 단행본 출판이 여의치 않게 된 후에도 1938년에 다시 출판을 기대하며 새로운 판본을 구성하는 등 벤야민은 총 서른

---

1. 『베를린 연대기』와 『1900년경 베를린의 유년시절』은 근본적 차이가 있다. 벤야민은 수정 과정에서 개인의 전기적 사실을 삭제하거나 변형시키면서 개인사적 기억의 성격을 탈피하고자 했다.

두 편을 완성했지만 결국 출판하지 못했다.[2] 나치 독일에서 저술 발표 기회가 봉쇄되고 유대인들의 신변이 불확실한 위기 상황이었다. 이 와중에 유년시절에 대한 회상을 완수하고자 한 동기는 어디에 있었 을까? 답은 1938년 판본에 붙인 서문을 통해 알 수 있다.

외국에 체류하게 된 1932년 내게는 내가 태어난 도시와 꽤 긴, 아마 영원한 이별을 해야 한다는 사실이 분명해졌다. 나는 예방접종 조치가 나의 내면의 삶을 치유하는 데 효과가 있음을 여러 번 경험한 바 있다. 따라서 이번 상황에서도 예방접종을 하기로 했다. 망명시절 가장 강하 게 향수를 불러일으킬 이미지들—유년시절의 이미지들—을 의도적 으로 내 안에서 불러낸 것은 그 때문이다. 그렇다고 동경이라는 감정 이 정신을 지배하는 주인이 될 수는 없다. 예방백신이 건강한 신체를 지배하는 주인이 될 수 없는 것과 마찬가지로, 나는 통찰을 함으로써 그러한 동경의 감정을 억제하려고 애썼다. 즉 과거를 개인사적으로 돌 이킬 수 없는 우연의 소산으로 보는 것이 아니라, 사회적으로 돌이킬 수 없는 필연적인 것으로 통찰함으로써 감정을 다스리려 애썼다. 이러 한 통찰의 결과, 이 책의 회상 작업에서 경험의 깊이가 아닌 연속적 흐 름 속에서 떠오르는 개인사적 면모들은 뒷전으로 물러났다. 내 가족과 친구들의 모습도 마찬가지다. 반대로 나는 한 시민계급 아이 안에 침 전된 대도시 경험의 이미지들을 붙잡으려 했다. 나는 그 이미지에 고

---

2. 베른트 비테는 1981년 편집한 벤야민 전집 제4권에 실린 『1900년경 베를린의 유년 시절』이 1938년 판본 구성을 고려하지 않았다고 비판한다. 이 구성에 따르면 벤야민이 자신에 대한 정확한 초상화라고 평했던 단편 「로지아」가 서두에 나오고 1부와 2부 그 리고 그 사이를 잇는 부분이 있다. 비테는 1부와 2부의 구조가 모티프 면에서 서로 대 립적이라고 본다. Bernd Witte, "Bilder der Endzeit. Zu einem authentischen Text der Berliner Kindheit von Walter Benjamin," in: *Deutsche Vierteljahrsschrift*, 58 Jahrgang, Heft 1(1984), 570~592쪽 참조.

유의 운명을 할당하는 것이 가능하다고 생각한다. 불러낸 이미지들은 어떠한 각인된 형식에 대한 기대에는 부합하지 않는다. 만약 시골의 유년시절에 대한 기억이라면 수백 년 동안 지속된 자연감정에 부합하는 형식에 담아서 표현할 수 있을지 모르지만, 나의 대도시 유년시절의 이미지들은 아마 미래의 역사적 경험을 미리 형상화할 수 있을 것이다. 적어도 나는 이어질 이야기의 중심에 있는 사람이 유년시절에 자신에게 주어졌던 안전을 훗날 얼마나 철저하게 빼앗기게 되는지 그 이미지들이 보여주기를 바란다.(『1900년경 베를린의 유년시절』, 『선집 3』, 33~34쪽)

이 서문은 회상의 특징에 대한 몇 가지 중요한 포인트를 포함하고 있다. 먼저 동경의 감정을 통찰로 억제한다는 언급에 주목해야 한다. 『1900년경 베를린의 유년시절』은 유년의 행복한 경험에 대한 회상을 포함하고 있는 만큼 유년을 이상화할 수도 동경을 불러일으킬 수도 있다. 이에 대해 벤야민은 유년시절을 이미 지나간 것으로, 그것도 개인사적 차원뿐 아니라 사회적 역사적 차원에서 지나간 것으로 보라고 강조한다. 이러한 통찰은 시골과 대도시 유년시절 회상의 차이에 대한 인식에서 비롯된다. 시골에서의 유년시절이 일견 초역사적이고 지속적인 자연감정을 따르는 형식으로 표현될 수 있는 반면, 대도시 베를린의 유년시절은 그럴 수 없다. 벤야민의 유년시절을 지배한 철저히 대도시적인 조건들이 수십 년 만에 급변했기 때문이다. 그것은 아이의 순진한 시각을 성인이 되어 잃어버려 더이상 유년시절을 되살릴 수 없다는 의미가 아니다. 지나간 것이라는 통찰은 나이가 들었다는 개인사적 조건뿐 아니라, 19세기에서 20세기로 바뀌면서 겪은 시대적 경험과 망명의 삶을 살 수밖에 없도록 한 정치적 상황 등에서 연유한다.

벤야민은 회상된 유년시절의 이미지들을 "한 시민계급 아이 안에 침전된 대도시 경험의 이미지들"이라고 표현한다.[3] 그러나 이 이미지들에서 19세기 말 베를린을 무대로 한 집단적 삶의 흔적은 잘 보이지 않는다. 그러한 흔적은 기껏해야 전승기념탑 근처에서 가정교사와 함께 보어전쟁에서 패하고 돌아온 독일군을 구경했던 경험에서 찾을 수 있다. 이는 사실 유년 경험 지평의 한계이기도 하다. 유년시절 이미지에 침전된 대도시 경험의 흔적이란 대도시 생활세계 및 구체적인 사건의 내용이 아니라, 베를린에 대한 '최초의 시선'과 관련된다. 유년시절에 접한 베를린의 풍경, 습관이 자리잡기 이전 최초의 시선, 최초의 이미지는 성인이 된 후 재현하기 어렵다. 그러나 고향도시 베를린을 떠나 낯선 도시에서 베를린을 바라보았을 때, 고향도시의 최초 이미지 재현까지는 아니더라도 습관화된 시선을 깨는 것이 가능해진다.[4]

---

3. "대도시 경험의 이미지들"이라는 벤야민의 자평을 반박하면서 카를 하인츠 보러는, 벤야민의 의도와 달리 그의 기억 이미지들은 유년시절에 대한 가장 사적인 상상력에 의해 지배된다고 주장한다. 슐라퍼 역시 벤야민과 크라카워의 도시 재현을 비교하면서 보러의 주장에 다음과 같이 동조한다. "벤야민은 세상을 언제나—대도시 거리를 동화 속 미로로 탈바꿈시키는 유년기라는 안개를 통해서든 대도시라는 새로운 현상을 괴물로 부풀려버리는 역사라는 안개를 통해서든—시적 안개를 통해 바라본다. 벤야민의 베를린과 파리는 매혹물이다. 크라카워에게 이 도시들은 슬픈 노동현장으로 펼쳐진다. 그가 사무직 노동자의 삶, 그들의 사무실, 사장실, 허름한 오락실 등을 묘사할 때 그렇다."(Hannelore Schlaffer, "Der engagierte Flaneur," in: Andreas Volk(Hg.), *Siegfried Kracauer. Zum Werk des Romanciers, Feuilletonisten, Architekten, Film wissenschaftlers and Sozilolgen*, Zürich, 1996, 47쪽) 대도시에 대한 벤야민의 관심을 시적이고 낭만적으로 보는 슐라퍼의 해석은 대도시의 현재 모습을 객관적으로 묘사하고자 했던 크라카워의 벤야민 해석을 그대로 받아들인 것으로 보인다. 그러나 이러한 해석은 벤야민의 유년기 기억에 깔린 역사철학적 시각을 도외시하고 있다.

4. 1926년 모스크바에 갔을 때 벤야민은 그곳에서 모스크바보다 베를린을 더 잘 볼 수 있게 되었다고 말한다. 혁명적 요소와 전통적 요소가 공존하고 있는 모스크바의 생동적이면서 혼란스럽도록 충만한 모습에서 그와 대조적인 베를린의 "텅 빈 상태," 베를린 사람들의 "고독"(IV, 316~317쪽)을 더 생생하게 느꼈기 때문이다.

또한 유년시절의 이미지들은 미래의 역사적 경험의 전조를 찾아낼 수 있는 단서다. 이러한 시각은 「사진의 작은 역사」 속 힐의 초상사진에 대한 비평에서도 발견된다. 벤야민에 따르면, 힐의 사진은 "오래전 흘러간 순간의 그 모습에 미래가 깃들어 현재의 우리에게 말을 걸어오고"(「사진의 작은 역사」, 『선집 2』, 159쪽) 있다. 유년시절의 이미지들에서 찾아내는 미래란 회상하는 주체의 미래가 아니라 지나간 미래를 의미한다. 유년시절을 회상하며 드러난 과거 속에 숨어 있는 미래는, 유물론적 비평가가 된 벤야민 개인사를 가리키기보다는 시민사회 안에 도사리고 있던 몰락의 전조를 의미한다.[5] 유복한 유년시절의 포근함에 대한 기억은 부유한 유대인 시민가정의 가부장적 질서에 대한 반항의 기억, 재난과 불행에 대한 어렴풋한 예감에 대한 기억과 뒤섞이게 된다. 이렇듯 유년시절에 대한 기억을 역사적 경험의 차원으로 확장시키려는 의도에서 벤야민은 몰락과 희망의 전조를 동시에 찾고자 한다.

### 회상 방법

유럽 문화와 사회의 기초가 붕괴되는 것을 지켜보아야 했던 이 시기, 벤야민의 유년시절 기록이 감상적 회고적 성격의 글이 아니었음은 물론이다. 벤야민은 도시의 유년시절에 대한 기억을 가능하게 한 첫번째 형식을 프루스트에게 발견했다. 마르셀 프루스트의 자전소설 『잃어버린 시간을 찾아서』 일부를 독일어로 번역하기도 했던 그는 프

---

5. 1892년에 태어난 벤야민의 유년시절은 1890년대와 1900년대에 걸쳐 있다. 이 시기 벤야민이 속한 시민계급은 더이상 사회변혁을 이끌어가는 진취적 세력이 아니라 기성 정치세력과 타협한 채 안정과 소유관념에 매달리는 기득권층이었다.

루스트가 미친 영향이 치명적일 정도임을 분명하게 의식했고, 동시에 그로부터 벗어나고자 했다. 그러면서 프루스트의 기억방식을 그대로 이어갈 수는 없음을 분명히 한다.

　마르셀 프루스트와 유사한 작품을 쓸 수 있을지 실험하겠다는 생각을 버린 것은 그의 작품을 번역했을 때였다. 과연 그 비슷한 것이라도 쓸 가능성들이 존재할까? 확실한 것은 그 가능성들이 자신과의 어떠한 유희도 허용하지 않는다는 사실이다. 프루스트가 유희로 시작했던 일은 숨막히게 진지한 일이 되어버렸다. 한번 기억의 부채를 펼치기 시작한 사람은 그 안에서 항상 새로운 마디와 부챗살을 발견하게 된다. 어떠한 상像도 만족스럽지 못하다. 그 상을 더 펼칠 수 있음을 이미 알기 때문이다…… 이제 기억은 작은 것에서 아주 작은 것으로, 아주 작은 것에서 아주 미세한 것으로 파고들어간다. 이 같은 소우주 안에서 기억에 일어나는 일은 점점 더 대단한 힘을 발휘하게 된다. 그것이 바로 프루스트가 했던 치명적인 유희였다. 프루스트는 그러한 유희를 함께할 동료가 필요했을 때보다 그 유희를 이어갈 후계자를 찾을 때 더 큰 어려움을 겪을 것이다.(『베를린 연대기』, 『선집 3』, 160쪽)

「찬장」에서 보듯이, 찬장 틈으로 손을 넣어 더듬다 단것을 맛본 감각적 체험을 세세하게 떠올릴 때 벤야민은 다분히 프루스트적이다. 또한 「사교모임」에서 식사중 아버지와 언쟁을 벌이다 눈에 들어온 식기의 양파 문양을 묘사할 때도 그렇다.(『1900년경 베를린의 유년시절』, 『선집 3』, 88쪽) 프루스트는 "삶에서 마주쳤던 사물들에 충실할 것을 과제로"(V, 679쪽) 삼았고 과거의 어떤 사소한 감각적 인상이라도 지리할 정도로 세세하게 이야기했다. 프루스트의 영향을 받은 초기의 벤야민 역시 기억의 부채를 무한히 펼치고 싶은 욕구로부터 자유롭지 않다. 「프루스트의 이미지」(1929)에서는 프루스트의 기억 및 시간 체험을 설명하는 데 집중하면서 프루스트에 대한 비판적 태도를 분명하게 드러내지 않는다. 오히려 벤야민은 프루스트의 시도가 개인 회고록을 넘어 19세기 부르주아 사회의 속물주의에 대한 비판적 기록임을 암시한다.(「프루스트의 이미지에 대하여」, 『선집 9』, 250쪽 참조) 벤야민은 「보들레르의 몇 가지 모티프에 관하여」(1939)에서 비로소 프루스트의 무의지적 기억이 사적 차원에 머물러 있다고 단호하게 비판한다.

이 개념은 이것이 형성돼나온 상황의 흔적을 담고 있다. 이 개념은 여러 면에서 고립된 사적 인간의 재산 목록에 속한다. 경험이 엄밀한 의미에서 지배하는 곳에서는 개별적 과거의 특정 내용과 집단적 과거의 특정 내용이 기억 속에 결합되어 나타난다…… 이렇게 해서 의지적 기억과 무의지적 기억은 상호 배타성을 잃게 된다.(「보들레르의 몇 가지 모티프에 관하여」, 『선집 4』, 186쪽)

벤야민의 베를린 유년시절 회상과 프루스트의 기억작업은 역사적 맥락과 회상의 목적 면에서 구분된다. 프루스트가 회상으로 유년시절을 되찾아 '시간' 자체로부터 해방되고자 했다면, 벤야민은 역사적 인식을 위해서 잊고 있던 유년의 순간들을 다시 불러낸다. 프루스트의 기억에 깔린 시간체험에 대해 벤야민은 다음과 같이 설명한다.

프루스트가 열어 보이는 영원성은 한계를 넘어나가는 시간이 아니라 교차된 시간이다. 그가 진정으로 관심을 갖는 것은 가장 현실적인 형태의 시간 진행, 곧 교차된 형태의 시간 진행이다. 이런 시간의 진행이 본연의 모습으로 지배하는 자리는 내부에서는 기억하기, 외부에서

는 나이듦이다…… 이 소설은 무의지적 기억의 작품, 거역할 수 없는
나이듦에 대적하는 그 회생의 힘이 일군 작품이다…… 보통이라면 시
들고 저물어갈 뿐인 것이 순식간에 소모되어버리는 이러한 집중, 이것
이 회생의 의미다.(「프루스트의 이미지에 대하여」, 『선집 9』, 252~253쪽)

'교차된 시간으로서의 영원성'은 플라톤주의와는 다른 영원성으로,
마들렌 맛처럼 사소한 감각인상에서 촉발된 과거와 현재의 시간 융
합, 그에 따른 강력한 행복감의 형태로 나타난다. 이러한 형태의 시간
체험은 과거를 되살리는 시간회복인 동시에 시간초월 경험이다. 벤야
민은 무의지적 기억의 작은 문을 통해 과거로 나아가고자 하면서도
같은 문을 통해 시간 자체로부터 벗어나고자 한 프루스트의 의도를
공유하지는 않았다. 페터 스촌디에 따르면, "프루스트는 현재와 과거
를 일치시켜 시간으로부터, 다시 말해 미래와 미래의 위험 및 위협으
로부터 벗어나고자 한 반면, 벤야민은 과거 속에서 바로 미래를 찾는
다. 그의 회상이 되찾은 거의 모든 장소에는 다가올 것의 특징이 새겨
져 있다."[6] 벤야민의 역사인식론에 비추어보아도 프루스트와의 차별
화는 분명하다. 무의지적 기억을 역사인식의 방법론으로 도입하면서
벤야민은 집중된 현재의 시간의식을 기반으로 한 역사적 시간을 떠
나지 않기 때문이다.

「전승기념탑」을 예로 들어보자. 벤야민은 하늘을 배경으로 세워져
있는 기념탑의 역사적 인물상들을 떠올리면서, 그 형상들이 가위로
오려 아무데나 배치한 "그림책 인물들"(『1900년경 베를린의 유년시절』,
『선집 3』, 50쪽)과 유사하다고 말한다. "저 탑 위에 햇빛을 받으며 서

---

6. Peter Szondi, "Hoffnung im Vergangenen. Über Walter Benjamin," in: Peter
Szondi, *Essays, Satz und Gegensatz. Lektüren und Lektioinen. Celan-Studien*,
Frankfurt a. M., 1977, 285쪽.

있는 사람들 역시 이처럼 즐거운 변덕으로 만들어진 형상들"(같은 곳)
이라고 말하는 사람은 유년의 이미지를 역사적으로 해독하는 주체다.
여기서 역사적 인물을 보는 시각은 직관적이고 명증한 유년의 시각
이 아니라, 역사를 "죽어가면서 표정이 굳어진 원초적 풍경"7으로 읽
는 비평가의 시각이다. 벤야민의 회상은 역사적 시간의 맥락을 떠나
지 않는다.

　프루스트에 의하면, "한 개인이 자신에 대한 어떤 상을 얻을 수 있
는지, 그리고 자기 경험의 주인이 될 수 있는지는 우연에 달려 있다."
(「보들레르의 몇 가지 모티프에 관하여」, 『선집 4』, 183쪽) 프루스트가 강
조한 우연성에서 벤야민의 유년시절 회상은 더 나아간다. 회상을 불
러일으킬 사물과의 우연한 만남을 기다리는 데 머물지 않기 때문이
다. 유년시절을 보낸 베를린의 공적 공간들이 무의식에 침투해들어오
고 상상력을 좌우한 만큼, 그러한 공간들은 회상의 중요한 '매체'8가
된다. 벤야민의 기억작업은 자신의 지난 "삶과 생명의 시각적 공간을
지도로 그려보겠다는 생각"(『베를린 연대기』, 『선집 3』, 158쪽)에서 출발

---

7. 이는 상징과 알레고리를 대비시키면서 한 표현이다. "상징에서는 몰락이 이상화되
는 가운데 자연의 변용된 얼굴이 구원의 빛 속에 순간적으로 계시되는 반면, 알레고
리에서는 역사가 죽어가면서 표정이 굳은 원초적 풍경으로서 관찰자 앞에 모습을 드
러낸다."(『독일 비애극의 원천』, 247쪽)
8. 아리스토텔레스의 '메타쿠(눈과 대상 사이의 중간자)' 개념이 medium이라는 라틴
어로 번역된 이후 medium은 다수의 파생 의미를 지닌 개념으로 전해져왔다. 19세기
중반 이후에 사진이나 영화가 발명되면서 매체 개념을 주로 정보전달 기술의 혁신과
연관시키는 기술적 관점이 우세해졌다. 사진과 영화가 예술 생산과 수용에 미친 영향
을 다룬 벤야민의 「기술복제시대의 예술작품」도 이러한 맥락에서 출현하지만, 그의
매체이론을 전달과 저장 및 재생의 원리를 강조한 관점으로 평가할 수 없다. 벤야민
의 매체이론은 위 논문을 넘어 그의 사상체계 전반 속에서 재구성해야 한다. 벤야민
은 특히 초기의 언어논문에서 언어를 매체의 패러다임으로 설정한 18세기의 언어철
학 전통의 연장선상에서 언어의 매체성을 재조명한 바 있다. 벤야민의 매체 개념을
보다 심층적으로 이해해야 그가 사진과 영화에 대해 제시한 테제들을 제대로 이해할
수 있을 것이다.

한다. 그 지도에는 베를린의 여러 장소, 즉 티어가르텐, 동물원, 광장 시장, 카페, 거리, 골목마당, 동물원, 교실, 스케이트장, 기차역, 학생회 실, 성매매 집결지, 파우엔섬 등이 나온다. 그러한 장소들은 단지 기 억된 사건의 무대이기만 한 것이 아니라 기억의 구조를 공간적 구조 로 배열시키는, 기억의 매체다. 프루스트에게 무의지적 기억을 촉발 시킨 계기가 마들렌 맛이라는 지극히 개인적인 감각이라면, 벤야민에 게 유년시절 도시 생활에 대한 기억을 불러일으킨 것은 베를린의 장 소들이다. 더 정확히 말하면 장소의 이름들이다. 벤야민은 『1900년경 베를린의 유년시절』의 대부분을 파리 망명지에서 썼기 때문에, 『베를 린 산책』을 쓴 헤셀처럼 베를린 산책을 병행할 수 없었다. 그 대신 장 소들의 이름이 기억을 돕는다. 이름은 그 자체로 표현적 성격을 지니 기 때문이다. 그러한 이름들은 "지각의 영역을 한층 더 풍부하게 해주 고 다층적으로 만들어주는 도취제"(V, 645쪽)로 작용한다.

> 도시 구조가 가진 생명력 못지않게 중요한 것은 거리, 광장, 극장의
> 이름에 숨겨져 있는 저항하기 힘든 강력한 힘으로, 이러한 힘은 지리
> 적 장소가 아무리 변하더라도 계속 유지된다.(V, 643쪽)

파리에 대한 이 발언은 베를린에도 적용된다. 유년의 장소들에 다 시 가볼 수는 없어도 이름만으로 그 장소에서 전개된 유년시절을 떠 올릴 수 있는 것은 '이름언어'가 지닌 환기력 덕분이다. 여기서 잠시 이름언어에 대한 벤야민의 성찰을 살펴보기로 한다.

초기의 언어철학적인 성찰에서 벤야민은 사물에 최초로 이름을 부 여한 아담의 언어는 사물이 전달하는 것을 있는 그대로 수용하는 언 어라 규정하고 이를 개념적 언어와 구분한다. 이름은 언어의 본질을 가장 잘 구현하는데, 이는 이름과 이름이 부여된 것, 명명된 것과 인

식된 것이 일치한다는 점에서 언어의 직접성을 가장 잘 보여주기 때문이다. 언어를 의미 전달의 수단으로 보는 언어관에 맞선 벤야민의 언어관은 이름에 대한 다음과 같은 규정에서 잘 드러난다.

> 이름은 언어의 가장 내밀한 본질 자체다. 이름은 그것을 '통해' 어떤 것이 전달되는 것이 아니라, 그것 '속에서' 언어 자체가 스스로를 절대적으로 전달하는 무엇이다…… 정신적 본질이 전달중에 절대적 전체성을 얻는 언어 자체에서만 이름이 존재하고, 또한 그곳에는 이름만이 존재한다."(「언어 일반과 인간의 언어에 대하여」, 『선집 6』, 77쪽)

벤야민은 언어의 전달 기능만 주목해서는 사물에 대한 인식을 확장할 수 없다고 본다. 언어에서 직접적으로 표현되는 차원을 읽어내야 한다. 이러한 언어관은 푸코가 말한 19세기의 언어철학적 혁신, 언어의 내적 형식을 발견한 낭만주의 이후 알려진 언어관과 동일한 선상에 있다. 언어 고유의 힘 혹은 표현력에 대한 인식이 그 핵심이다. 그렇다고 언어라는 고유한 존재를 절대화하는 것은 아니다. 벤야민의 초기 언어철학적 성찰이 형이상학적이고 신학적이긴 하지만, 언어적 본질을 그 자체로 정신적 본질로 보는, 다시 말해 언어 자체에 존재론적 지위를 부여하는 언어신비주의와는 분명히 구분된다. 따라서 장소의 이름이 잊었던 것에 대한 기억을 불러일으킨다고 해서 그 이름에 주술적인 힘이 있다고 보는 것은 아니다. 벤야민에 의하면, 지식을 늘어놓는 말로는 경치의 감각적 체험을 전달하기 어렵다. 감각적으로 지각된 것, 이름, 말의 관계에 대한 성찰은 『사유이미지』의 단편 「햇빛 속에서」에서 다음과 같이 전개된다.

> 사방의 땅에는 그곳에서만 적용되는 독특한 법칙에 따라 동식물이

공생하고 있지 않은가? 또한 모든 장소의 이름은 식물의 세계와 동물의 세계가 처음이자 마지막으로 조우하게 되는 암호가 아닐까? 농부는 그러한 암호 문자의 열쇠를 쥐고 있다. 그는 이름들을 알고 있다. 그럼에도 그는 자신이 사는 곳에 대해 말하는 재능은 없다. 이름들을 알게 되면 눌변이 되는 것일까? 그렇다면 풍부한 말은 이름도 모르면서 지식만 갖고 있는 사람에게만 내리고, 이름 외에 아무것도 알지 못하는 사람에게는 풍부한 침묵이 내리는 것일까?(『사유이미지』, 『선집 2』, 207쪽)

무의지적 기억은 소리의 형태로 촉발될 수도 있다.[9] 유년시절 기억을 촉발한 소리는 "전쟁터 총소리나 오펜바흐의 음악, 공장 사이렌 소리, 오후에 주식시장에서 울리는 고함도 아니고, 보도블록을 달리는 말발굽 소리나 수비대의 행진곡도 아니며, 오히려 무연탄이 양철통에서 철제난로 속으로 떨어지면서 잠깐 나는 '칙' 소리이고, 가스 심지에 성냥불을 붙일 때 나는 치직 소리"(『1900년경 베를린의 유년시절』, 『선집 3』, 83쪽) 혹은 어머니가 열쇠 바구니 속에서 열쇠를 찾을 때 철 컥거리며 부딪치는 소리, 집 앞쪽과 뒤쪽의 계단에서 나는 초인종 소리 같은 사소한 소리다. 골목마당의 카펫 터는 소리 역시 유년시절에 대한 기억에 깊숙이 자리잡고 있다. 기억은 또한 어떤 문자나 단어에 깃들어 있기도 하다. 어느 날 밤 잠자리에 든 벤야민에게 먼 친척 아저씨의 죽음에 대해 상세하게 들려주던 아버지와 그때 그 방에 대한 기억은 나중에야 알게 된 죽음의 원인 '매독'이라는 말과 함께 떠오른

---

9. 이미지에 각인된 기억도 있다. 예를 들어 카이저프리드리히김나지움 재학 시절 고통스러운 학교생활에 대한 어두운 회상은 주석 문양에 집중된다. "내가 겪은 모든 공포의 순간과 악몽"이 그 시절 일이라고 밝힌 학교생활에 대한 기억은 "몽상의 해안가 모래에 묻혀 있는 조개"(VI, 551쪽)라는 표현에 응축되어 있다.

다. 나비 채집에 대한 기억은 여름별장이 있던 곳인 베를린 근교 포츠담의 '브라우하우스베르크'를 발음하면서 비로소 떠오른다. 브라우하우스베르크는 "장미 향수 한 방울에 수백 송이의 장미꽃잎이 보존되어 있듯이, 수백의 여름날들이 그 형태, 색채, 하루하루를 다 바쳐서 향기로 보존한 단어가 된다."(같은 글, 54쪽)[10]

벤야민에 의하면, 기억의 감광판에 어떤 이미지가 찍히는가는 조명에 달려 있다. 순간적으로 조명이 켜지는 순간은 관습의 지배를 받는 일상적 자아를 벗어나는 순간이자 심층적 자아가 충격을 받는 순간이다. 그 순간 일상적 자아에게 익숙한 체험의 연속성은 중단된다. 체험 내용을 시간순으로 배열하고 의미를 부여하는 구심점으로서의 자아는 존재하지 않는다. 이에 따라 회상에서는 연속성보다는 불연속성 및 단절에 중점이 놓인다. 즉 서사적 총체성 대신 "하나의 공간, 순간, 불연속적인 것"(『베를린 연대기』, 『선집 3』, 194쪽)이 전개된다. 이 점에서 벤야민의 기억작업은 '나'를 중심에 세우는 자서전적 기억과 구분된다. 원래는 『리터라리셰 벨트』로부터 베를린의 주목할 만한 일상에 대해 느슨하고 주관적 문체로 촌평을 연재하지 않겠느냐는 제안을 받았지만, 오랫동안 '나'를 중심에 둔 이야기를 써보지 않았던 벤야민은 이 제안을 그대로 따르지 않았다. 그 대신 과거를 향해 끝없이 천착해 들어가는 기억의 은밀한 작업에 기대기로 했다. 기억의 현상판에 무엇이 나타나는가는 '나'라는 주체의 의식적 작업에 의해 결정되는 것이 아니다.

---

10. "나비가 이리저리 날아다녔던 그때 그 공기는 지금 어떤 한 단어로 흠뻑 젖어 있다. 그 단어는 수십 년 동안 한 번도 귀에 들리지도, 입에 올리지도 않았다. 그 단어는 어린 시절에 알던 이름들이 그렇듯이 어른이 된 내게 무언가 규명하기 어려운 것으로 다가왔다. 오랜 세월의 침묵은 그런 이름들을 신성하게 만들었다. 나비로 가득 채워진 그 공기를 뚫고 진동하며 들려온 단어는 바로 '브라우하우스베르크'다."(『1900년경 베를린의 유년시절』, 『선집 3』, 54쪽)

관습의 장막이 오랜 세월 동안 감광판에 필요한 빛을 가로막고 있는 경우가 종종 있다. 그러던 어느 날 마치 마그네슘 분말에 불을 붙이기라도 한 듯 어디선가 빛이 쏟아지며 순간촬영의 이미지로 감광판에 공간이 찍힌다. 이렇게 나타나는 비범한 이미지의 중심에는 언제나 우리 자신이 있다. 그것은 이상한 것이 아니다. 왜냐하면 갑작스럽게 빛에 노출되는 순간은 곧 우리가 우리 자신의 울타리를 벗어나는 순간이기도 하기 때문이다. 우리의 깨어 있는, 익숙한, 대낮의 자아가 행동 혹은 고통 속에서 사건에 개입하는 동안, 심층적 자아는 다른 장소에 자리잡고 있다가 마치 성냥불에 불붙는 마그네슘 분말처럼 강타당한다.(『베를린 연대기』,『선집 3』, 237쪽)

기억과 자아의 관계에 대한 이러한 서술은, 의식의 주체를 강조하는 현대적 개인의 파토스가 기억에 적용되지 않음을 의미한다. 벤야민의 회상에서는 "기억의 자기 확신이라는 전원시가 깨지면서 [일상적] 자아는 더이상 기억의 주인이 되지 못한다."[11] 기억은 깨어 있는 자아가 아닌 심층적 자아와 연관되는데, '심층적 자아'란 우리가 의식하지 못하는 것, 잊고 있는 것을 포괄한다. 따라서 마그네슘 분말이 불붙어 타오르듯이 눈앞에 환하게 떠오르는 이미지들은, "그것들을 기억하기 전에는 결코 본 적이 없던 이미지들"(「프루스트 관련 자료」,『선집 9』, 282쪽)이다. 기억은 "지나간 것을 알아내는 도구가 아니라 오히려 [지나간 것이 비로소 현재화되는] 매체"(「사유이미지」,『선집 1』, 182쪽)다.

회상의 원천은 경험 당시 의식하지 못한 것, 망각된 것이다. 의식화

---

11. Markus Steinmayer, *Mnemotechnik und Medialität. Walter Benjamins Poetik des Autobiographischen*, Frankfurt. a. M., 2001, 186쪽.

과정과 기억의 흔적이 남는 과정은 양립할 수 없기 때문이다. 자의식이 강하지 않은 유년의 경험이 무의지적 기억의 원천이 되는 것도 이러한 맥락에서 이해될 수 있다. 『1900년경 베를린의 유년시절』의 마지막 단편 「꼽추난쟁이」에서 '꼽추난쟁이'는 잊었지만 없어진 것은 아닌 유년의 상들을 저장했다 훗날 되돌려주는 기억의 힘을 상징한다. 우리를 관찰하는 '꼽추난쟁이'의 섬뜩한 눈초리는 망각된 유년시절이 우리에게 하는 요구, 즉 기억해달라는 요구를 상징한다. 망각된 것은 '꼽추난쟁이'의 등에 난 혹처럼 우리가 보지 못하는 사이에 왜곡된다. 벤야민은 유년의 상을 사진처럼 기억의 흔적으로 만드는 역할을 꼽추난쟁이에게 전가시킨다. '꼽추난쟁이'가 시선을 보내면 그 시선 속에서 연속적인 삶의 흐름이 중단되고 그 안에서 유년의 상들이 발견되는데, 이는 서사극에서 중단을 통해 제스처들이 눈에 띄게 되는 것과 같다. 유년시절에 대한 기억의 주체를 '꼽추난쟁이'라는 인물에게 전가하는 이유는, 망각 속에서 사물이 취하는 형태가 축소되고 혹처럼 왜곡되어 있음을 부각시키고 망각된 과거에 대해 느끼는 이질감을 표현하기 위해서다.

## 베를린의 장소들과 그 기억

### 티어가르텐과 미로

티어가르텐은 벤야민에게 유년시절뿐 아니라 청년시절에도 특별한 의미를 지닌 지역이다. 벤야민은 "주체와 깊숙이 관련된 지역" 혹은 "깊은 감동을 일으키는 지역"(『베를린 연대기』, 『선집 3』, 174쪽)이라고 말한다. 티어가르텐 산책은 "숲길을 걸을 때 발밑에서 바스락 소리를 내는 잔가지처럼 도시의 간판, 거리 이름, 행인, 지붕, 간이매점 등"

(VI, 469쪽) 사물들이 자신에게 말을 걸어오는 느낌을 불러일으킨다. 달리 말하면 도시의 지형 안에 자리잡은 흔적들은 유년시절에 대한 회상을 일깨운다. 티어가르텐 근처에 있던 유년의 집도 마찬가지다. 그 "집에 들어선다면…… 과거의 흔적 안으로 들어서게 될 것"(『베를린 연대기』, 『선집 3』, 193쪽)이기에 두렵기까지 하다고 말한다. 그 집 계단실이 "자신을 다시 알아보는 힘"(같은 곳)을 가졌다는 사실은 장소 고유의 환기력을 의미한다. 장소는 기억의 배열과 재생 수단을 넘어 "기억의 주체, 기억의 버팀목이 될 수도 있고, 때에 따라 인간을 초월하는 기억을 제공"[12]할 수도 있다. 장소가 제공하는 기억은 장소에 대한 시각적 관조가 아니라 주로 그 장소를 직접 걸을 때 비로소 환기된다. 따라서 유년의 집을 그냥 바라보는 데 그치지 않고 직접 대문을 열고 들어가보아야 한다.

  티어가르텐은 단지 비유적 의미에서가 아니라 실제 미로와 흡사한 장소다. 특히 티어가르텐 남동쪽 구석은 구불구불한 개울과 섬으로 이루어진 지형이어서 미로를 연상시킨다. 도시가 "미로에 대한 인류의 오랜 꿈을 마침내 실현시켰다"(V, 541쪽)면, 티어가르텐은 그러한 도시 미로의 축소판이다. 미로에는 헤매는 기술이 필요하다. 도시에서 부딪치는 수많은 거리의 이름, 수많은 골목을 미로처럼 헤매는 일은 훈련이 필요한 기술이다. 미로의 원형은 그리스신화에 나오는 다이달로스의 미궁이다. 테세우스는 미노타우로스라는 괴물이 있는 미궁에 갇혔다가 새벽과 달의 여신 아리아드네가 건네준 실을 따라서 무사히 빠져나온다. 미로 안의 사람은 막막하고 혼란스럽지만 그가 모르는 목적지가 표시된 지도는 존재한다. 미로는 "주저하는 사람의 나라"(『중앙공원』, 『선집 4』, 271쪽)이고, 미로가 미로인 이유는 "목적지

---

12. 알라이다 아스만, 『기억의 공간』, 변학수·채연숙 옮김, 그린비, 2011, 391쪽.

에 도달하기를 두려워"(같은 곳)하기 때문이다. 이 점에서 "미로는 철두철미하게 변증법적인 형상"[13]이다.

아이에게 티어가르텐이 미로로 다가온 이유는 지형뿐 아니라 그곳에서의 경험 때문이다.[14] 티어가르텐에서 사람과 사물은 모두 가까우면서도 멀리, 도달할 수 없는 곳에 있고, "어려운 일, 수행할 수 없는 일로 인해 뒤틀려"(『1900년경 베를린의 유년시절』, 『선집 3』, 37쪽) 있기 때문에 아이는 헤맬 수밖에 없다. '사냥꾼의 가로수길'은 그 이름에 어울리는 어떠한 속성도 지니지 않았고, 집짓기 레고 블록처럼 생긴 매점은 찾기가 어려웠다. 벤야민은 티어가르텐을 사랑의 미로라고도 부른다. 그곳에서 처음으로 "나중에야 하나의 단어로 떠올랐던 것, 다시는 잊지 않게 된 사랑을 이해"(같은 곳)하게 되었기 때문이다. "아리아드네의 실이 있는 미로"(같은 글, 36쪽)에서 벤야민에게 그 실을 건네준 사람은 김나지움 진학 전 다니던 공부모임의 귀족 동급생 루이제 폰 란다우였다. 어린 나이에 죽은 루이제는 벤야민에게 사랑이라는 단어의 원천에 차가운 그림자를 드리운 주인공이다. 회상 주체에게 사랑이라는 단어의 원천에 드리운 그림자는 그후 에로스적 삶의 시선으로 의식된 것이다.

유년시절의 사랑은 사랑의 예감을 최초로 불러일으킨 소녀, 페르디난트 왕자 동상, 동급생 루이제 등 여러 이름과 이미지로 바뀌어 나타난다. 따라서 사랑의 대상이 어디에 있는지는 미로의 출구처럼 찾기 힘들다. 미지의 것에 도달하는 길은 그 목적지가 뚜렷하게 보이지 않는 미로처럼 얽혀 있다. 벤야민에게 에로스적인 삶은 그 의미가 드

---

13. Christian L. Hart Nibbrig, "Walter Benjamins Berliner Kindheit um Neunzehnhundert," in: *Deutsche Vierteljahrsschrift*, 47 Jahrgang, 1973, 714쪽.
14. 벤야민은 자신의 지난 삶의 시각적 공간을 기입해넣을 지도를 미로라고 불렀다. 『베를린 연대기』, 『선집 3』, 198쪽 참조.

러나지 않은 수수께끼, 즉 출구 없는 미로처럼 다가온다. 장차 벤야민의 에로스적 삶에서 중요한 의미를 지니게 될 두 여인, 즉 벤야민의 친구였던 알프레트 콘의 누이인 조각가 율라 콘과 벤야민이 "리가 출신 러시아 혁명가로 지금까지 사귄 여성 중 가장 특출한 이"(*Briefe*, 351쪽)라고 불렀던 아샤 라치스, 이 두 연인에 대한 사랑은 번번이 실패했다. 사랑의 대상은 괴테의 소설 『친화력』에서 죽음이라는 가장 먼 곳으로 가버린 오틸리에처럼 도달할 수 없는 곳으로 물러난다. 회상 속 아이와 마찬가지로 회상 주체도 미로를 경험한다. 회상의 주체에게도 목적지가 표시된 미로의 지도는 없기 때문이다. 「티어가르텐」을 집필하던 1932년에 벤야민이 회상의 미로에서 찾은 것은 목적지가 아니라 성취되지 않은 꿈, 지연된 의미의 흔적이라고 볼 수 있다. 실현되지 못한 과거의 꿈은 잊히기는 했지만 사라진 것은 아니며, 그 실현이 지연된 채 과거에 흔적을 남긴다.

### 유년의 방

유년시절 회상에는 실내를 무대로 한 이야기가 꽤 있다. 아침에 잠에서 깨어나면 보모가 난로를 지펴 사과를 구워주던 일을 회상한 「겨울날 아침」, 아몬드나 건포도, 설탕에 절인 과일 등을 손가락 끝으로 더듬어 맛본 체험을 묘사한 「찬장」, 숨바꼭질을 하면서 커튼과 식탁다리, 문이라는 사물과 일체화되었던 경험을 그린 「숨을 곳들」, 가정 사교모임을 회상한 「사교모임」, 자주 아파서 누워 지냈던 침대에서 했던 놀이를 떠올리는 「신열」, 놀이에 몰두하면서 자신만의 왕국을 만드는 「책상」, 양말장, 금서가 꽂힌 책장, 여러 가지 장롱 등을 이야기한 「장롱들」, 바느질 장면을 섬세하게 묘사한 「반짇고리」, 어느 밤 달빛에 깬 아이가 맛본 고독과 허무를 그린 「달」 등은 모두 유년의 방을 무대로 한다. 이처럼 유년의 공간에서 방이 차지하는 비중이 적지 않지만 그렇다고 유년시절 회상이 실내의 이상화와 미화를 목표로 한 것은 아니다. 실내는 양가적 감정을 불러일으키는 공간이기 때문이다.

유년의 공간으로 실내와 방이 지닌 긍정적 의미는 포근함에 있다. 「슈테글리츠에서 겐티너로 가는 길모퉁이」에서 레만 아주머니는 어린 시절부터 변함없이 슈테글리츠에서 겐티너로 가는 길모퉁이를 지키던 모습이고, 나이든 하녀는 삶의 모든 고달픔을 단번에 날려보내는 위안과 포근함의 상징이다. 집을 떠나본 적이 없는 친척 아주머니, 바깥세상과는 대조적인 포근함을 상징하는 나이든 하녀가 회상의 대상이 되는 것은, 한때 마음껏 누렸던 것을 빼앗긴 회상 주체의 상실 경험에 기인한다. 「사교모임」에서 잘 자라는 인사를 하러 들어온 어머니에 대한 회상도 마찬가지다. 외할머니의 집과 레만 아주머니의 집은 속절없이 변하는 대도시 베를린 안에서 굳건히 버티는 전통의 상징 공간과도 같다. 외할머니의 대저택은 시민적 안정감이라는 오랜 친숙한 느낌을 불러일으키고, "언제나 모두 똑같은 검은색 보닛을 쓰고, 똑같은 비단 옷을 입고, 똑같은 팔걸이의자에 앉아서"(「이야기꾼」, 『선집 9』, 444쪽) 한결같이 돌출창 너머 우리를 환영했던"(『1900년경 베를린의 유년시절』, 『선집 3』, 60쪽) 친척 아주머니들은 변하지 않는 전통을 상징한다.

레만 아주머니는 베를린으로 이주하기 전에 살던 마르크 지방과 메클렌부르크 지방의 여러 가문의 역사를 훤히 꿰고 있는, "먼 과거 이야기에 정통한"(「이야기꾼」, 『선집 9』, 419쪽) 이야기꾼으로 기억된다. 레만 아주머니와 마찬가지로 이야기꾼이던 어머니는 다음과 같이 회상된다.

이야기로 가득찬 강한 물길이 내 몸을 통과해 흐르면서 몸속 병의 증상들을 부유물처럼 씻어내렸다. 통증은 이야기 진행을 막고 있는 댐이었지만 나중에 이야기의 힘이 커지면 통증의 바닥이 파이면서 망각의 심연으로 씻겨내려갔다. 어머니가 쓰다듬어주는 손길은 그러한 흐름의 하상河床을 만들어주었다. 나는 그게 좋았다. 어머니의 입가 가득히 흘러넘치는 이야기들이 어느덧 그 부드러운 손길을 거쳐 졸졸 흘렀기 때문이다.(『1900년경 베를린의 유년시절』, 『선집 3』, 96~97쪽)

어머니가 아픈 아이에게 해주는 이야기들은 아픈 것도 잊게 할 만한 치유력이 있다. 경험의 위기와 함께 사라져가는 이야기에 대한 벤야민의 향수에는 이처럼 이야기꾼 어머니에 대한 회상이 깔려 있다. 이야기의 위기를 불러온 정보의 시대에 이야기적 요소를 재활성화한 카프카나 되블린 같은 작가들을 벤야민이 높이 평가한 것도, 이야기에 대한 향수를 배경으로 이해될 수 있다. 벤야민에 의하면, 되블린의 소설은 구술적 서사문화의 에너지를 회복함으로써 서사의 위기를 극복하고자 한 시도이고, 카프카의 우화는 이야기 전통에 대한 기억을 통해 산업사회의 경험을 전달하는 이야기다.[15]

서사형식의 역사적 변화를 다룬 「이야기꾼」에 따르면, 정보전달자와 달리 이야기꾼은 "경험을 나눌 줄 아는 능력"(「이야기꾼」, 『선집 9』, 417쪽)이 있다. 듣는 이와 경험을 나눌 수 있는 것은 "옹기그릇에 도공의 손자국이 남아 있듯이 이야기하는 사람의 흔적"(같은 글, 430쪽)이 이야기에 묻어 있기 때문이다. 듣는 사람은 단지 이야기의 내용만이 아니라 이야기꾼이 이야기에 남긴 흔적을 함께 받아들인다. 이야기를 매개로 경험을 나눌 수 있는 사람들은 고독하지 않다. "이야기를 듣는 사람은 이야기꾼과 함께"(같은 글, 444쪽) 있기 때문이다.[16]

---

15. 벤야민의 카프카론은 "Franz Kafka," in: II, 409~438쪽 참조.
16. 「이야기꾼」은 러시아 작가 레스코프를 전형적인 이야기꾼으로 소개하면서, 경험의 위기와 함께 이야기가 어떻게 소설로 대체되는지를 역사적으로 논구한 글로, 서사

유년의 방은 하루를 시작하는 장소이기도 하다. 「겨울날 아침」은 하루에 대한 예감으로 시작하는 아침시간을 묘사한다. 유모가 구워준 사과의 향기와 사과의 볼록한 뺨에서 느껴진 온기는 실컷 늦잠을 자고 싶다는 소원을 뒤로하고 나선 등굣길에 위안이 된다.(『1900년경 베를린의 유년시절』, 『선집 3』, 59쪽) 사과는 아이가 하루를 다 보내기도 전에 벌써 하루의 여행을 마친 듯한 인상을 준다. 난로에 구워져 향기가 나면서 열기를 받아 쭈그러든 사과의 모습에서 아이는 자신을 기다리는 고달픈 하루의 전조를 읽는다.[17] 유년을 회상하는 어른에게 이미 실현된, 까마득하게 잊고 있던 옛 소원은 다름아닌 "실컷 늦잠을 잤으면 좋겠다는 소원"(같은 곳)이었다.

실내에 덧붙여진 친밀함, 아늑함의 이미지에도 불구하고, 그 이면은 악몽이 될 수 있다. 다음 인용문은 실내를 지배한 포근함, 지속성, 안정성의 정신이 얼마나 취약한 것인지를 보여준다.

그곳에 죽음을 위한 장소는 존재하지 않았다. 따라서 그 집에 사는 사람들은 요양원에서 죽음을 맞이하고, 가구들은 상속이 진행되자마자 장사꾼들에게 넘겨졌다. 그 집의 공간에 죽음은 예정되어 있지 않았다. 따라서 낮에는 그렇게도 쾌적해 보이는 공간이 밤에는 악몽의 무대가 되었다. 꼼짝달싹할 수 없을 정도로 사지가 무겁게 짓눌리는 악몽을 처음 꾸었을 때, 내가 들어섰던 계단실이 바로 악몽의 무대였

---

의 본질에 대한 통찰을 이야기 전통과 연관시키고 있다. 『선집 9』, 413~460쪽 참조.
17. "크리스마스트리의 향이 새어나오는 방보다 더 고적하고 더 깊숙한 나의 밀실에서 사과 거품의 향기가 새어나올 때까지. 그러자 거무스름한 빛의 따뜻한 사과가 마치 여행에서 돌아온 지인처럼 친숙하지만 변모된 모습으로 내 앞에 나타났다. 그 여행은 난로 열기로 채워진 컴컴한 나라로 떠났던 여행이었다. 사과는 여행을 하면서 하루가 나를 위해 준비한 모든 사물의 향기를 다 빨아들였다."(『1900년경 베를린의 유년시절』, 『선집 3』, 59쪽)

음이 드러났다. 악몽에서 나는 그렇게도 넘으려고 한 문지방을 몇 걸음 남겨두고 꼼짝도 할 수 없었다. 그러한 꿈은 아늑함을 얻기 위해 지불해야 했던 대가였다.(같은 글, 77쪽)

## 로지아와 문지방

로지아는 베를린의 유년시절 회상에서 중심에 있다. 현재 나와 있는 전집에 실린 순서와 다르게 벤야민은 1938년 판본 기획 당시 단편 「로지아」를 첫번째로 싣고자 했다. "로지아들이 보이는 골목마당을 바라볼 때"(같은 글, 134쪽) 유년시절이 가장 잘 떠올랐다고 한다. 로지아는 대저택 건물 위층에 있는 발코니 같은 공간으로 지붕은 있지만 바깥쪽으로는 벽 없이 트인 복도를 말한다. 로지아에서는 거리의 소음이 둔탁하게 밀려들어오고 아이들, 고용인, 손풍금 악사, 건물 관리인이 있는 골목마당이 내다보인다. 아이는 이 자리에서 바깥소리에 귀기울이면서 처음으로 가족의 울타리를 벗어나 세상과 연결되어 있는 듯한 기분을 맛본다. 골목마당 안으로 들어가지 않은 채 로지아에서만 접하는 바깥세상은 무엇보다도 소리로 지각된다. 그 소리는 대부분 하층계급 사람들이 부유한 사람들을 위해 수행하는 작업소리 혹은 말소리다. 골목마당에서 나는 소리는 「사교모임」에서 언급하는 부르주아계급의 사교모임과는 전혀 다른 세계, 즉 노동과 고된 일상의 세계를 암시한다. "층층이 형성된 그곳 네모난 공간들에서는 힘든 일상이 다음날로 이어지고 있음을 보여주는 상황이"(같은 글, 136쪽) 펼쳐졌다. 로지아는 세상과 도시, 노동의 세계로 열려 있는 공간이자 고립된 개인이 집단을 경험하는 곳이기도 하다. 로지아는 계급의 경계를 넘나드는 이른바 사회적 문지방이었다고 할 수 있다.

「크리스마스 천사」는 사회적 문지방의 경험을 감동적으로 전달한다. 크리스마스이브 저녁에 아이는 골목마당 건너편에 반짝이는 별

장식만 있고 크리스마스트리는 보이지 않는 초라한 창문들을 바라본다. 그 창문들은 가난한 사람들이 나서서 이야기하지 않는 고독, 늙음, 병듦 등 모든 것을 감추고 있다고 아이는 생각한다. 부모가 준비한 크리스마스 선물을 떠올리면서 아이는 확실한 행복에 대한 기대만큼 무거운 심정으로 창문에서 시선을 돌린다. 가난한 사람들에 대한 생각에서 깨어나 돌아본 자신의 방, 자신의 집이 낯설게 느껴진 아이는 거꾸로 문지방 저쪽에서 안쪽을 쳐다보는 셈이다. 크리스마스 마켓은 크리스마스 장식품을 팔러 나온 가난한 집 아이들과 그 물건을 사러 심부름 나온 부잣집 아이들의 경계를 보다 분명하게 드러낸다. 이러한 회상 장면들은 외할머니 집에서 보낸 크리스마스 축제와 대비되면서, 부르주아계급의 안정 관념에 대해 의문을 제기한 『일방통행로』의 비판적 시선과 연결된다.

로지아를 벗어나 거리로 나서면 계급을 가르는 경계 위에 얼마나 많은 사회적 문지방이 있는지 경험하게 된다. 「꼽추난쟁이」에서는 부르주아지 영역과 프롤레타리아트 영역 간의 간극과 사회적 경계 너머 보내는 시선을 전도시키는 꿈이 나온다. 꿈의 발단은 베를린 거리를 산책하다 우연히 발견한 한 건물의 반지하 창이다. 창살을 통해 엿보는 행위는 꿈속에서 완전히 전도된다. 꿈에서는 엿보는 사람이 아이가 아니라 지하실 구멍에 숨어서 자신을 노려보는 '난쟁이'다. 그 눈초리에서 극도의 공포를 느끼자마자 '난쟁이'는 사라진다. 창살 너머로 엿보는 부르주아계급 출신에게 프롤레타리아계급의 영역은 호기심의 대상이지만, 풀 수 없는 수수께끼로 다가와 오히려 상대를 섬뜩한 눈초리로 사로잡는다.

로지아 혹은 베를린 거리의 문지방에 서서 긴장을 풀지 않는 아이의 모습은 훗날 벤야민이 취한 좌파 아웃사이더의 입장을 선취한 이미지가 된다. 벤야민은 부르주아 출신 지식인들이 섣불리 노동계급을 대변하는 작가로 변신할 수 없는 것은, 계급 간에 놓인 문지방을 자의적으로 넘어설 수 없기 때문이라고 생각했다. 벤야민이 보기에 프롤레타리아트로 가는 문지방을 넘어설 수 있다고 믿은 부르주아 지식인들, 즉 프롤레타리아트화한 지식인들이 지닌 문제점은 사회적 문지방에 대한 의식이 부재하다는 데 있다. 아무리 유물론적 역사가이자 비평가로서 이론적 무장을 해 유산계급 이데올로기에서 벗어나고자 해도, 망명시절 아무리 무산계급화되었다고 해도 벤야민은 계급 간 문지방을 넘어설 수는 없다고 생각했다. 문지방을 완전히 넘어가는 것, 즉 새로운 정체성을 형성하는 것은 불가능하기 때문이다.

베를린 유년시절 회상에서 계급 간 이행이라는 사회학적 의미인 문지방은 현대 경험구조의 변화를 설명하는 개념이 되기도 한다. 벤야민이 파리나 베를린 등에 대해 제시한 도시관상학은 문지방 연구를 토대로 하고 있으며, 역사인식에서 중요한 계기인 깨어남 역시 문지방 의식이라고 할 수 있다. 벤야민의 문지방 연구는 그리스 신전을 존재와 무, 감춤과 드러냄 사이에 놓인 것으로 본 하이데거를 상기시킨다. 1962년 그리스 여행에서 하이데거는 아크로폴리스 언덕에 있는 아폴론의 신전을 일시적인 것과 지속적인 것이 하나로 결합되고, 신들의 현존과 부재가 모순된 관계를 맺고 있는 장소로 체험했다.[18] 서로 다른 두 영역을 분리시킨다는 의미에서의 경계선과 달리, 문지방을 사이에 둔 서로 다른 공간과 시간은 각각 그 자체로 완결된 것도 연속적인 것도 아니다. 경계선이 정적으로 고정된 것으로 폐쇄적인 공간을 창출한다면, 문지방은 역동적인 중간지대다. 벤야민에 의하면, 현대에는 이런 문지방 경험이 약화되고 문지방이 경계선으로 대체된다.

---

18. Martin Heidegger, *Aufenthalte*, Frankfurt a. M., 1989, 236쪽 참조.

문지방과 경계선은 분명하게 구분되어야 한다. 문지방은 말하자면 이행의 영역이다. 변동, 이행, 도주(?)의 의미가 '문지방Schwellen'이라는 말에 담겨 있는데 어원 연구시 이를 간과해서는 안 된다.(V, 1025쪽)

문지방 경험의 약화는 시간의식에서도 볼 수 있다. 옛것과 새것이 부단히 교체되는 현대에는 시시각각 변하는 현재에 매몰되기 쉽다. 현재와 과거, 현존과 부재의 긴장을 견지하는 것이 그만큼 더 어려워진 것이다. 현대적 시간의식은 모든 과거의 자취를 벗어던지는 '순간' 의식이거나 동질적이고 연속적인 시간의식이다. 양자 모두 문지방 경험과는 거리가 멀다.

문지방은 인류학적으로 중요한 의미를 지닌 장소로 전통사회의 통과의례와 연관이 있다. 통과의례는 전단계로부터의 분리의례, 다음 단계로 아직 진입하기 이전의 이행단계, 이후의 통합단계로 구성된다. 애매모호함을 특징으로 하는 이행단계는 문지방 상태로 규정될 수 있는데, 그것은 문지방이 안에서 밖으로 혹은 밖에서 안으로 서로 다른 영역들을 이행하는 자리에 있기 때문이다. 문지방은 여기와 저기, 안과 밖, 친숙한 것과 낯선 것 사이를 가로지르는 중간에 있으면서 이행과 양가성이라는 특징을 가진다. 이런 의미의 문지방 경험을 가장 잘 보여주는 것은 양말놀이다. 양말을 작은 주머니처럼 접은 뒤 주머니 안에 있다고 생각한 선물을 끌러내면 포장지 역할을 했던 양말이 풀어져 주머니는 더이상 존재하지 않는다. "형식과 내용, 껍질과 껍질에 싸인 것, 선물과 주머니는 동일한 것이라는 진실"(『1900년경 베를린의 유년시절』, 『선집 3』, 119쪽)이 양말놀이의 수수께끼를 풀어준다. 비밀은 안과 밖, 형식과 내용이 엄격히 구분된 것이 아니라 변증법적 역전의 관계에 놓인다는 점이다. 개방성과 폐쇄성, 외부와 내부라는 양가성도 여기서 드러난다.

문지방은 프루스트와 카프카 비평에도 등장한다. 『잃어버린 시간을 찾아서』에서 프루스트가 초대한 유년의 세계는 "흔들거리는 간판 아래 문지방을 넘어서는 손님들"(「프루스트의 이미지」, 『선집 9』, 251쪽)을 향한다. 카프카 에세이에서도 문지방은 프루스트와 마찬가지로 기억의 문제와 연관되어 언급된다. 프루스트 비평에서 문지방을 넘어서는 계기의 우연성, 무의도성을 강조한다면, 카프카 비평에서 벤야민은 망각된 것 앞에 놓인 문지방에서 견뎌내야 하는 정신집약과 양가성을 언급하고 있다.[19] 카프카 작품에서도 망각된 것 앞에 놓인 문지방은 프루스트와 마찬가지로 의도적으로 넘어설 수 없다. 다만 카프카에게 문지방 너머의 세계는 프루스트처럼 영원과 도취의 세계가 아니라 신화적 억압과 강제가 지배하는 전사前史의 세계로, 기억을 통해 그곳으로 넘어가는 행위가 악몽을 강화시킬지 악몽으로부터의 해방을 가져올지는 문지방에서 긴장을 어떻게 견뎌내는지에 달려 있다.

문지방은 저쪽과 이쪽 간의 긴장의 끈을 놓지 않는 정신집약을 특징으로 한다. 벤야민은 이론과 실천 영역 모두에서 우리에게 중요한 지식은 긴장을 견뎌내는 문지방에서만 얻을 수 있다는 믿음을 평생 고수했다. 언어, 매체, 정치, 역사 등에 대한 성찰에서 하나의 통일된 테제에 도달하기보다 종종 양가성의 해석을 허용하는 것처럼 보이는 것도 그 때문이다. 이를 단순히 이율배반적인 태도로 귀결시키면 벤야민의 의도를 왜곡할 수 있다. 벤야민의 사상체계에서 양가성은 문

---

19. "꿈에는 악몽이 시작되는 특정영역이 존재한다. 이러한 영역의 문지방에서 꿈꾸는 자는 악몽에서 벗어나기 위해 자기 몸의 모든 신경기관을 총동원해 전투태세에 들어간다. 신경기관이 그의 해방에 도달하게 해줄지 악몽을 더 억압적으로 만들지는 이 전투에서 비로소 결정된다. 후자의 경우에 신경기관들은 해방이 아니라 반사적 종속 상태를 일으킨다. 카프카의 제스처 중 결정을 앞두고 있는 이러한 양가성에 침투되지 않은 것은 없다."(H. Schweppenhäuser(Hg.), *Benjamin über Kafka. Texte·Briefz eugnisse·Aufzeichnungen*, Frankfurt a. M., 1981, 170쪽)

지방 모티프로 설명될 수 있다.[20] 벤야민의 역사철학에서 주요 개념 중 하나인 메시아적인 것 역시 문지방 모티프로 설명될 수 있다. 타우베스가 지적한 것처럼, 벤야민의 메시아주의는 단지 메타포에 불과한 것이 아니라 실재적인 것으로 보아야 한다.[21] 벤야민에게 메시아주의는 메시아의 도래에 대한 수동적 기다림이나 "메시아에 대한 심정적 집착"(II, 204쪽)을 넘어선다. 오히려 그것은 메시아가 도래하는 것이 마치 가까운 미래인 듯 매 순간 열려 있는 기회인 듯 생각하면서 기회를 놓치지 않으려는 긴장과 준비를 요구한다. 즉 잠재적으로 모든 시간과 공간은 문지방이 될 수 있기에 거기서 결정적인 한 걸음만 내디디면 메시아의 왕국으로 들어갈 수 있다. 벤야민에게 모든 역사학은 메시아적 행동의 시간구조에 기초해 있는, 이행을 지향하는 정치학이다. 벤야민은 현세적인 것의 소멸이 부단히 반복되는 '매초 매초가 메시아가 올 수 있는 순간이다"(I, 704쪽)라고 쓴다. 즉 "메시아적인 것이란 기존질서의 해체를 부단히 반복하는 행위, 즉 '영원한 소멸'"(II, 204쪽)과 자기지양 속에서 비로소 모습을 드러낸다. 그것은 현재와 구분되는 미래의 사건이 아니라 기존질서의 해체 속에서 경험하는 불연속의 시간에 위치한다. 또한 세속적 행위를 사전에 정당화하는 심급이 아니라 사후에 그 유일무이한 작용에 대한 역사적 인식 속에서 드러나는 것이다.

---

20. W. Menninghaus, *Schwellenkunde. Walter Benjamins Passage des Mythos*, Frankfurt a. M., 1986, 54~58쪽 참조.
21. 야콥 타우베스, 『바울의 정치신학』, 조효원 옮김, 그린비, 2012, 175쪽 참조. "벤야민은 메시아에 대한 믿음을 고수했고, 이 믿음이 중립성[의 영역]으로 빠져들게 내버려두지 않았다." 타우베스는 벤야민의 메시아주의를 종말론적 비전으로 잘못 이해하고 있다. Gicomo Marramao, "Messianismus ohne Erwartung. Zur 'post-religiösen' politischen Theologie Walter Benjains," in: B. Witte und M. Ponzi(eds.), *Theologie und Politik*, Erich Schmidt Verlag, Berlin, 2005, 245쪽 참조.

## 거리

유년시절 회상에는 보모와 함께 티어가르텐에 갈 때마다 지나간 실슈트라세, 레만 아주머니의 집이 있던 슈테글리츠슈트라세, 외할머니가 살았던 블루메스호프, 동물원 가는 길의 레스터슈트라세, 수영장에서 집으로 돌아가는 길의 크루메슈트라세 등 베를린의 몇몇 거리 이름이 나온다. 『베를린 연대기』에 언급된 거리 이름들은 대부분 『1900년경 베를린의 유년시절』에는 나오지 않는다. 유년 경험에 베를린의 거리가 각인되어 있다면 그것은 거리의 모습에 대한 객관적 인상보다는 그 거리에서 느끼고 생각했던 것이다. 유년의 대도시 거리는 기성질서에 대한 반항심을 싹트게 하고, 성을 눈뜨게 하는 촉매제 공간이기도 했다. 길에서 성매매 여성에게 말을 걸어보고 싶은 충동에는 어머니와 어머니가 속한 계급과 단절한다는 위선적 감정이 자리잡고 있다.(『베를린 연대기』, 『선집 3』, 167쪽 참조) 그 경험에서 맛본 짜릿함에는 자신이 속한 계급의 경계를 처음으로 넘어섰다는 감정이 수반된다. 어머니와 함께 베를린 거리를 걸을 때 "언제나 반걸음 뒤에서 따라가는 습관"(『1900년경 베를린의 유년시절』, 『선집 3』, 124쪽)은 일종의 몽상적인 반항에 기인한다. 거리에서 싹튼 성적 충동의 일차적 계기 역시 마찬가지다.

성에 눈뜨게 되는 계기가 계급에 대한 몽상적 반항이나 태업 의지라면 배경 장소는 주로 거리다. 「성에 눈뜨다」에서 아이는 유대교회당에 가려고 먼 친척을 모시러 가다가 길을 잃는다. 길을 잃어서 솟아난 불안감은 '될 대로 되라'는 식의 불성실한 생각으로 바뀌면서 성적 충동과도 같은 강렬한 쾌감으로 옮아간다.

마음속 두 물결이 끊임없이 일어나면서 마침내 처음으로 맛보는 강한 쾌감으로 귀착되었다. 거리의 뚜쟁이 같은 면이 축제를 모독한다는 생각과 합쳐지면서 일어난 쾌감이었다. 그것은 그 거리가 이제 막 눈을 뜬 성적 충동에 뭔가를 제공해줄지 모른다는 예감과 함께 왔다.(같은 글, 65쪽)

「크루메슈트라세」에서 소년의 성적 본능이 간접적으로 눈뜨는 곳은 크루메슈트라세가 끝나는 곳 서편에 있던 문방구다. 문방구 진열장 안쪽에는 이른바 미풍양속을 해치는 인쇄물들이 있었다. 마지못해 가는 수영장에서 집으로 돌아가는 시간, 어느덧 가스등에 불이 켜지고 소년은 수상쩍은 문방구가 있는 우회로를 택한다. 가로등의 불빛과 문방구의 불빛이 어렴풋하게 뒤섞인 빛 속에서 소년은 예의 저 인쇄물들을 보려고 가게 진열장 앞에 서 있다.

베를린 거리는 재난지역이자 범죄현장이기도 하다. 「사고와 범죄」에서 아이는 베를린 거리를 도처에서 죽음이 발생하는 공간으로 상상한다. 익사사고나 화재, 질병, 교통사고 등이 어디선가 일어나고 있지만 아이는 단 한 번도 직접 목격한 적이 없다. "도둑에게 몽땅 털린 집의 창문, 시신이 들려오는 집, 말이 발랑 쓰러진 차도"(같은 글, 130쪽) 등 사건들이 남긴 분위기를 맛보고 싶어서 현장으로 가보면 이미 구경꾼이 뿔뿔이 흩어진 뒤다. 아이는 인명구조 시도 횟수를 알리는 다리 표지판을 보는 것으로 만족해야 했고, 소방차 사이렌 소리를 듣고서도 화재를 이미 제압한 뒤의 현장을 목격하는 데 그쳤다. 재난과 불운의 광경에 대한 아이의 예감은 훗날 수백만 유대인과 정치범의 학대와 학살이 공공연하게 자행된 나치 시대에 실현된다. 베를린 거리에서 사고와 범죄의 흔적을 찾아다녔던 소년의 경험에는 다가올 미래의 징조가 들어 있다. 벤야민이 베를린 유년시절에 대한 글을 집필하던 당시 베를린 거리에서는 나치 정부에 의해 붙잡힌 유대인들의 거리 행진을 쉽게 목격할 수 있었다. 야만적인 정치탄압이 일상적으로 일어나던 베를린 거리는 상대적으로 안정을 구가했던 유대 시민계급의 몰락을 공공연하게 전시하는 무대가 된 것이다.

### 시장

어머니와 함께 베를린 상점들을 돌아다닌 유년의 벤야민에게 도시는 쇼핑의 무대이기도 하다. 상품물신이 지배하는 세계는 다음과 같이 회상된다.

> 제과점에 가서야 비로소 우리는 기분이 좋아졌다. 우리는 만하이머, 헤어초크, 이스라엘, 게르존, 아담, 에스더스, 메들러, 에마 베테, 버드, 라흐만 같은 이름의 우상들 앞에 어머니를 굴복시킨 숭배의식에서 그제야 벗어난 기분이었다. 저 불가해한 산맥, 아니 상품 지옥의 대열, 그곳이 '도시'였다.(『베를린 연대기』, 『선집 3』, 211쪽)

벤야민의 유년시절에 해당하는 20세기 초 베를린에는 카이저갤러리와 1892년에 개점한 린덴갤러리 정도가 있었는데 얼마 안 가 독일 최초의 백화점인 베르트하임백화점, 안도르프&Co.백화점, 헤르만티츠백화점도 문을 열었다. 유년시절에는 아직 백화점을 경험할 수 없었지만 어머니와 동행하며 경험한 베를린의 상점들은 정체를 알 수 없는 상품물신이 지배하는 세계로 다가왔다. 무언가 섬뜩한 느낌을 주었던 대도시 쇼핑가는 유년의 중심적인 이미지다. 정체 모를 느낌은 화려하게 치장한 대도시 쇼핑가 뒤에서 상품물신의 본질을 통찰해낼 때 비로소 극복된다.

「마그데부르크광장 시장」에서 묘사한 시장 풍경은 상품물신에 대한 근원적 시각을 드러낸다. 종종 사람들은 '마그데부르크광장 시장'을 '마르크트할레Markt-Halle'가 아니라 '마르크탈레Mark-Thalle'라고 부르는데, 이러한 발음 습관은 무의식적으로 시장 '마르크트'를 '바다'를 의미하는 그리스 단어 탈라사Thallasa와 결부시킨다. 시장 풍경에 대한 다음 묘사를 보면 왜곡된 발음 습관이 어떠한 의미전이를 초래하는지 짐작할 수 있다.

번호가 매겨진 철삿줄 칸막이 뒤에는 좀처럼 꿈쩍 않는 아낙네들이 케레스 여신의 매수하기 쉬운 여사제들처럼 군림하고 있었다. 그들은 밭이나 나무에서 수확한 온갖 과일과 식용조류, 생선, 고기 등을 파는 장사꾼 아낙네들이며 중매쟁이들이었다…… 그들 치맛단 아래로 무언가 부글부글 끓어오르면서 솟구치고 부풀어올랐던 것은 아닌지. 그곳이야말로 정말로 생산적인 지반이 아닌지. 그들의 무릎 사이로 시장의 신이 스스로 딸기, 조개류, 버섯, 고깃덩어리, 양배추 같은 식품들을 던져주었던 게 아닌지…… 날이 어두워지고 피곤해지는 시각이 되면 사람들은 지친 수영선수보다 더 몸이 처졌다. 마침내 말없는 손님들의 활기 없는 흐름에 실려 다들 빠져나갔다. 손님들은 푸석푸석한 물의 요정들이 편안하게 앉아 있는 험한 암초를 놀란 눈으로 바라보는 물고기들 같았다.(같은 글, 67~68쪽)

그리스신화에 나오는 곡물의 여신 케레스 혹은 물의 요정으로 비유된 장사치 아낙네들, 시장을 유영하는 물고기처럼 보이는 손님들, 바닷속 심연처럼 느껴지는 물범벅 시장바닥에서 보듯이, 흥정이 오고 가는 시장은 신화적 늪의 풍경으로 변모한다. 신화적으로 호출된 이 풍경에서 간과할 수 없는 것은, 바흐호펜이 문명 이전의 역사前史로 명명한 '잡혼단계'에 대한 암시다. 장사꾼 아낙네들이 무릎 사이에 끼고 있는 먹거리를 시장의 신이 수태시킨 산물인 듯 암시하는 대목이 그렇다. 마르크트할레 시장 광경에서 잡혼단계 혹은 신화적 늪을 연상케 하는 묘사는, 현대 상품사회처럼 발전된 문명사회에 여전히 잠복해 있는 문명 이전의 카오스 상태 혹은 신화적 구조를 가리킨다. 벤야민은 1934년에 쓴 카프카 비평에서 잡혼단계라는 바흐호펜의 용어를 빌려 카프카의 세계를 다음과 같이 설명한 바 있다.

　카프카는 자신이 살고 있는 시대가 인류 태초의 시간을 넘어선 진보의 시대라고 생각하지 않았다. 그의 소설들이 움직이고 있는 곳은 늪의 세계다. 카프카에게 피조물들은 바흐호펜이 잡혼단계라고 규정한 단계에 놓여 있다. 이 단계가 망각되었다고 해서 현재에 아무런 영향력을 미치지 않는다는 뜻은 아니다.(II, 428쪽)

벤야민은 현대 조직사회의 경험을 인류의 신화적 선사적 경험의 흔적과 연결시키는 이중적 시각을 카프카의 문학에서 발견한다. 카프카가 도저히 이해할 수 없었던 세계는 선사先史의 세계이자 불투명한 현대의 조직사회다. "카프카에게 모든 사건은 야누스적인 모습을 띠는데, 한편에서는 아주 오래전 일어난 일로 보이고, 다른 한편에서는 아주 최근에 일어난 것처럼 현실성을 띠고 있다."(II, 1198쪽)[22] 현대와 선사, 현대와 신화라는 이중적 시각에서 현대 조직사회를 보는 카프카의 시각은 자본주의에 대한 벤야민의 관점에도 그대로 적용된다.[23] 자본주의처럼 일견 전적으로 세속화된 체제가 어떻게 신화나 종교와 같은 영향력을 확보하는가의 문제의식은, 어찌 보면 유년의 시장 경험에서 기원한 직관으로 소급한다고 할 수 있다. 유년에 엿본 대도시의 상품 사회는 어딘지 숭배의식이 거행되는 신전 혹은 신화의 세계

---

22. 아도르노는 벤야민이 카프카 에세이에 바흐호펜의 용어를 도입함으로써 카프카의 세계를 비역사적으로 해석할 위험이 있다고 비판한다. II, 1176쪽 참조.
23. II, 1198쪽 참조.

같다.

유년에 느낀 이러한 섬뜩함을 바탕으로 벤야민은 1921년에 「종교로서의 자본주의」를 썼다. 이 글은 네 가지 특징에 입각해 자본주의를 새로운 형태의 제의종교로 본다. 「신학-정치 단편」과 같은 시기에 쓴 아주 짧은 이 글은 세속화의 변증법에 대한 벤야민의 근본적 입장을 드러낸다. 이 단편에서 벤야민은 자본주의적 직업 에토스가 종교적 금욕에서 전환된 것임을 밝힌 막스 베버보다 한 걸음 더 나아가, 현대 자본주의가 본질적으로 종교적 현상임을 입증하고자 한다. 자본주의는 "교리도 없이 순전히 제의로만 이루어진 종교"(VI, 100쪽), 즉 가장 극단적인 제의종교로서 그리스도교의 기존 경향을 극단으로 몰고 간다. 이는 종교의 세속화로 보이는 자본주의가 실은 종교의 정의, 즉 "사물, 장소, 동물, 또는 사람을 공통의 사용에서 떼어내어 다른 분리된 영역으로 이전하는 것"[24]에 부합한다는 것을 보여준다. 이러한 설명에 따르면, 합리성과 세속화를 특징으로 하는 자본주의의 영향력은 구조적으로 종교의 영향력과 매우 흡사하다.

벤야민이 세속화에 대한 체계적 이론을 제시한 적은 없다. 그러나 종교적 경험을 정신과학에 다시 끌어들이고자 하는 초기의 경험이론

---

24. 조르조 아감벤, 『세속화 예찬』, 김상운 옮김, 난장, 2010, 108쪽. 여기서 벤야민이 비판하는 세속화는 아감벤이 정의한 '환속화'에 해당한다고 할 수 있다. 그것은 원래 성스러운 영역에 속하는 것을 세속적 영역으로 옮기면서도 그 힘을 고스란히 내버려두는 것을 말한다. "따라서 신학적 개념의 정치적 환속화(주권권력의 패러다임으로서의 신의 초월)는 천상의 군주제를 지상의 군주제로 대체할 뿐 그 권력은 그냥 놔둔다."(『세속화 예찬』, 113쪽) 벤야민이 신정이나 정치신학을 비판한 이유도 그것이 성스러운 모델을 세속적 권력 실행에 옮김으로써 권력의 실행을 보증하는 환속화에 해당하기 때문이다. 환속화는 어떤 것을 성스러운 것으로부터 세속적인 영역으로 되돌려주는 듯하지만, 실은 그냥 그렇게 보일 뿐이다. 벤야민은 성스러운 삶, 성스러운 예술과 예술가 등 성스러움이라는 용어를 지속적으로 사용하는 방식도 비판한다. 성스러움의 수사학에 대해 벤야민은 단호하게 다음과 같이 말하고 있다. "전통적 토대를 지닌 종교조직 밖에서 사용되는 성스러움이라는 서술어는 단지 오락문학의 미사여구에 불과하다."(*Briefe*, 757쪽)

부터 벤야민의 사상은 세속화의 문제의식에 닿아 있었다고 할 수 있다. 그의 사상은 전 시기를 통해 종교사적 전통에서 유래한 관념들과 어떤 방식으로든 연관되어 있다. 이는 언어논문, 정치철학적 단상, 역사철학적 단상, 바로크 드라마 연구, 크라우스 비평, 카프카 연구, 아우라 이론 등에서도 볼 수 있다. 벤야민은 이처럼 다양한 사상적 맥락에서 세속화 문제와 대결한다. 그가 근대 이후 서양문화에서 추방된 것처럼 보이는 종교를 다시 진지하게 다루는 일차적 동기는 세속화 비판에 있다. 그의 세속화 비판은 종교와 신학을 추방한 것처럼 보이는 근대의 학문과 문화가 실은 신학적 유산의 대용물에 불과하다는 점을 밝힌다. 여기에는 국가주권 지배를 신학적 모델로 합리화하는 정치철학, 역사가 일정한 목적을 향해간다고 보는 근대의 주류 역사학이 포함된다.


## 회상 속 유년과 미메시스

어른이 되고 나면 처음으로 걸음마를 배우고 글자를 배우던 순간, 처음으로 사랑을 느꼈던 순간 등 세상과 처음 만난 가슴 설레던 순간들을 까마득하게 잊는다. 유년시절에 대한 회상은 바로 그 첫 만남의 순간들을 되돌아보는 것이기도 하다. 「글자상자」는 벤야민의 삶을 결정한 가장 중요한 능력의 근원인 읽기와 쓰기를 습득한 순간을 회상한다. 「무메렐렌」이나 「색채들」에서 묘사된 미메시스 경험 역시 세상과 처음 만난 순간들에 대한 것이다. 이 순간들은 "잊어버린 행복의 약속" 혹은 "최초의 행복"(III, 131쪽)을 담고 있다. 유년 회상이 "행복에 대한 맹목적이고 엄청나고 광적인 열망"(「프루스트의 이미지」, 『선집 9』, 239쪽)에 의해 추진된다는 말은 프루스트를 두고 한 말이지만 벤

야민 자신에게도 해당된다.[25]

유년 회상은 세상과의 첫 만남과 첫 지각방식을 재건하려는 시도로서 기억 속에 보존된 기호들을 상기해내고 해석한다. 그러나 회상은 아이가 세상과 처음 만난 순간 눈앞에 세상을 환하게 드러나게 한 그때 그 빛을 되살릴 수는 없다. 회상에서 과거를 드러내는 것은 회상의 순간에 과거로 되비춘 빛이지 유년의 순간에 세상을 비춘 바로 그 빛이 아니다. 유년 회상은 이러한 역설을 안고 있다는 점에서 비가적인 음조를 띤다.[26] 글자와의 첫만남이 어떤 경험이었는지를 떠올릴 수는 있지만 그것을 실제로 경험하는 것은 불가능하다.

벤야민은 종종 유년의 경험을 '데자뷔'와 연관시킨다. 데자뷔란 처음 보는 것인데도 마치 예전부터 알아서 친숙한 것처럼 느끼고, 목전에 일어나는 일이면서도 이미 지나간 것 같고, 이미 살아본 과거 같고, 처음 와본 장소인데도 예전에 온 적이 있는 것처럼 느끼는 현상을 말한다. 「카이저파노라마관」에서 프랑스의 마르세유 북쪽 마을 엑상프로방스를 보면서 영사막에서 아이가 빠져드는 매력도 그와 같다.

내 삶의 어느 때에도 속하지 않은 시간에 플라타너스 잎사귀 사이로 올리브색 햇빛이 쏟아지는 미라보광장에서 놀았던 적이 있다고

---

25. "어떤 체험된 사건은 유한하고 대개 체험의 한 영역 안에 종결되어 있다면, 기억된 사건은 그것이 그것 전과 후에 오는 모든 것을 여는 열쇠라는 이유만으로 무한하기 때문이다······ 행복에 대한 의지에는 이중적인 면, 행복의 변증법이라는 것이 있다. 하나는 찬가적인 행복의 모습을, 다른 하나는 비가적인 행복의 모습을 하고 있다. 전자는 한 번도 들어보지 못한 것, 전대미문의 것, 지복至福의 절정이고, 후자는 다시 한 번에 대한 영원한 열망, 처음의 원초적인 행복을 복원하고 싶은 영원한 열망이다. 엘레아적이라고 부를 수 있을 이 비가적 행복의 이념이 바로 프루스트에게 삶을 기억의 보호림으로 변형시킨 이념이다."(「프루스트의 이미지」, 『선집 9』, 237~240쪽)
26. Christian L. Hart Nibbrig, "Walter Benjamins *Berliner Kindheit um Neunzehnhundert*," *Deutsche Viertdjahrsschrift* 47, 1973, 716쪽 참조.

[말하는 것 같다.] 그러한 여행에서 진기한 것은 이런 것이다. 먼 세상이 언제나 낯선 곳은 아니고, 그곳이 불러일으킨 동경이 언제나 미지의 상태에 대한 유혹은 아니며, 오히려 가끔은 집으로 돌아오고자 하는 부드러운 동경일 수 있다는 점이다.(『1900년경 베를린의 유년시절』, 『선집 3』, 42쪽)

먼 곳에 대한 동경이 실은 고향에 대한 동경일 수 있다는 이러한 생각은 독일 낭만주의의 모티프를 연상시킨다. 데자뷔는 공간뿐 아니라 시간체험에서도 나타난다. "우리 앞에 다가올 일이 이미 지나간 과거처럼"(같은 글, 73쪽) 보이는 시간체험은 유년시절의 핵심 장소였던 로지아에서 주어진다.

골목마당으로 통하던 그늘진 로지아에서 시간은 낡아갔다. 바로 그래서 나는 우리 집 로지아에서 맞은 오전 시간이 이미 오래전부터 시작된 것처럼 보였다…… 그곳에서는 결코 시간이 오기를 기다릴 수 없었다. 왜냐하면 시간은 언제나 나를 기다리고 있었고, 내가 마침내 그 시간을 찾아냈을 때 이미 오래전부터 거기 있었기 때문이다. 아니, 이미 한물간 시간 같았다.(같은 글, 136쪽)

로지아에서 시간은 흘러가는 것이 아니라 쌓여가는 시간으로 회상된다. 시간의 이러한 공간화는 벤야민의 사상체계에서 중요한 '원천' 개념을 연상시킨다.[27] 『독일 비애극의 원천』에서 미학적 범주로

---

27. "원천은 전적으로 역사적 범주이기는 해도 발생과는 아무런 공통점이 없다. 원천이란 생성된 것의 진행이 아니라 오히려 생성과 소멸 가운데 출현하는 것을 뜻한다. 원천은 생성의 흐름 속에 소용돌이로 있으며, 발생 과정중에 있는 자료를 그 리듬 속으로 끌어당긴다. 사실적인 것의 적나라하고 명백한 존립 속에서는 원천적인 것을 결코 인지할 수 없으며, 그것의 리듬은 오로지 이중적인 통찰에 열려 있다. 즉 원천적인

도입한 원천은 이념세계와 경험세계를 매개하는 범주다. 원천적인 것은 역사에 출현하는 전적으로 새로운 것인 동시에 시초부터 존재해온 진리다. 즉 역사적 형태의 인식을 토대로 비로소 드러나는 것으로 그 자체는 역사적 형태로 환원되지 않고, 역사적 변화의 소용돌이로부터 돌출해 있는 본질적 요소다. 원천에 대한 인식은 영원성과 현실성의 변증법을 통해 비로소 가능하다. 따라서 원천적인 것은 새로운 발견의 대상이면서 아주 오래전부터 존재해온 것에 대한 재인식의 대상이다. 이에 따라 원천적인 것은 역사 속에서 복구되고 회복되는 것이자 미완의 것, 목전에 일어나는 일이면서 이미 일어난 일, 아직 이루어지지 않은 것이면서 이미 오래전에 완성된 것, 특수한 것이면서 원천적인 것, 되돌릴 수 없는 일회적인 것이면서 반복적으로 재생하는 것이라는 역설적 구조를 지닌다. 앞으로 일어날 모든 것을 이미 지나간 것처럼 받아들이고 한 번도 본 적이 없던 것과의 재회로 느끼는 유년의 지각방식은 원천적인 것에 대한 철학적 인식과 유사하다.

또한 유년의 지각방식은 원천적인 세계경험으로서의 미메시스를 가장 잘 보여준다. 미메시스는 대상을 주체에 동화시키는 것이 아니라 스스로 대상과 유사해지도록 노력하는 태도를 말한다. 1931년에 발표한 언어논문 「유사성론」이나 「미메시스 능력에 대하여」에서 벤야민은 미메시스를 동일성이 아니라 유사성, 더 정확하게는 비감각적 유사성의 관계로 파악한다.(『선집 6』, 197~216쪽 참조) 감각적으로 명

___

것의 리듬은 한편으로 복원과 복구로, 다른 한편으로는 미완의 것, 완결되지 않은 것으로 인식될 필요가 있다. 모든 원천적 현상 속에서는 어떤 하나의 형상이 정해지게 되는데, 그 속에서는 하나의 이념이 그 자신의 역사적 총체성 속에서 완성되어 나타날 때까지 역사적 세계와 거듭 갈등을 빚는다…… 모든 본질적인 것들 속에서 일회성과 반복이 서로를 조건짓고 있음이 이 변증법에서 입증된다."(『독일 비애극의 원천』, 62쪽)

증하지는 않지만 유사한 것들을 만들어내거나 그것을 지각하는 미메시스 능력의 최고 단계가 언어다. 언어는 비감각적 유사성의 가장 완벽한 서고가 된다.

인간이 지닌 상위의 기능들 가운데 미메시스 능력에 의해 결정적으로 규정되지 않는 기능은 없을 것이다. 미메시스 능력에는 역사가 있다. 계통발생과 개체발생 둘 다의 의미에서다. 개체발생적 의미에서는 놀이가 미메시스 능력의 교본이다…… 어린아이들은 상인이나 선생을 흉내내는 것만이 아니라 물레방아나 기차도 흉내내며 논다…… 예전에 유사성의 법칙이 지배한 삶의 영역은 광범위했다. 소우주뿐만 아니라 대우주에도 유사성이 지배했다. 이 자연적 상응물들은 우리가 그것들이 모두 인간의 미메시스 능력을 자극하고 일깨우는 역할을 한다는 점을 인식할 때 비로소 결정적인 의미가 생긴다. 여기서 생각해야 할 점은 미메시스의 힘이나 미메시스의 객체, 대상 들이 수천 년이 흐르는 동안 똑같은 것으로 남아 있지 않았다는 점이다. 이에 따라 유사성을 만들어내는 재능과 함께 그런 유사성을 인식하는 재능이 역사가 흐르면서 변해왔다고 가정할 수 있다.(「미메시스 능력에 대하여」, 『선집 6』, 211~212쪽)

언어의 역사에서 보면 언어는 점점 더 추상화, 도구화되고 점점 더 비기호적인 것을 기호화한다. 그럼에도 모든 언어는 전달 내용으로 환원되지 않는 미메시스적인 것을 담는다.(같은 글, 215쪽 참조) 물론 전달 요소가 강한 언어가 있고 미메시스적인 표현 요소가 강한 언어가 있다. 이러한 차이에 따라 문학작품에 대한 평가도 달라진다. 벤야민이 보들레르, 프루스트, 카프카 문학의 의의를 높이 평가한 이유도 다름아닌 현실에 대한 미메시스적인 태도에 있다. 벤야민에 의하면,

보들레르는 대도시에서 경험의 붕괴 현상에 대해, 프루스트는 자신이 속한 부르주아계급의 속물적 세계에 대해 미메시스적인 태도를 취했고, 카프카는 문명화 과정에 잠복해 있는 세계, 현대 조직사회에 숨겨진 신화적이고 선사적 경험에 미메시스적인 태도로 접근했다. 전달 요소가 강한 이른바 관습화된 언어도 마찬가지다. 알레고리처럼 주관적이고 자의적인 언어라 할지라도 미메시스적인 읽기는 가능하다.[28] 이러한 읽기는 전달 요소 외부에서 이루어지는 것이 아니라 바로 그 요소를 토대로 하는 읽기다. 즉 언어와 문자의 미메시스적인 측면은 전달 가능한 것, 기호적인 것의 토대에서 비로소 나타난다. 미메시스적 읽기는 전달 요소에 대한 해석학적 이해 과정을 토대로 한다는 말이다. 미메시스는 인간의 행동과 지각 과정의 모든 단계에 작용하는 능력을 말하기 때문에 벤야민의 미메시스론은 언어뿐 아니라 읽기, 기억, 경험이론과도 밀접하게 연관된다.

「미메시스에 관하여」에서 직접 인용한 단편 「무메렐렌」은 단어 습득 과정에서 볼 수 있는 미메시스적 태도를 묘사한다. 아이는 동판화 Kupferstich라는 단어를 발음이 유사한 '머리로 찌르기Kopf-verstich'라는 단어로 알아듣고 그 단어가 뜻하는 행동을 한다.(『1900년경 베를린의 유년시절』, 『선집 3』, 81쪽 참조) 아이가 낱말을 매개로 수행하는 미메시스는 주체와 객체의 분리를 전제로 하지 않는다. 이 점에서 주–객 분리를 전제로 하는 근대적 자아 개념과 배치된다. 아이는 대상에 대해 성찰이나 의식을 통해 거리를 유지하는 대신 자신을 대상과 유사하게 만들려는 태도 혹은 사물들 간의 "유사성을 만들어내는 재능" "유

---

28. 바로크 드라마에 대한 벤야민의 연구가 대표적이다. 이때 중요한 것은 개별 단어의 미메시스가 아니라 알레고리 형식처럼 전체적인 언어형상을 통해 어떠한 세계관이 표현되고 있는가다. 벤야민은 바로크 드라마의 알레고리적 형식은 역사를 자연으로 보는 바로크적인 세계관을 표현하고 있다고 본다. 이러한 표현 읽기가 곧 미메시스적인 읽기라고 할 수 있다.

사성을 인식하는 재능"(「미메시스 능력에 대하여」, 『선집 6』, 212쪽)을 발휘한다.

아이는 '무메렐렌Mummerehlen(렐렌 아주머니)'의 뜻을 모른 채 그 단어와 유사한 발음의 '무멜호수Mummelsee'에서 그 정체를 찾으려 하기도 한다. 이러한 태도는 기의를 이해하는 것이 아니라 기호 자체에 미메시스적으로 접근하는 것이다. '무메렐렌'이라는 문자기호에 대해 아이는 기호의 물질성에 주의를 두고 유사한 발음을 따라가 의미의 미끄러짐을 시도한다. 아이는 이처럼 재현 이전의 형식들을 사용함으로써 '왜곡된 유사성의 세계'를 만들어낸다. 벤야민은 미메시스적인 태도로 말미암은 세상 왜곡을 긍정적으로 보는데 그것이 "세상의 내면으로 향하는 길을 보여주기"(『1900년경 베를린의 유년시절』, 『선집 3』, 81쪽) 때문이다. 아이는 급기야 무메렐렌을 "장식용 유리공 안에서 흩날리는 눈발"(같은 글, 84쪽)로 상상하면서 그것과 하나가 되어 이리저리 흔들거리기도 한다. '무메렐렌'이라는 기호의 의미를 알지 못하기 때문에 벌어지는 이러한 경험은 단순한 오해가 아니라 기호와 기의 사이에 벌어진 틈에서 유사한 것의 흔적을 발견해내는 미메시스다. 성인이 되면서 기호의 의미론에 편향될수록 이러한 미메시스와는 멀어진다.

「오락서적」에서 묘사한 책읽기의 행복 역시 성인이 되면서 상실하게 되는 미메시스적 태도에 기인한다. 아이에게 먼 나라 이야기들이 실려 있는 오락서적의 글자들은 창밖에 내리는 눈송이처럼 쉴새없이 나타난다. 쉴새없이 내리는 눈송이들에 시선을 고정시킬 수 없는 것처럼 오락서적에 적힌 글자들의 의미 역시 고정시킬 수 없다. 다만 아무 이야기도 전달하지 않는 창밖 눈송이들과 달리 오락서적의 글자들은 먼 나라들에 대한 이야기를 전해준다.(『선집 3』, 103~104쪽 참조) 그러한 이야기들은 눈송이들처럼 서로 스스럼없이 어울림으로써 어떤 내용이나 의미로 고정되지 않아 의미의 탈구가 부단히 일어난다.[29] 의미론적 해석에 치우치는 어른들에 비해 아이들은 종종 의미보다 개개 문자의 시각적 형태에 주의를 기울인다. 어린 시절 벤야민에게 책에 적힌 글자들은 책의 내용과 별개의 것이 아니라 완전히 하나였 다. 책의 내용에 따라 책에서 불이 타오르고 책에서 빛이 쏟아져나오 기도 한다.(『베를린 연대기』, 『선집 3』, 234쪽 참조)

「나비채집」은 자연과 아이의 관계에서 일어나는 미메시스 과정을 보여준다. 근대적 자아도 자연에 동화되겠다는 희망을 품는다. 다만 그것은 자연지배 목적에 따른 것이다. 그러한 목적 추구 과정에서 어 떻게 주체와 객체 관계가 전복될 수 있는지, 또 그것이 어떻게 다시 회복되는지 이 단편에 잘 나타나 있다. 자연을 빼앗는 사냥꾼이 된 아 이는 "들키지 않게 사냥감에게 다가가 낚아채기 위해 자신이 아예 빛 이나 공기 속으로 사라져 보이지 않게 되기를"(『1900년경 베를린의 유 년시절』, 『선집 3』, 53쪽) 바란다. 그렇게 "전력을 다해 사냥감에 동화될 수록, 스스로 나비가 되면 될수록 그만큼 나비의 행동거지는 인간의 의지에 따라 색채가 변한다." "열중해서 바라본 나비의 모든 흔들림이 내게 바람처럼 불어오는 느낌 혹은 내 위로 흘러넘치는 그런 느낌으 로 다가온다."(같은 곳) 인간과 나비가 유사성의 관계를 맺게 되는 순 간이다. 마침내 나비를 잡는 순간은 인간과 나비의 경계가 해체된 상 태를 벗어나 "인간 존재로서의 지위를 다시 얻게"(『선집 3』, 54쪽) 되는 순간이다.

「숨을 곳들」에서도 그러한 순간이 묘사된다. "현관의 커튼 뒤에 선

---

29. 도벽여성Kleptomanin이라는 단어에서 어딘지 잔혹하고 위협적으로 들리는 Klepto-라는 앞음절 때문에 끝음절 -anin은 (조상할머니를 뜻하는 단어 Ahnin과 발 음이 같아서) 아이에게 돌처럼 굳어질 만큼 놀라움을 불러일으킨다. 『1900년경 베를 린의 유년시절』, 『선집 3』, 108쪽 참조.

아이는 커튼처럼 나부끼는 하얀 물체, 즉 유령"이 되고, "식탁 아래 웅크리면 아이는 사원의 목조 신상이 된다."(『선집 3』, 68~69쪽) 술래에게 발각되었을 때 사물과 융해된 상태 그대로 굳어지지 않기 위해서는 "자기 해방의 외침"이 필요하다. 사물과 융해된 상태가 일종의 마법적인 경험이고 악령에 의해 주술이 걸린 상태라면 그로부터 해방되어야 한다. 숨겨진 사물세계 안으로 침투하는 일이 마법의 경험이 아니라 과학이 될 수도 있다. 집안 곳곳에 숨겨진 부활절 달걀을 찾을 때 아이는 집안 은밀한 곳에서 악령의 주문에 걸리기보다 오히려 "음침한 집을 구해내는 기술자"(같은 글, 69쪽)가 된다. 부활절 달걀을 찾기 위해 평소에는 지나쳤던 집안 구석구석을 샅샅이 찾아나서는 아이는 사물세계의 디테일을 파고들어가는 카메라맨을 연상시킨다. 이처럼 유년의 놀이나 독서를 지배하는 미메시스적 태도는 자연을 지배하는 이성적 관점이 우세해지는 문명화 과정중에 점차 소멸되거나 위축된다. 세상에 적응하기 위해 이성과 합리성으로 무장해야 하기 때문이다. 개인은 이와 같은 변화를 개체발생론 차원에서 반복한다.


## 몰락과 구원

유년시절 회상은 유년기라는 인생사의 한 단계뿐 아니라 19세기라는 한 시대가 막을 내린다는 인식에서 출발한다. 회상의 기록이 개인적이고 사적인 과거에 대한 서사가 아니라 집단적 삶에 대한 서사가 되는 이유는 이와 같은 역사철학적 시각 덕분이다.

벤야민은 세상의 종말이 온 것 같았던 파시즘의 시대에 베를린 유년시절을 되돌아보고, 현재의 자리에서 바라본 유년시절을 극단적 양가성의 조명 아래 비춘다. 그러한 양가성의 한 측면이 유년의 순수한 행복이라면, 다른 측면은 유년의 경험에 숨겨진 파국과 몰락의 전조다. 1930년대의 절박한 위기 상황 속에서 벤야민은 "피비린내 나는 현재의 안개를 뚫고"(I, 984쪽) 1900년경 과거를 향해 역사의 망원경을 들어올린다. 여기에는 세태를 초월한 유유자적함이 아니라, "목을 조이는 듯한 온갖 불안감에도 불구하고"(*Briefe*, 778쪽) 과거에서 희망과 몰락의 전조를 동시에 찾아내려는 필사의 집중력이 깃들어 있다. 유년의 미메시스가 전자에 속한다면, 「유령」에서 묘사한 경험은 후자에 속한다. 「유령」에서 4인조 도둑이 집안을 약탈하는 광경을 보면서도 몰래 지켜볼 수밖에 없던 어느 날 밤의 이야기는 안정과 번영을 구가했던 시민계급 몰락의 전조이고, 시민세계를 파괴시킨 나치주의로 나타날 "미래의 역사적 경험을 앞서 형상화"한 것이다. 「재난과 범죄」에서 불행과 범죄 현장을 만나고 싶어한 아이의 기대 역시 시민세계의 평온한 일상 아래 숨겨져 있는 재난과 불행에 대한 예고다.

영원한 고향에 대한 동경을 이야기하는 것처럼 보이는 「카이저파노라마관」에서도 몰락의 경험이 언급된다. 파노라마를 볼 때 "조명장치의 결함 때문에 기묘한 어스름이 생기고 파노라마의 풍경에서 빛이 사라지는 순간"(『1900년경 베를린의 유년시절』, 『선집 3』, 43쪽)이 있다. 그러면 동경의 풍경은 한순간 빛을 잃고 잿빛 어스름에 놓이면서 몰락의 풍경이 된다. 회고록 말미에 나오는 「달」 역시 유년의 자아를 극히 취약한 상태로 묘사한다. 아이는 달빛 속에서 세상이 무로 가라앉고 자신의 존재조차 의심스러워지는 절대적 고독을 맛본다. 세상으로부터 완전히 배제되는 기분, 모든 소리, 모든 순간, 모든 사물이 동일한 것의 반복에 불과할지 모른다는 불안감, 세상에 대한 허무주의적 회의 등 어느 밤에 대한 기억의 심상들은 회상의 주체가 겪고 있는, 또 앞으로 닥쳐올 상황의 전조로 읽힌다. 그 전조는 유년시절이 끝날 무렵에 꾼 꿈에서 절정에 달한다. 베를린의 하늘에 떠 있던 창백한 보름달이 지구로 다가와 벤야민의 가족이 앉아 있던 발코니와 사람들의 육신을 산산조각내는 꿈이다.(『선집 3』, 147쪽 참조) 꿈이 불러일으킨 공포는 깨어난 후에도 사라지지 않았고 그 꿈의 의미가 무엇인지는 회고록 집필이 끝날 때까지도 알지 못했다.[30] 프루스트가 "대부르주아계급에 속한 작가의 위치에서 보증한 [기억의] 연속성이 벤야민 개인의 삶과 전 계급, 전 민족을 위협하는 한계상황에 이르러 파괴"[31] 되었음을 이 꿈보다 더 생생하게 전하는 것은 없다.

몰락과 구원의 양가성은 역사적 경험은 물론 회상 그 자체에 내재한 것이다. 모든 회상은 사실 이미 지나간 것, 몰락한 것에 대한 회상이면서 동시에 지나간 것이 현재화되는, 즉 구원되는 유일한 매체라는 점에서 양가적이다. 로지아에 대한 회상에서 로지아는 아이가 도시 시민으로 탄생하는 요람이자 "오래전부터 그에게 할당된 왕릉"(같은 글, 138쪽)으로 비유된다. 왕릉은 모든 개체적이고 역사적인 것이 품은 몰락의 필연성을 보여주는 동시에 위엄을 지닌 공간이다.[32] 왕릉으로 비유된 로지아는 영원한 소멸을 상징하는 공간상이 되고, 아이는 왕릉에서 발굴되어야 하는 왕의 시신이다. 또한 유년시절의 이미

---

30. 한밤중에 깨어나는 아이라는 모티프를 중심으로 벤야민의 회상을 프루스트의 『잃어버린 시간을 찾아서』와 비교하면 다음과 같은 차이가 드러난다. 프루스트의 주인공은 한밤중에 깨어나 원시시대의 동물 인간들보다 더 무력함을 느끼고 기껏해야 동물적인 존재의식을 지닌다. 그러나 차츰 정신을 차리면서 자신의 정체성을 강화시키는 데 성공한다. "나는 일 초 만에 문명의 수세기를 떠올렸다. 석유램프와 목이 파인 셔츠의 희미한 상들로부터 점차 나의 자아가 지닌 특징들이 새롭게 만들어졌다."(Bernd Witte, "Bilder der Endzeit. Zu einem authentischen Text der Berliner Kindheit von Walter Benjamin," in: *Deutsche Vierteljahrs Schrift für Literaturwissenschaft und Geistesgeschichte*, 58Jahrgang. 1984, 579쪽에서 재인용) 프루스트의 화자는 자신의 주체적 통일성을 인류의 역사를 매개로 확인하게 된다. 반면 벤야민의 아이에게 세상은 무로 가라앉고 아이 자신의 사회적 자존감은 철저하게 깨진다.
31. 『발터 벤야민』, 157쪽.
32. A. Stüssi, *Erinnerung und die Zukunft. Walter Benjamins "Berliner Kindheit um Neunzehnhundert,"* Göttingen, 1977, 141쪽 참조.

지들은 이 왕릉에 묻힌 매장품들이다. 그러한 매장품들은 "아주 꼼꼼한 탐사를 통해 비로소 모습"을 드러내면서 "모든 과거의 연관관계로부터 벗어난 상들"(『베를린 연대기』, 『선집 3』, 191쪽)이 된다. 지나간 것을 이미 소멸한 것으로 의식하면서 과거 당시에는 지나쳤던 것, 의식하지 못했던 귀중품을 찾아내는 순간은 구원의 순간이다. 그동안 잊고 있던 지난 삶의 흔적이 과거라는 시간 지표에 자리잡는 것이 아니라 회상하는 현재와 독특한 구도를 이루면서 동시적인 상이 된다. 회상은 과거에 들어 있는 "아직 보이지 않는 낯선 것"(『1900년경 베를린의 유년시절』, 『선집 3』, 66쪽)을 찾아내고 구원하는 작업이다. 이로써 이미 지나간 것, 지나간 행복에 불과한 것이 아니라 우리가 미처 주인 노릇을 해보지 못한 삶, 우리를 스쳐지나갔지만 그 의미를 미처 깨닫지 못한, 실제로 체험해볼 시간도 갖지 못했던 삶의 흔적들이 회상을 통해 현재화되면서 구원의 이미지로 다가온다. 회상에 내재한 멜랑콜리를 넘어설 수 있는 힘은 몰락과 구원의 이와 같은 변증법에서 나온다.[33]

---

33. '몰락' 개념은 벤야민의 언어철학에 깔린 신학적 역사관과 밀접한 연관성을 지닌다. 언어철학적 글에서 벤야민은 언어의 역사를 아담의 이름언어가 몰락해가고 그 대신 판단의 언어, 추상적 언어가 지배하게 된 역사로 본다. 그러나 다분히 형이상학적이고 신학적인 언어관에서 언어는 몰락이라는 단선 궤도에만 놓여 있지 않다. 신학적 의미에서 역사는 몰락과 구원이라는 이중적 궤도에 놓여 있다. 「번역가의 과제」에서 쓰고 있듯이, 번역은 경험적 언어 안에 흩어져 있는 순수언어의 파편들을 짜맞춤으로써 순수언어를 구원하는 과제를 떠맡는다. 『선집 6』, 129~130쪽 참조.

## 5장

# 도시와 매체

## 도시와 사진

모스크바, 파리, 나폴리, 리가, 마르세유, 피렌체 등 벤야민은 평생 크고 작은 많은 도시를 여행했다. 벤야민의 여행벽에 지대한 영향을 미친 것은 세계여행을 자주 했던 외할머니가 여행지에서 보내온 사진엽서다. 예술품 복제사진과 마찬가지로 여행지 사진은 "사물을 자신에게 더 가까이 끌어오려 하고" "복제를 통해 전유하고자 하는"(「기술복제시대의 예술작품」, 『선집 2』, 50쪽) 대중의 욕구에 부응한다. 복제 기술은 유일무이한 산물을 대량생산품으로 바꾸고, 덕분에 "수용자는 그때그때의 개별적 상황 속에서 복제품을 쉽게 접함으로써 그 복제품은 현재화"(같은 글, 47쪽)된다. 다만 원본은 유일무이한 작품으로 전통의 맥락에 깊숙이 들어가 있지만 복제본은 전통과 단절된다. 복제본은 외형적으로는 원본과 똑같을지 몰라도 원본의 유일무이한 현존에 해당하는 '지금 여기'는 복제할 수 없다. 따라서 아무리 완벽한 복제본이라 하더라도 감히 접근할 수 없도록 하는 독특한 분위기나 전통적 권위는 상실된다. 수용 차원에서도 복제본은 아우라 경험과 거리가 있다. 예를 들어 가정이나 사무실 벽에 걸린 〈모나리자〉에 대해서 대중은 지속적이고 유일무이한 관계보다는 일시적이고 반복적인 관계를 맺기 때문이다.

여행지가 원본이라면 여행지 사진은 복제본이라고 할 수 있다. 처음 가본 여행지를 바라보는 시선에 대해 벤야민은 『일방통행로』에서 다음과 같이 말했다.

> 어떤 마을이나 도시를 처음 볼 때 그 모습이 형언할 수 없고 재현 불가능하게 보이는 까닭은, 그 풍경 속에 멂이 가까움과 아주 희한하게 결합하여 공명하고 있기 때문이다. 아직 습관이 작동하지 않은 것이다.(『일방통행로』, 『선집 1』, 120쪽)

멂과 가까움이 희한하게 결합된 이 이미지는, "아무리 가까이 있더라도 멀리 있는 어떤 것의 일회적인 현상"(「기술복제시대의 예술작품」, 『선집 2』, 50쪽)이라는 아우라의 정의를 환기시킨다.[1] 여행지에서 이러한 아우라적인 시선이 항상 유지되는 것은 아니다. 벤야민은 도시 풍경에 익숙해진 여행자에게 습관이 작동하면 이러한 시선은 사라진다고 말한다. 여행지 사진의 대량복제가 가능해지면서 사람들은 특정 여행지를 직접 가보지 않아도 간접적으로 체험할 수 있게 된다. 복제 기술로 이미지 여행이 가능해졌기 때문이다. 〈모나리자〉 사진처럼 여행지 사진에 대해 사람들은 일시적이고 반복적인 관계를 맺는다. 여

---

1. 이러한 아우라적 존재방식은 예술작품의 종교적 유래와 연관된다. 종교적 제의 가치를 지닌 예술작품에서 가까움과 멂의 역설적 거리감으로 경험되는 것은 다름아닌 신성神性이다. 비록 우리가 그 상의 재료에서 가까운 것을 감지한다고 하더라도 이러한 가까움은 그 상의 현상 안에서 작용하는 먼 것을 가리지 못한다.

행지 사진은 사진의 원상에 대한 정보를 전달하고 동시에 전유에 대한 대중의 욕구를 충족시킨다.

그러나 기술적으로 복제된 이미지와 관조적 몰입이 전적으로 상호 배타적인 것은 아니다. 거시적이고 구조적 차원에서 아우라 소멸을 확인한다고 해서 개인적이고 미시적 차원에서 아우라 경험이 불가능한 것은 아니기 때문이다.[2] 기술복제가 보편화되면서 명상이나 관조 대신에 산만함, 아우라 대신에 탈아우라, 제의 가치 대신에 전시 가치가 지배적이 되었다는 벤야민의 테제는, 아우라가 아예 존재 불가능해졌다고 주장한 것이 아니다. 이는 복제기술로 인해 예술 및 문화 패러다임이 변화했다는 점을 부각시키기 위한 것이다. 개별적인 미학적 체험 영역에서는 사정이 다르다는 점은 벤야민도 잘 알고 있었다. 특히 사진은 정적인 이미지라는 점에서 단속적으로 교체되는 영화의 동적 이미지와 달리 몰입과 침잠을 가능하게 한다. 벤야민의 다음 발언에서 짐작할 수 있듯이 여행지 사진도 이러한 수용 태도를 가능하게 한다.

마돈나 디 캄필리오, 브린디시, 베스터란트 등 엽서에 그려진 장소에 가보고 싶다는 소망이 들어설 여지가 없을 정도로 엽서의 사진을 반복해서 응시하다보면 이미 그곳에 간 것이나 다름없다.(『베를린 연대

---

2. 「기술복제시대의 예술작품」에서 아우라는 현대의 변화된 조건하에서 사라지게 된 전통적인 혹은 종교적인 경험양식으로 호명되지만, 벤야민은 그러한 경험양식을 가능하게 하는 조건들이 아니라 그러한 경험양식과 배치되는 기술적 선험성을 밝히는 데 초점을 맞춘다. 이 글에서 '아우라가 무엇인가'라는 질문에 대한 답변이 충분하지 않은 것도 그 때문이다. 벤야민은 아우라 경험이 오로지 원본이냐 복제본이냐에 따라 기술적 차원에서 선험적으로 나뉘는 것이라고 생각하지 않았다. 아우라는 진품성과 관련해 예술이론에서만 논의되는 개념이 아니라 인간과 인간, 인간과 자연, 인간과 역사 등 다양한 관계를 규정하는 독특한 지각매체이기 때문이다. 벤야민의 아우라 이론을 그의 사상체계 안에서 포괄적으로 다루려면 「기술복제시대의 예술작품」 이외에도 카프카 에세이, 프루스트 에세이, 보들레르 에세이 등을 살펴보아야 한다.

기』, 『선집 3』, 212쪽)

사진을 반복적으로 응시하다보면 그곳에 간 것처럼 느껴지는 것은, 사진 속에 재현된 먼 장소로 끌려가는 듯한 느낌을 받기 때문이다. 이러한 느낌은 독특한 시선 교환 경험으로서의 아우라를 의미한다. 사진에서 아우라를 경험한다면 이는 사진이 "우리의 시선에 응답해주리라는 기대"(「보들레르의 몇 가지 모티프에 관하여」, 『선집 4』, 240쪽)가 충족됐음을 의미한다.[3]

사진에서 아우라를 느낄 수 있느냐는 사진의 미학적 체험에 대한 질문에 해당한다. 그런데 사진에 대한 벤야민의 원래 관심은 사진의 미학적 체험보다 사진의 정치성 내지 혁명적 사용가치에 있다. 이러한 관심은 당시 사진의 현대화를 보여준 신즉물주의 사진에 대한 비판에서 비롯된다. 벤야민에 의하면, 신즉물주의 사진은 "비참한 모습조차 완벽한 유행의 방식으로 파악함으로써 이를 향유의 대상으로 만드는 데 성공"(「생산자로서의 작가」, 『발터 벤야민의 문예이론』, 263쪽)했다.[4] 신즉물주의 사진은 "그 어떤 임대주택이나 쓰레기더미를 찍어도 대상을 미화하고야 만다."(같은 곳) 따라서 도시의 비참한 모습을

---

3. 시선의 경험으로 정의되는 아우라 개념은 벤야민의 미메시스론과도 밀접하다. "먼 곳에서 우리를 쳐다보는 별들이야말로 아우라의 근원적 현상이 아닌가? 시선이야말로 미메시스 능력을 가르쳐준 최초의 가정교사로, 최초의 유사함이 완수되는 데가 아닐까?"(II, 958쪽) 유사성을 생산하거나 인식하는 능력으로서 미메시스는 태초의 인간이 주변 세계에 적응하기 위해 필요한 중대한 능력이다. 점성술은 막 출생한 아이가 자신이 태어난 순간의 별자리와 스스로 닮는 능력, 다시 말해 별자리와 유사성을 만들어내는 능력이라고 보는 가정에 근거한다. 시선이 미메시스 능력의 최초의 가정교사라면, 이 능력이 발휘되는 때는 찰나, 즉 순간이다. 시선이 오갈 때 순간적으로 발휘되는 미메시스는 순간과 시선이라는 뜻을 동시에 지니는 독일어 'Augenblick'에 함축되어 있다.

4. 렝거파츄Renger-Patzsch(1897~1966)의 사진집 『세상은 아름다워라』가 대표적이다. 그는 주관을 배제하고 철저히 대상을 객관적으로 표현하고자 한 신즉물주의를 이끈 독일의 사진가다.

찍은 사진이라 하더라도 그것은 현실 비판을 촉구하는 계기가 아니라 오직 소비의 대상인 대중문화상품이 된다. 의도와 결과의 이러한 갭은 여러 요인에 기인하는데 가장 중요한 요인은 사진의 재현적 측면이 지닌 한계다. 사진의 혁명적 사용가치가 생기는 데 순수한 현실 묘사 기능만으로는 불충분하다. 이러한 시각에서 벤야민은 브레히트의 다음 입장을 공유한다.

손쉬운 현실의 복제를 현실에 대한 증언으로 삼기가 점점 더 어려워지면서 상황이 매우 복잡해진다. 크루프의 공장 건물을 찍은 사진, AEG 공장을 찍은 사진은 이런 회사들에 대해 거의 아무것도 증언해주지 않는다. 진짜 현실은 기능적 차원에 가려져 보이지 않는다……현실의 총체는 이제 경험 가능성의 영역 밖에 있다.[5]

공장에 쌓아놓은 통조림 박스 사진에서 공장 운영의 메커니즘을 인식할 수는 없다. 도시의 구체적 장면 및 장소 묘사로 의미 있는 재현이 가능하지 않은 이유는, 도시에서 사회적 관계들의 구조는 점점 더 복잡해진 데 비해 눈으로 보이는 것은 오히려 단순명료해지기 때문이다. 도시가 현대화될수록 도시를 지배하는 법칙은 점점 추상화되면서 밖으로 드러나지 않게 된다. 사샤 스톤, 브레히트와 함께 베를린 시내 사진을 찍으러 다니던 시기를 회고하며 벤야민이 한 다음과 같은 말은 이러한 인식을 반영한다.

오늘날 도시의 모습, 유동적이면서 기능적인 도시의 모습에 가까이 갈수록 사진 촬영에 적합한 장소는 점점 더 줄어들었다.(『베를린 연대

---

5. Bertolt Brecht, *Schriften*, Bd. I, Berlin 1988, 479쪽.

기』,『선집 3』, 165쪽)

　사진의 현실 폭로 및 기록 가치에 대해 벤야민이 처음부터 유보적인 태도를 취했던 것은 아니다. 상투화되기 이전의 선구적인 사진은 보조 텍스트의 도움 없이 이미지 자체만으로 새로운 시점을 보여주거나 현실을 폭로할 수 있다. 이러한 입장은 청소년을 대상으로 한 라디오 강연 〈막사형 임대아파트〉(1930)에 깔려 있다. 벤야민은 임대아파트를 조감 시점으로 찍은 항공사진이, 땅주인들 간의 갈등과 적대의 실상을 읽어낼 수 있을 정도로 "강경하고 무정하고 어두컴컴하고 호전적인 모습"(VII, 123쪽)을 보여준다고 평가한다.

　그러나 기록사진이 어떻게 정치적으로 이용되는지 인식하게 되면서 벤야민은 이에 대해 비판적 입장을 분명하게 취한다. 여기서 벤야민은 브레히트의 사진 인식을 공유한다. 브레히트는 시각체험의 혁명적 변화보다는 그 기록적 가치가 얼마나 사회적 현실인식에 기여할 수 있는가 하는 관점에서 사진을 평가했다. 브레히트가 기록사진의 위험성을 생각하게 된 계기는 부르주아 화보신문에서 비롯된다. 『노동자화보신문』 10주년 기념사에 쓴 글에서 브레히트는 부르주아의 손에 들어가면 기록사진이 진리에 반하는 무기가 될 수도 있다고 경고한다. '사진은 거짓말을 하지 않는다'는 주장은 지시대상과 가장 직접적인 관계에 있는 사진 이미지의 특성에 근거하지만, 바로 그러한 특성 때문에 사진이 이데올로기적 조작의 대상이 될 수 있음을 간과하기 쉽다. 사진은 있는 그대로의 사물을 재현하는 것처럼 보이지만, 실은 사진 대상을 선별하고 이미지를 구성하고 편집하는 동안 특정한 코드에 의한 의미화 작용이 일어난다. 사진은 순수하게 코드 없는 메시지, 외시denotation 이미지가 아니라 일정한 코드에 의해 의미가 규정되는 내포connotation를 담은 상징적 기호일 수 있다. 더구나 보도

사진에 달린 해설은 사진의 메시지를 의도된 방향으로 읽도록 조정한다. 히틀러가 통치한 12년 동안 일어난 사건과 관련된 총 예순아홉 편의 보도사진에 사행시를 덧붙인 브레히트의 『전쟁교본』은 사진의 메시지를 조종하려는 의도에 맞서 사진 속에 숨어 있는 진실을 밝히기 위한 것이다. 벤야민이 기록사진을 비판한 이유도 사진의 진실 재현 가능성이 상투적 효과에 의해 가려질 수 있기 때문이다.

벤야민에게 사진의 진실 재현 기능에 부합하는 도시 사진의 선구는 프랑스의 사진작가 아제의 파리 사진이다. 벤야민에 의하면, 아제의 사진은 산책하다 마주친 도시의 면모를 담는다. 이러한 "면모야말로 사진 촬영에 적합한 유일한 것"(『베를린 연대기』, 『선집 3』, 165쪽)이다. 도시화가 진행될수록 중심과 주변의 구분이 없어지고 그럴수록 도시는 점점 더 많은 부분들로 파편화되는 경향을 보여준다.[6] 산책은 도시에 대한 관조를 세분화, 시점화하는 기술에 해당한다. 산책이 도시의 모습을 축소시키면서 축소된 대상에 대한 지각을 심화시키는 기술에 해당한다면, 카메라 렌즈는 이러한 지각을 더욱 발전시킨다. 산책자가 된 카메라맨은 "환자와의 자연스러운 거리를 계속 유지"(「기술복제시대의 예술작품」, 『선집 2』, 132쪽)하는 마술사가 아니라 "환자 내부로 깊숙이 들어감으로써 환자와의 거리를 확 줄이는"(같은 글, 133쪽) 외과의사로 비유된다. 대상의 조직까지 깊숙이 침투하는 카메라맨이 얻는 영상은 "여러 개로 쪼개진 단편적 영상들"(같은 곳)이다.

아제는 도시를 대상으로 이러한 단편적 영상들을 만들어낸 선구자다.[7] 그는 도시계획에 의해 경관의 변화를 겪는 파리와 그 근교에서

---

6. 마르쿠스 슈뢰르, 『공간, 장소, 경계』, 정인모·배정희 옮김, 에코리브르, 2010, 273쪽 참조.
7. 아제는 프랑스 정부의 위탁사업의 일환으로 급격하게 변화하는 도시 파리와 그 근교의 모습을 담은 기록사진 수천 장을 남겼다.

주로 인적 없는 거리, 건물, 쓰레기통과 쓰레기더미가 쌓인 길모퉁이, 넝마나 손수레가 잔뜩 늘어선 뒷골목, 낡은 그림과 양철 그릇을 늘어놓은 잡화상 등 도시 파리의 다양한 모습을 사진에 담았다. 그가 사진에 담은 소재는 화려한 도시경관이 아니라 이면에 있는 것, 뒤처진 것, 낡은 것이다. 오스망의 도시계획 이후 만들어진 파리의 대로, 건축물, 에펠탑 등 파리의 상징적 기념물이나 거창한 광경은 그의 사진에서 찾을 수 없다. 벤야민은 왜 아제가 이처럼 사소한 것, 사라져버릴 것, 폐품에 끌리는지는 설명하지 않는다. 아제가 현대화와 도시화의 메커니즘, 즉 생성과 소멸의 부단한 반복에 대해 문제의식이 있었는지 아니면 단순히 사라져가는 파리의 모습을 기록하고자 했던 것인지는 불분명하다. 다만 아제가 찍은 파리 사진에는 사람이 거의 등장하지 않는다.

특이한 것은 이 모든 사진이 공허하다는 점이다. 파리 성곽의 아르쾨유 성문도 비어 있고, 호화로운 계단도 비어 있으며, 주택 안뜰도 카페테라스도 비어 있으며, 마땅히 그래야겠지만 테르트르광장도 비어 있다. 이 장소들은 쓸쓸한 것이 아니라 정취가 없다. 사진 속 도시는 아직 세입자를 찾지 못한 집처럼 말끔히 치워져 있다.(「사진의 작은 역사」, 『선집 2』, 185쪽)

설령 사람들이 등장한다고 해도 그들은 사진의 중심이 아니라 우연히 부수적으로 출현하는 요소다. 아제의 파리 사진은, 도시에서 원래 주인공인 인간이 사라지면서 비로소 도시 자체가 재현 대상이 되고 있음을 보여준다. 전통적 의미에서의 자아나 의미의 틀을 통해 보던 세계가 우리에게 익숙하지만, 도시의 진짜 얼굴은 그러한 틀에는 포착되지 않았던 이미지 공간에서 드러난다. 인물이 후퇴하고 낡은 사물세계가 부각되는 아제의 사진은 도시의 모습을 극소화하는 동시에 낯익은 것이 탈각된 세계를 보여준다. 이 점에서 아제의 사진은 초현실주의가 의도한 "세계와 인간 사이의 유익한 소외"(같은 곳)를 준비했다고 벤야민은 평가한다. 그러한 소외에서 "일상은 꿰뚫어볼 수 없는 것"(「초현실주의」, 『선집 5』, 163쪽)이 된다.

　정작 아제는 자신이 초현실주의자로 불리는 것을 원하지 않았지만, 브르통은 초현실주의 운동이 일어나기 전에 이미 완전한 초현실적 세계가 아제의 사진에서 나타나 있다고 보았다. 아라공의 소설 『파리의 농부』에 거리의 군중이 전혀 등장하지 않거나, 브르통의 소설 『나자』에 삽입된 사진들이 주로 인적 없는 도시 공간들을 담고 있는 사실에서 아제 사진의 영향을 엿볼 수 있다. 인적 없는 거리에서 마주친 도시의 얼굴이야말로 가장 초현실주의적인 면모를 지닌다.[8] 그러한 면모는 낯설고 은밀한 장소들, 다시 말해 도시 내부의 숨어 있는 요새들에서 드러난다. 브르통의 소설 『나자』에 나오는 모베르광장, 테아트르모데른극장 혹은 오페라 파사주 2층의 바도 그러한 요새 목록에 포함된다.[9] 도시는 일상적인 것에서 비일상적인 것을, 낯익은 것에서 낯선 것을 포착하는 시각을 통해 비로소 초현실주의적인 면모를 드러낸다. 그러나 도시의 낯선 이미지들을 수집하는 것만으로는 불충분하다. 이런 시각에서 벤야민은 아제 이후의 초현실주의적 사진을 비판한다. 초현실주의자들은 세계의 낯선 이미지들을 수집하는 데 그쳐 사진의 사회적 파급력을 이해하는 데 실패했다는 것이다.

---

8. "텅 빈 파리의 거리를 찍은 아제의 사진은 반란군과 정부군이 숨어서 대치하면서 휘파람 소리와 총소리만으로 결정을 지시하고 있는 내전 현장을 연상시킨다."(「초현실주의」, 『선집 5』, 152쪽)
9. 같은 글, 152~153쪽 참조. 『나자』의 삽화사진 해설에 대해서는 에스터 레슬리, 「발터 벤야민과 사진의 탄생」, 『발터 벤야민, 사진에 대하여』, 김정아 옮김, 위즈덤하우스, 2018, 54쪽 참조.

사진처럼 기술적으로 복제된 이미지로 인간과 세계 사이의 유익한 소외가 가능해질 때 기존의 관습화된 지각으로 덮인 껍질이 벗겨진다. 사진 이미지의 이러한 측면을 신학적으로 보는 해석도 있다. 슈타이너에 의하면, 인간과 세계 사이의 소외를 가능하게 한 카메라의 시각에서 현실은 알레고리적으로 구성되면서 구원의 암호로 해독될 수 있다.[10] 발터 벤야민의 사상체계 전체를 봤을 때 이러한 해석도 가능하겠지만, 사진에 관한 한 벤야민의 주된 관심은 사진의 정치성에 있다고 보아야 할 것이다. 자연적이고 관습적인 외관을 벗으면서 처음으로 드러난 도시의 이미지 공간, '우리가 구제할 길 없이 갇혀 있던 공간'이 폭파된 자리에 '흩어진 감옥 세계의 파편들'은 집단적 도취와 각성의 변증법이 일어나는 이미지 공간이 된다. 낯익은 것이 탈각된 세계가 주는 도취와 동시에 일어나는 각성은 추상적인 성찰이나 도덕적 신념이 아니라 이미지를 매개로 일어난다. 낯선 것, 파편적인 것, 세부적인 것으로서 이미지는 관습적인 것이 작동하는 연상을 중단해 집단적 지각을 심화시킬 수 있다. 사진 이미지에 대한 이러한 기대는 어떠한 코드에 의해서도 매개되지 않는 사진 이미지의 진실 재현 가능성에 기인한다. 새로운 사실의 전달을 내세우는 기록사진 앞에서도 관찰자는 종종 자신이 갖고 있는 지식이나 정보를 환기하는 데 그칠 뿐 "사진의 진실 재현 가능성에 들어 있는 지침들"(같은 책, 195쪽)을 놓치게 된다. 이러한 지침들을 놓치지 않으려면 기계적인 연상작용을 정지시키고 무의식적으로 발생할 수 있는 감정이입을 배제해야 한다. 그때 비로소 그러한 지침들이 지닌 의미를 해독할 수

---

10. Uwe C. Steiner, "Die Sprengung der Kerkerwelt. Medienästhetik, Film und gnostische Politik in Benjamins Kunstwerk-Aufsatz und in Patrick Roths 'Der Stab Moses," in: Christian Schute(Hg.), *Walter Benjamins Medientheorie*. Wien, 2005, 226쪽 참조.

있다.

　사진은 종종 사진의 맥락 속에서 포착되는 의미가 아니라, 그 효과는 분명하나 그것을 가리키는 기호나 이름은 존재하지 않는 강력한 시선의 경험을 제공한다. 그러한 경험은 사진에서 어떤 세부요소가 끈질기게 던지는 물음의 형태로 주어진다. 현대 매체철학자 플루서는 레바논내전 사진을 예로 들면서 아제의 사진은 그 어떤 "역사적 비판적 의식도 배척"하는 "해독 불가능한 상징"이 되었다고 진단한 바 있다.[11] 아제의 사진이 옛 파리의 숨겨진 모습에 대한 아련한 기억만 불러올 뿐이라면 플루서의 이러한 진단은 옳다. 사진의 관찰자는 그러한 아련한 기억 속에서 영원히 되돌릴 수 없는 과거를 마치 섬광처럼 지나가는 상으로만 체험하고, 과거와 일종의 은밀한 교감을 나눌 수도 있다. 이 경우 사진은 아무리 가까이 있더라도 멀리 떨어진 현상으로서 아우라를 불러일으키면서 그 의미를 해독하기 어려운, 이른바 '말 없는 사진'에 머문다. 그렇다면 아제의 사진은 어떻게 말 없는 사진을 넘어설 수 있을까? 벤야민은 사진 관찰자가 빠지기 쉬운 연상작용 혹은 아우라적 체험을 깨뜨리기 위해서는 표제가 불가피하다고 말한다.[12] 표제는 사진에 부과될 수 있는 다양한 의미들 가운데 하나를

---

11. 빌렘 플루서, 『사진의 철학을 위하여』(1983), 윤종석 옮김, 커뮤니케이션북스, 1999, 79쪽.
12. 벤야민은 문자매체에서 영상매체로 주도권이 넘어가는 상황에서 매체이론의 테제들을 도출하면서 모든 비언어적 비문자적 매체에 대해 "문자화"를 요구한다. 현대 매체이론가들은 벤야민의 문자화 요구에 대해 비판을 제기한다. 사진이나 영화에 대해 정치적 사회적 기능을 요구하고 이미지의 한계를 문자로 보완할 수 있다고 기대하는 것은, 기술적 형상 이미지의 특수성과 기술매체의 고유한 속성을 파악하지 못한 채 여전히 언어와 문자중심주의 전통에 있기 때문이라고 한다. 수전 손택에 의하면, 사진에 문자를 첨가해 사진더러 말을 하라고 요구하는 것은 사진의 특성상 불가능한 요구에 속한다. 말이 사진을 보완해주리라는 기대는 주로 사회성이 강한 작가에게 나타나지만, 이는 사진 이미지의 복합적 의미를 간과하기 때문이라고 한다. 롤랑 바르트·수잔 손택, 『바르트와 손택: 사진론』, 송숙자 옮김, 현대미학사, 1994, 234쪽 참조.

선택하도록 조정, 지도한다. 이는 동일한 사진이 표제에 따라 그 의미가 바뀔 수도 있다는 사실에서 입증된다. 경우에 따라서 표제는 사진의 내용을 왜곡하거나 은폐하는 부정적 역할을 할 수도 있다. 그러나 벤야민에게 표제를 통한 사진 읽기는 이데올로기적인 코드화와 배치된다. 표제는 사진의 메시지를 어떤 정보나 상징적 의미로 환원하는 것이 아니라, "기계적 연상작용을 정지"시키고 "사진 속 이미지에 비판의 불씨를 당기는 도화선"(III, 505쪽)으로 작용한다. 사진에 "표제를 다는 일이 사진 작업의 가장 중요한 요소"(III, 196쪽)인 이유는,[13] 사진을 단순히 보기의 대상이 아니라 제대로 해독되어야 할 텍스트로 만들어야 하기 때문이다. 오래된 것, 덧없이 사라져버리는 것을 담은 아제의 사진을 새것의 신화 속에서 폐품을 부단히 축적해가는 자본주의 시대의 "자연사의 기념물"[14]로 자리매김하기 위해서는 바로 이러한 읽기가 필요하다.


## 영화와 도시

도시의 재현이 사진과 영화에서 어떻게 다른지 벤야민은 다음과 같은 비유로 설명한다.

진입로에 들어선 자동차 운전자에게 외곽 행정구역부터 서서히 모

---

13. 「사진의 작은 역사」는 이 발언이 아니라 초창기 초상사진의 아우라에 대한 아련한 동경이 엿보이는 문장으로 끝을 맺는다. 아우라의 소멸이라는 변화를 적극적으로 받아들여 정치적인 예술의 척도로 삼고자 하면서도 아우라의 소멸에 대한 벤야민의 멜랑콜리한 의식이 여기에 드러나 있다.
14. Rolf Tiedemann, *Studien zur Philosophie Walter Benjamins*, Frankfurt a. M., 1973, 150쪽.

습을 드러내는 도시 입구가 기차역에는 존재하지 않는다. 기차역은 말하자면 갑작스러운 진로 변경을 지시한다. 이때 그러한 진로 변경은 항상 동일한 방식으로 일어난다. 사진도 다르지 않다. 순간촬영도 다르지 않다. 신도시로 들어서는 운전자에게 그런 것처럼 도시 핵심부로 가는 시각적 진입로가 열리는 것은 영화에서 비로소 이루어진다.(『베를린 연대기』, 『선집 3』, 165쪽)

기차를 타고 도시로 진입할 때와 자동차를 타고 진입할 때 눈앞에 펼쳐지는 도시 풍경은 어떻게 다른가? 기차역에서 내리는 승객에게는 낯선 도시 풍경이 갑자기 나타난다. 반면 도시의 입구, 즉 도시 외곽에서 시내로 들어가는 자동차 운전자에게 도시 풍경은 파노라마처럼 서서히 펼쳐진다. 시간이 정지된 순간에 재현되는 사진 이미지가 기차역 밖을 나온 관찰자에게 갑자기 나타난 도시 풍경이라면, 시간 촬영이 가능한 영화에서 도시는 서서히 도심으로 향하는 자동차 운전자에게 펼쳐지는 풍경처럼 재현된다. 도시의 본질에 시각적으로 접근할 유리한 위치를 차지하는 것은 사진이 아니라 영화다. 한 작품 안에서 사진은 영화처럼 위치를 교체할 수 없다. 벤야민은 영화 재현의 장점을 다음과 같이 기술한다.

집 한 채, 방 한 칸에서도 수십 가지의 놀라운 상황, 수십 가지 이름의 낯선 장소들을 포착할 수 있다. 영상의 지속적인 움직임보다는 위치의 비약적인 교체가 다른 방법으로는 열리지 않는 환경을 극복할 수 있으며, 소시민의 집에서도 사람들이 알파로메오 자동차에서 감탄하는 것과 똑같은 아름다움을 추출할 수 있다.(「오스카 슈미츠에 대한 반박」, 『선집 2』, 239쪽)

사진은 고정된 위치에서만 촬영이 가능하기 때문에 영화적 재현에서와 같은 비약적인 위치 교체는 불가능하다. 반면 영화에서는 우리가 어떤 건축물이나 장소를 관람할 때 몸의 위치를 변화시키는 것과 유사하게 카메라의 위치를 부단히 교체할 수 있다.[15] 영화촬영은 이와 같은 위치 교체를 통해 공간 확대를 가능하게 할 뿐 아니라, "오늘날 사람들에게 그 자신들이 살고 일하고 즐기는 직접적인 주변환경과 공간들을 이해할 수 있게, 의미 있게, 열정적으로 펼쳐내는 유일한 프리즘"(같은 곳)을 제공한다. 이로써 영화는 우리가 사는 도시의 모습, 도시의 대중을 새로운 대상으로 개척한다. 예를 들어 〈전함 포템킨〉은 대중의 동요를 전율적으로 재현한 최초의 영화다.[16] 축제든 정치집회든 스포츠 행사든 대규모로 일어나는 사건은 조감도로 표현할 수도 있다. 그러나 조감도에서는 대중행사를 재현하기 위해서 높은 곳이라는 단 하나의 시점만이 가능한 반면, 영화는 시점을 자유롭게 변경하면서 확대와 축소, 원격 촬영과 근접 촬영을 수행할 수 있다. 벤야민이 영화의 소재로 도시를 자세히 다룬 적은 없지만, 대중과 영화의 관계에 대한 다음의 언급은 도시 공간에도 적용될 수 있다.

대량복제에 특히 잘 어울리는 것은 대중복제다. 축제행렬, 대규모 집회, 대중 스포츠 행사, 전쟁—이처럼 오늘날 촬영기구로 예외없이 모두 포착되는 이러한 것들 속에서 대중은 자기 모습을 다시 마주하게

---

15. Guiliana Bruno, "Bildwissenschaft. Spatial Turns in vier Einstellungen," in: Jörg Döring/Tristan Tielmann(Hg.), *Spatial Turn, Das Raumparadigma in den Kultur- und Sozialwissenschaften*, Bielefeld, 2008, 73쪽 참조.
16. "다른 어떠한 수단도 이 격앙된 집단을 재현할 수 없을 것이다. 아니, 다른 어떤 수단도 대중의 경악과 공포에서 비롯된 동요를 그렇게 아름답게 전달할 수 없을 것이다. 그와 같은 장면들은 〈전함 포템킨〉 이래 러시아 영화 예술의 잃어버릴 수 없는 재산이 되었다."(「오스카 슈미츠에 대한 반박」, 『선집 2』, 241쪽)

된다. 그 중요성을 새삼 강조할 필요도 없는 이러한 사태의 발전은 복제기술 내지 촬영기술의 발전과 밀접하게 연관된다. 대중의 움직임은 일반적으로 육안보다 카메라로 더 잘 파악된다. 수십만 명에 달하는 핵심부대의 모습은 조감도로도 잘 파악될 수 있다. 이러한 원근법이 카메라에서와 마찬가지로 육안으로도 가능하다고 해도, 육안이 포착한 영상은 카메라 촬영이 하는 방식처럼 확대하는 것이 불가능하다.(「기술복제시대의 예술작품」, 『선집 2』, 147쪽)

도시의 모습이 영화로 어떻게 재현되는지 보여준 대표적인 영화로는 발터 루트만의 〈베를린, 대도시 교향악〉(1927년)을 들 수 있다. 이 영화는 러시아 영화감독이자 영화이론가인 베르토프의 〈카메라를 든 남자〉(1929)와 유사한 모티프를 지닌다. 다큐멘터리 형식으로 편집된 루트만의 영화는 개별인물이나 특정 사건이 아니라 대도시적 현상에 초점을 맞춘다. 영화는 베를린의 거리, 각양각색의 사람들, 공장, 사무실, 교통 등 대도시 환경을 담고 있고, 늘 이동중인 대중을 촬영하고, 클로즈업된 기계나 기차 바퀴 등의 빠른 움직임을 통해 근대화의 역동성을 강조한다. 루트만의 영화는 대도시 일상의 다양한 이미지들을 단속적으로 빠르게 교체시키는 일종의 대도시 몽타주다. 일상생활의 사소하기 짝이 없는 진실한 파편들이 회화보다 더 많은 것을 말해줄 수 있다는 점은 사진 혹은 영화적 '진실성'에 해당한다. 그러나 그 파편들의 몽타주에 어떠한 구성적 의도가 작동하는가에 따라 효과가 달라진다. 벤야민은 신즉물주의 사진이 "세상은 아름답다"는 표어를 내걸고 "온갖 깡통을 우주에 몽타주하면서 그 깡통이 등장하는 인간적인 연관관계는 하나도 파악하지 못하는 사진"(「사진의 작은 역사」, 『선집 2』, 192쪽)이라고 비판했는데, 루트만의 베를린 몽타주에 대해서도 마찬가지의 비판이 가해질 수 있다. 영화에서 조립된 대도시의 다양한 이미지들이 오직 '역동성'이라는 표어를 뒷받침할 뿐이라면 그것은 어떠한 삶의 진실도 드러내지 않는 미학적 매력에 그치면서 "대중적 소비품목"(「생산자로서의 작가」, 『발터 벤야민의 문예이론』, 263쪽) 이 된다.

　벤야민은 기록과 구성 작업을 동시에 아우르는 베르토프의 영화를 높이 평가했던 것 같다.[17] 베르토프의 영화는 오데사 등 소비에트연방 여러 도시의 모습을 담고 시민들의 역동적 삶을 포착한다. 베르토프의 영화에 대해 벤야민은 "장식적인 장치와 배우의 연기 장치 없이 순전히 삶 자체에서 추출해내려는 노력을 특징적으로 보여준다"(「러시아 영화예술의 상황에 대하여」, 『선집 2』, 230쪽)고 평가한다.[18] 벤야민은 베르토프의 영화적 유물론 역시 적극적으로 수용한다. 영화의 환상성을 위해 도시 모티프를 영화에 도입해서는 안 된다고 주장한 표현주의 작가 베르펠에 맞서, 벤야민은 우리의 삶에 영향을 미치는 물질세계, 주변환경 묘사에 적합한 매체로 영화를 옹호한다.[19]

---

17. 카메라를 통한 시선의 확장 및 심화에 대한 인식에서 벤야민의 영화이론은 베르토프와 많이 유사하다. 베르토프의 〈카메라를 든 남자〉와 그의 영화이론은 시각적 무의식, 제2기술, 유희적 신경감응 등 벤야민 영화이론의 주요 개념들 아래 깔린 텍스트로 보인다. 베르토프에 의하면 키노아이, 즉 카메라의 기계 눈은 무한한 시점 변경, 무한한 운동성을 통해 공간과 시간의 확대 및 축소를 가능하게 하고, 이로써 맥락과 위장물에 둘러싸인 인간이 보지 못하는 세계를 볼 수 있도록 해준다. 키노아이가 지각과 동시에 이미 구성 작업을 아우른다고 보는 점에서 베르토프의 영화작업은 구성주의의 영향 아래 있다.

18. 「기술복제시대의 예술작품」에서도 벤야민은 베르토프의 〈레닌에 관한 세 편의 노래〉를 언급하면서 "누구나 영화화되어 화면에 나올 수 있는 권리"(같은 책, 129쪽)를 보장한 영화라고 소개한다. 「러시아 영화예술의 상황에 대하여」(1927)에서 베르토프의 다른 영화인 〈세계의 6분의 1〉에 대해서는 그다지 긍정적이지 않은 논평을 제시한 바 있다.

19. 벤야민이 지적하듯이, 베르펠은 "영화가 예술의 영역으로 상승하는 데 방해가 된 것은 두말할 나위도 없이 외부세계, 이를테면 길거리, 실내, 정거장, 음식점, 자동차, 해변 등을 무미건조하게 그대로 복사하고 있기 때문"(「기술복제시대의 예술작품」, 『선집 2』, 121쪽)이라고 생각했다. 아벨 강스, 세브랭 마르스 등 초기의 영화이론가들은 영화를 시적이고 신비한 꿈의 독보적 표현수단이라고 보았다. 영화를 기도의 새로

영화는 물질이 어떻게 인간에게 파괴적으로 작용하는가를 보여줄 최초의 예술수단이다. 그렇기 때문에 영화는 유물론적인 묘사의 뛰어난 수단이 될 수 있다.(「기술복제시대의 예술작품」, 『선집 2』, 70쪽)

영화는 인간의 눈이 가리고 있던 "물질의 전적으로 새로운 구조"(같은 글, 138쪽)를 열어 보여준다. 이로써 영화는 "우리의 삶을 지배하는 필연성에 대한 통찰을 키워준다."(같은 곳) 「오스카 슈미츠에 대한 반박」에서 벤야민은 카메라에 의해 열린 세계를 "의식의 새로운 영역"(「오스카 슈미츠에 대한 반박」, 『선집 2』, 239쪽)이라고 부른 반면, 「기술복제시대의 예술작품」에서는 "시각적 무의식"(「기술복제시대의 예술작품」, 『선집 2』, 84쪽)이라고 개념화한다. 의식 영역을 넘어서는 새로운 영역, 즉 관습화된 지각의 베일에 가려 눈에 띄지 않았던 현실의 이미지 세계가 열린다는 점을 강조하기 위한 것으로 보인다. 영화는 시각적 청각적 지각세계의 광범위한 영역을 열어 프로이트의 무의식 분석과 비슷한 지각의 심화를 가져다준다는 것이다.

클로즈업된 촬영에서 공간은 확대되고, 고속촬영 속에서 움직임 또한 연장되었다. 우리는 확대촬영을 통해 불분명하게 보던 것을 보다 분명하게 볼 수 있게 되었을 뿐만 아니라, 물질의 전혀 새로운 구조들을 볼 수 있게 되었다…… 우리는 정신분석학을 통해 충동의 무의식적 세계를 알게 된 것처럼, 카메라를 통해 비로소 시각적 무의식의 세계를 알게 된다.(같은 글, 83쪽)

---

운 형식으로 본 아르누 등 초기 영화이론가들 역시 비슷하게 영화를 예술에 포함시키려는 노력에서 시작해 영화의 제의적 가치를 강조하는 데 이르렀다.

영화적 현실은 단지 카메라라는 장치를 통한 현실의 기록 및 이를 통한 지각의 재구성에 그치는 것이 아니다. 카메라는 거울처럼 현실을 반영하는 것이 아니라 추락과 상승, 중단과 분리, 경과의 연장과 단축, 확대와 축소라는 보조수단을 통해 "현실에 깊숙이 침투해들어감으로써"(같은 글, 82쪽) 현실의 모습을 굴절시킨다. 영화는 현실의 단순 복제도 가상도 아니고, 시공간의 확대 및 축소를 통해 "엄청난 유희공간"(같은 곳)을 우리에게 확보해준다. 이러한 유희공간에서 현실이 어떻게 변용되어 나타나는지는 영화 속 도시의 모습에 대한 다음 서술에서 드러난다.

> 술집과 대도시 거리, 사무실과 가구가 있는 방, 정거장과 공장 들은 우리를 절망적으로 가두어놓은 듯이 보였다. 그러던 것이 영화가 등장하여 이러한 감옥의 세계를 10분의 1초마다 터지는 다이너마이트로 폭파함으로써, 우리는 흩어진 감옥 세계의 파편들 사이에서 유유자적하게 모험 가득한 여행을 할 수 있게 되었다.(같은 글, 83쪽)

우리가 사는 도시 환경은 "그 자체로는 흉하고 파악하기 어렵고 아무 희망도 없이 쓸쓸해 보인다."(「오스카 슈미츠에 대한 반박」, 『선집 2』, 239쪽) 또한 평소 우리는 우리 자신에 몰두하는 바람에 종종 우리의 삶을 지배하는 주변환경을 지나친다. 마치 어떤 추상적이고 익명의 공간에 살고 있기라도 한 듯이. 그러다 카메라가 나타나서 지금까지 우리에게 익숙한 방, 집, 거리를 수십 가지 영역으로 해체시킨다. 벤야민은 이를 감옥 세계의 폭파에 비유한다. 영화의 해방적 기능, 혁명적 잠재력이 여기에 있다. 카메라 시각에 의해 일어난 시공간 확대는 현실의 파편화를 동반하며, 의식이라는 프레임이 와해된 자리에는 파편적이고 분산적인 이미지들이 등장한다. 카메라는 하나의 총체적 상을 포기하는 대신 여러 쪼개진 상들을 얻는다. 영화배우의 연기도 마찬가지다. 관중 앞에서 자신의 연기를 총체적으로 보여주는 연극배우와 달리 영화배우의 연기는 카메라 및 영화 촬영 장치의 요구에 최적화된 형태로 일련의 조립 가능한 작업들로 쪼개진다. 영화배우가 인물의 인격적 총체성이 풍기는 아우라를 가질 수 없는 것도 그 때문이다. 영화에서 이러한 파편들은 새로운 구도로 편집되는데, 이러한 편집의 원리는 몽타주다.

파편이라는 표현에 주목해 벤야민의 영화이론을 알레고리 이론과 연결해 생각해보자.[20] 카메라 장치의 개입은 알레고리적 의도를 실현한다고 볼 수 있는데, 그것은 카메라가 현실의 요소를 그것이 원래 속한 맥락으로부터 분리해내 편집기술 혹은 몽타주를 통해 새로운 구도에 놓음으로써 본래적 의미와 다른 의미를 정립하기 때문이다. 영화에서 시각적 현실을 구성하는 세부사항들은 영화 속에 숨겨진 의미작용의 장치에 해당한다. 이 점에서 단순히 시각적 보기의 대상이 아니라 문자처럼 해독되어야 할 대상, 즉 알레고리가 된다. 영화의 장면들이 시각적인 형상을 넘어 의미 해석을 촉구하는 문자로 읽힐 수 있다는 것이다. 그러나 영화를 문자처럼 읽는 것은 어려울 수밖에 없는데, 첫번째 이유는 영화의 의미작용이 예술의 다른 어느 장르보다 훨씬 더 은폐되어 있기 때문이다. 두번째 이유는 『독일 비애극의 원천』에서 벤야민이 탁월하게 설명하고 있는 알레고리의 변증법 때문이다. 알레고리는 원래 주관적인 의미 부여가 우세한 예술형식이지만, 알레고리의 변증법에 의하면, 의미보다 의미를 지시하는 사물적

---

20. 우베 슈타이너의 해석이 대표적이다. Uwe Steiner, "Die Sprengung der Kerkerwelt. Medienästhetik, Film und gnostische Politik in Benjamins Kunstwerk-Aufsatz und in Patrick Roths *Der Stab Moses*," in: Christian Schulte(Hg.), *Walter Benjanins Medientheorie*, 224쪽 참조.

인 것이 우위를 점한다.[21] "사물적인 것이 인격적인 것에 대해, 파편적인 것이 총체적인 것에 대해 갖는 우위성"(『독일 비애극의 원천』, 278쪽)은 모든 알레고리에 고유한 변증법으로서, 영화처럼 기계장치의 개입이 결정적인 경우 파편적인 것의 존재는 더욱 두드러진다.

물론 모든 영화 관객이 영화를 문자처럼 '읽는' 독자가 되는 것은 아니다. 영화적 현실은 컷과 몽타주 등 가장 인위적인 방식으로 만들어지면서도 직접적 현실을 의미하는 것과 같은 시각적 환영을 만들어낸다.[22] 영화의 영상이미지는 기계장치 없이 만들어질 수 없지만, 관객 앞에 펼쳐지는 영상의 세계에서 그러한 장치의 개입은 완벽하게 감추어진다. 연극에서는 부분적으로 이루어지는 현혹으로부터 관찰자가 빠져나오는 지점, 즉 관찰자가 연출자의 지시사항을 알아차리는 순간이 늘 존재하지만 영화에서는 그러한 순간이 존재하지 않는다. 기계장치가 영화적 현실을 만들기 위한 하나의 조건이면서도 영화적 현실에 속한 구조의 일부분은 아니기 때문이다. 즉 기계장치가 묘사되거나 가시화되지 않기 때문이다. 촬영장치, 조명장치, 촬영 스태프 등이 있는 영화 촬영 장소에서는 영화적 현실이 환영적인 것, 비현실적인 것이라는 사실을 꿰뚫어보는 것이 가능하다. 그러나 촬영 장면과 분리되어 촬영 대상이 영상이미지로 바뀌는 순간 그 이미지는 대중을 사로잡는 환영이 된다.

---

21. 알레고리에서 사물적인 것이 우위를 점하게 되는 이유는 알레고리에서 사물이 겪는 이중적 과정 때문이다. 벤야민의 다음 발언을 참조하라. "특히 알레고리 문자해석에 익숙한 사람들에게 의미작용의 소도구 모두는 다른 어떤 것을 지시한다는 속성으로 인해 범속한 사물들에 비교될 수 없는 어떤 권위를, 그러니까 그것을 보다 높은 수준으로 끌어올리고 나아가 신성화할 수 있는 그러한 권위를 획득한다."(I, 351쪽; 『독일 비애극의 원천』, 260쪽)
22. 영화의 묘사 방식은 파편화 및 완전한 인공성에 바탕을 두면서도 환영 메커니즘을 통해 매체의 고전적인 자기성찰성을 소멸시킨다.

영화제작소에서 기계장치가 현실에 깊숙이 침투함으로써, 기계장치라는 이물질이 제거된 순수한 현실의 모습은 어떤 특수한 처리 과정의 결과, 즉 특별히 설치한 카메라 장치를 통해 촬영한 결과, 그리고 그렇게 촬영된 것을 그와 동일한 종류의 다른 촬영 장면과 함께 조립한 결과로 생겨난다. 기계장치에서 벗어난 현실의 모습은 여기서 그 현실의 가장 인위적인 모습이 되었고, 직접적 현실의 광경은 기술 나라의 푸른 꽃이 되었다.(「기술복제시대의 예술작품」, 『선집 2』, 78~79쪽)

「기술복제시대의 예술작품」에서 벤야민은 당시 러시아의 아방가르드 영화에서 중요한 제작 원칙인 몽타주 원리를 언급하지 않는 대신, 습관화된 지각의 베일을 벗겨내는 카메라 렌즈의 성과에 더 주목한다. 벤야민의 영화이론은 지각변화를 이끌어내는 매체 자체의 잠재력을 밝히는 데 집중한다. 이 점에서 1920년대와 1930년대에 나온 다른 영화이론가들과 다르다. 당시 벨라 발라츠는 영화를 새로운 시각문화의 표현으로 보고, 아른하임은 영화적 이미지가 갖는 형식미학적 특수성을 밝히는 데 주력했으며, 크라카워는 영화를 사회분석의 매체로 삼았다. 영화에 대한 벤야민의 성찰은 영화 고유의 미학으로까지 발전되지는 않았지만, 영화가 어떻게 예술의 새로운 표현 대상, 새로운 방법론, 새로운 기능을 여는 데 기여했는지 포괄적으로 밝혀냈다.

벤야민은 영화적 현실을 주로 카메라 렌즈에 내재한 시각매체적 속성으로 설명한다. 영화에 대한 초기 성찰에 비해 기술주의라는 오해를 받을 정도로 영화감독이나 작가보다 카메라의 성과에 더 큰 위상을 부여한 이유는, 미학의 확장보다 기술 고유의 가능성, 제1기술과 제2기술의 구분에 대한 기술철학적 규명에 더 집중했기 때문이다.[23]

---

23. 제1기술과 제2기술의 구분에 대해서는 「기술복제시대의 예술작품」(제2판),

벤야민의 구분에 의하면, 제1기술은 자연과 인간 지배를 위한 마법적 힘으로 사용한 기술로, 태고의 예술도 그에 속한다. 제2기술은 유희에 기원을 두고 반복성과 실험을 통해 발전한 기술로, 근대의 과학기술이나 복제기술을 말한다. 근대 과학기술은 엄청난 생산력을 가져왔을 뿐 아니라 기술에 내재한 형식으로 인간의 지각과 반응양식을 변화시킬 정도에 이르렀고, 그 결과 현대인들의 전형적인 충격 체험이 나타났다. 제2기술로서 영화가 갖는 가장 중요한 사회적 기능은 현대인들로 하여금 이러한 충격체험을 유희공간 안에서 연습할 수 있도록 하고 "사람과 기계 장치 사이의 균형을 만들어내는 데"(같은 글, 82쪽)에 있다. 인간이 기계장치에 봉사하느냐 기계장치를 통해 해방된 삶을 사느냐의 갈림길에서 영화는 후자를 위한 연습의 장을 제공해준다. 이 과제는 "사람이 기계장치 앞에서 자신을 연출하는 방식"과 "기계장치의 도움을 받아 주변환경을 자신 앞에 연출하는 방식"(같은 곳)을 통해 수행된다. 전자는 하나의 통일된 인격이 아니라 "기계화된 테스트 성과"(같은 글, 66쪽)를 보여주어야 하는 영화배우의 연기에서, 후자는 카메라 렌즈에 의해 형성된 "시각적 무의식의 세계"(같은 글, 84쪽)에서 실현된다. 이 두 가지 방식 모두 기술 내재적 형식에 의해 결정되는 기술의 새로운 사용방식이다. 이러한 사용방식이 구현된 영화는 사물에 씌워져 있던 베일이 벗겨지는 새로운 지각방식을 집단적으로 공유하게 해준다는 점에서 혁명적 잠재력을 지닌다. 여기서 '베일'은 당시 무성영화 이론가들에게 익숙한 토포스다.[24]

---

55~58쪽 참조.
24. 지크프리트 크라카워와 벨라 발라츠가 대표적이다. "사물들은 대부분 베일을 쓰고 있다. 우리의 전통적인 관찰방식이라는 베일이 그것이다. '표현주의,' 특히 영화예술가가 사물들에서 이 베일을 벗겨낸다."(Bela Baláz, *Schriften zum Film*, München, 1982, Bd. 1, 195쪽.

카메라의 개입으로 베일 없이 드러난 모습을 지각할 수 있게 되면서 대도시 경관은 집단이 공유하는 이미지 공간이 된다. 이로써 영화는 19세기 말 이후 문학이 추구한 도시 재현의 가능성을 기술적으로 보여주는 매체가 된다. 도시가 문학적 서술대상으로 진지하게 고찰되기 시작한 시기는 도시적 경험과 지각이 과거와는 판이하게 다르다는 인식이 싹튼 시기다. 19세기 말과 20세기 초에 대도시화가 진행되면서 도시의 서술 가능성에 대한 질문이 본격적으로 제기된다. 19세기 후반까지 독일에서는 본격적인 도시문학을 찾아보기 힘들었다. 물론 여행문학이라는 장르가 있긴 했지만 도시 경험의 특수성에 대한 진지한 반성을 수반한 것은 아니었다. 1890년대에 이르러 비로소 독일의 도시문학은 폰타네의 베를린 사회소설, 자연주의자들의 희곡 내지 시로 출현한다. 그러나 이 시기의 도시문학에서 도시 현실을 바라보는 시각은 '창가에서 바라보는 시선'의 한계를 벗어나지 못하고 있다. 다시 말해 복잡한 도시현장 속으로 들어가지 않은 채 멀리서 바라보는 파노라마 시각, 창틀의 관찰 방식에 머물러 있다. 도시 현실에 대한 이러한 정적靜的 지각 모델은 20세기 들어 도시의 역동성이 현기증을 일으킬 정도로 고양됨에 따라 더 유지되지 못한다. 근대 산업혁명의 중심지로서 도시의 사회적 기능적 구조가 변하면서 도시인의 심리적 태도나 지각양식이 결정적으로 변화했기 때문이다. 이에 도시를 진지한 예술적 주제로 삼고 낯선 도시 체험을 새로운 언어, 어휘, 텍스트 구조로 반영하려는 진지한 노력이 시작된다. 현대의 문명이 집약된 대도시를 예술적 주제로 뚜렷하게 부각시킨 최초의 공로는 표현주의자들에게 돌아간다. 그러나 그들의 대도시 비전은 현실에 대한 구체적 인식이라기보다 문명 비판적 어조를 지닌 주관적 파토스의 산물에 가깝다. 불안과 공포로 뒤덮인 이러한 비전에서 도시는 도살장, 정신병원, 지옥 등으로 나타나는데 이러한 상징들은 위협적으로 다가오는 도시의 복잡성을 의미론적으로 축소하려는 시도라 할 수 있다. 이처럼 도시 체험이 주관적으로 굴절되고 있음에도 표현주의 문학은 대도시적 체험양식을 반영한 문체를 만들어냈다는 점에서 독일 도시문학의 선구자다.

대도시 현실에 대한 태도가 주관적 파토스를 넘었음을 보여준 대표적 작가는 1929년에 『베를린 알렉산더광장』을 발표한 되블린이다. 되블린은 도시가 거대한 기능공간으로 발전해가면서 도시 현실을 복잡하게 움직이는 메커니즘을 점점 지각하기 힘들어졌음을 분명히 인식했다. 그는 복잡하게 매개되고 기능화되면서 표면에는 드러나지 않는 도시 현실의 구조를 표현하기 위해 영화에서 사용하는 몽타주 기법을 소설에 본격적으로 도입한다. 알렉산더광장 주변 다층적 삶의 편린들로 이루어진 도시 몽타주는 이 소설의 중요한 구조를 이룬다.[25] 다다이즘이 영화라는 "새로운 예술형식을 통해서 비로소 아무 무리 없이 생겨날 수 있는 효과를 앞질러 억지로 획득"(『기술복제시대의 예술작품』,『선집 2』, 140쪽)하고자 한 예술이라면, 되블린의 『베를린 알렉산더광장』은 대중이 영화에서 발견한 효과를 기존 예술형식인 소설에 차용한 시도라고 할 수 있다.

---

25. 몽타주 관점에서의 되블린 소설 분석은 "Krisis des Romans," in: III, 230~236쪽 참조.

# 6장
# 파사주와 도시 고고학

## 『파사젠베르크』와 도시 고고학

1920년대 중반으로 거슬러올라가는 『파사젠베르크』[1] 집필은 19세기 파리 및 문화와 관련된 문헌연구를 토대로 기획된다.[2] 이 기획은 인용 발췌문, 초안, 메모, 연구개요 등을 남긴 채 완성되지 못했다. 전체 자료집에서 논평이 차지하는 비중이 3분의 1 정도고 나머지는 방대한 문헌에서 발췌된 자료다. 아도르노는 벤야민의 연구가 결실을

---

1. 이 책의 독일어 원제 'Das Passagen-Werk'는 저자가 아니라 편집자 롤프 티데만이 붙였다. 벤야민은 1927년부터 1940년 죽기 직전까지 이 집필에 매달렸지만 결국 자료본밖에 남기지 못했다.
2. 『파사젠베르크』에서 벤야민은 파사주·파노라마·만국박람회·실내·박물관·거리 등의 공간, 유행·광고·사진상품 등의 산업문화, 산책자·도박사·성매매 여성과 같은 대도시적 인간 유형, 보들레르·푸리에·그랑빌·생시몽·블랑키·마르크스 등 사상가 및 작가에 이르는, 현대문화와 관련된 여러 주제의 광범위한 스펙트럼을 펼치고 있다. 이 책의 핵심 주제는 크게 두 가지로 나뉘는데, 하나는 기술과 예술에 대한 이론이고, 다른 하나는 현대에 대한 역사철학적 성찰이다. 전자의 관점을 발전시킨 텍스트는 「기술복제시대의 예술작품」이고, 후자의 경우는 「역사의 개념에 대하여」다.

맺지 못한 것을 상당히 유감으로 생각했는데 작성된 논평만으로는 현대에 대한 벤야민의 이론을 재구성해내기 어렵기 때문이다. 벤야민은 파사주뿐 아니라 만국박람회장, 기차역, 공장, 파노라마관, 카지노 등 19세기의 전형적인 집단건축에 대한 문헌에 몰두했다. 아도르노는 이러한 작업방식을 "건축에 의해 강요되는 방식"[3]이라며 못마땅해했다. 그러나 건축, 특히 파사주야말로 벤야민 역사 서술의 초점이다. 『파사젠베르크』는 한 시대를 추상적으로 구성하는 대신 그 시대의 구체적 사물을 마치 수집품처럼 모아 가까운 곳에 끌어오고자 하는 열정, "가까움의 열정"(『베를린 연대기』, 『선집 3』, 191쪽)에 의해 수행된다.[4] 역사서술의 공간화는 『파사젠베르크』 개요 구성에서 분명히 드러난다. 「푸리에 혹은 파사주」 「다케르 혹은 파노라마」 「그랑빌 혹은 만국박람회」 「루이 필리프 혹은 실내」 「보들레르 혹은 파리의 거리들」 「오스망 혹은 바리케이드」 등 총 여섯 장으로 구성된 개요는 파리의 핵심공간들을 축으로 한 19세기 사회문화사를 요약한다.[5] 역사서술이 일종의 무대 오프닝처럼 전개되고 남아 있는 자료집도 기본적으로는 이러한 무대 원칙을 따른다.

18세기 후반 처음 출현해 19세기 전반에 전성기를 누린 파사주는 소비대중을 위해 지은 최초의 집단건축이자 현대건축의 출발을 알리는 19세기의 가장 중요한 건축물이다. "사치가 만들어낸 산업의 새로운 발명품"(V, 45쪽)인 파사주는 몇 채의 건물을 잇는 실내 통로로, 유

3. Th. W. Adorno /W. Benjamin, *Briefwechsel 1928~1940*, 144쪽.
4. "이 책에서 파리의 파사주들은 수집가 손안의 소유물인 것처럼 관찰된다."(V, 272쪽)
5. 자본주의적 현대화 과정을 자본주의적 소비문화공간의 원형인 파사주를 무대로 보여준 시도는 벤야민의 독보적 위치와 시대적 구속성을 동시에 드러낸다. 이후 역사에서 경제적 정치적 권력관계는 더이상 대도시의 어떤 건축물이나 특수영역에 집중되지 않고 세계시장이 탈영역화하고 있어 벤야민의 기획은 시대착오적으로 보이기 때문이다. Burkhardt Lindner, "Was ist das Passagen-Werk?," in: *Topographien der Erinnerung. Zu Walter Benjamins Passagen*, 68쪽 참조.

리와 철골로 된 지붕, 대리석 바닥으로 구성된다. 한때 도시 환등상을 대표했던 파사주는 20세기 자본주의 문화의 새로운 광채 속에서 위축된 모습으로 남는다. 파사주는 과거의 기념비를 넘어 현대 자본주의의 근원사를 구체적인 대상에 착안해서 밝히고자 한 역사서술의 가장 핵심적인 무대가 된다. 초기 개요를 설명하면서 벤야민은 "아이들 놀이든지 어떤 건축물이나 어떤 삶의 상황이든지 거기서 나타나는 구체성을 끝까지 밀어붙여 한 시대 전체에 적용해보려는 시도"[6]를 강조한다. 『파사젠베르크』는 파사주 지형학이라고 볼 수 있다. 공간에 대한 글쓰기인 지형학에서 "공간이 어떤 사건이나 그 이야기들의 원인이나 토대가 아니라…… 고고학적으로 해독되어야 할 기호를 담은 텍스트"[7]라면, 파사주가 바로 그러한 텍스트다. 벤야민은 파사주를 테크놀로지라는 새 자연의 산물이자 그 시대의 집단적인 꿈과 소망 등 무의식이 각인되어 있는 기념물로 본다. 철과 유리와 같은 신소재와 신공법을 선보인 파사주는 현대 테크놀로지 발전의 한가운데서 있는 건축이다. 동시에 테크놀로지에 부합하는 형식을 발견하기 이전인 이른바 이행기의 건축이다. 이행기의 건축은 현대 자본주의 문화에서 테크놀로지와 상상력이 어떻게 얽혀드는지 전형적으로 보여준다.

파사주 지형학은 프로이트의 고고학 담론에서 힌트를 얻는다. 『문명 속의 불만』에서 프로이트는 심리분석 담론에 고고학을 처음 적용한다. 프로이트는 "정신생활에서 과거 보존은 예외가 아니라 원칙"[8]

6. Th. W. Adorno, *Briefe und Briefwechsel*, Bd. III, Frankfurt a. M., 1994, 454쪽.
7. Sigrid Weigel, "Zum 'topographical turn'," in: *KulturPoetik*. 2002, 160쪽; J. Döring/T. Thielmann(Hg.), *Spatial Turn. Das Raumparadigma in den Kultur- und Sozialwissenschaften*, Bielefeld, 2008, 17쪽에서 재인용.
8. 지크문트 프로이트, 『문명 속의 불만』, 김석희 옮김, 열린책들, 2005, 243쪽.

임을 입증하기 위해서 고고학적 담론 비유가 적합하다고 생각했다. 프로이트에 의하면, 상실된 기억과 억압된 무의식을 의식화하는 정신분석은 고고학적 발굴과 유사한 작업이다. 파괴되었다고 해도 과거의 유물이 지층 아래에 보존되어 있듯이, 잊고 있다고 해도 과거는 사라진 것이 아니라 정신분석의 도움을 빌려 복원 가능하다. 벤야민은 프로이트와 달리 개인의 과거가 아니라 집단적 과거의 현재화에 관심을 둔다.[9] 프로이트의 담론이 피분석자의 꿈, 농담, 언어실수, 증상의 수수께끼를 푸는 영혼의 고고학이라면, 비평가이자 문화사가인 벤야민의 고고학은 개인의 영혼보다 사물세계의 수수께끼를 푸는 열쇠다. 프로이트의 무의식은 봉인된 상태로 의식의 지하에 파묻혀 있는 반면, 집단적 과거를 캐고자 하는 벤야민이 말하는 무의식은 지상의 사물에 각인되어 있다. 외면을 뒤집힌 내면으로 보는 이러한 시각은 무의식의 실증화다. 즉 "건축에서 유행에 이르기까지 삶의 수천 가지 구도에서"(V, 47쪽) 무의식적인 것은 땅 아래가 아니라 땅 위의 사물에 각인되어 있다. 벤야민의 고고학적 발굴은 거리에서 사물이나 장소의 이름들을 발견한 『일방통행로』에서 처음 시도된다. 본격적인 의미에서 현대의 고고학은 파사주, 파노라마, 만국박람회, 실내, 박물관, 거리, 유행, 광고, 사진, 상품 등 현대문화의 다양한 사물들을 발굴한 『파사젠베르크』에서 시도된다. 따라서 이 책은 역사적 성찰의 결과보다는 역사적 성찰을 촉구하는 사물들의 전시 공간이다.

　　역사가가 고고학자를 자처한다는 말은, 고고학적 발굴처럼 사소한 흔적도 놓치지 않는 "아주 꼼꼼한 탐사"(『베를린 연대기』, 『선집 3』,

---

9. 정신분석학자에게 무의식에 접근하는 특권이 꿈-수수께끼 독해에 있다면, 벤야민에게 한 시대를 규정하는 힘을 찾으려면 그 시대에 나타나는 꿈을 향한 측면을 관상학적으로 해독해야 한다. 프로이트가 환자 영혼의 삶을 해명하고자 한다면, 벤야민은 한 시대 물질문화의 관상학, 한 집단의 꿈 이미지들의 관상학을 해명하고자 했다.

191쪽)와 발굴 현장에 직접 몸을 담는 가까움의 열정을 역사연구에 적용함을 의미한다. 또한 고고학자와 마찬가지로 말이나 이론보다 자신이 발굴한 유물 스스로 말하도록 하는 데 더 관심을 가져야 한다. 벤야민 역시 역사적 대상과 관련된 문헌, 사소한 자료까지 꼼꼼하게 파헤치면서 새로운 내러티브를 제시하는 대신 과거의 흔적 스스로 기존의 내러티브를 벗어나도록 한다. 발굴 메타포를 정신분석에 적용한 프로이트는 피분석자의 꿈, 농담, 언어실수, 증상 등을 흔적으로 보고 거기서 억압된 과거를 재현해내고자 했다. 반면 벤야민에게 중요한 것은 역사를 재현하는 것이 아니라 "과거를 역사의 연속체에서 폭파"(「역사의 개념에 대하여」, 『선집 5』, 345쪽)해내는 인식이다. 벤야민은 당시 역사학의 주류였던 역사주의뿐 아니라 역사의 진보를 상정하는 모든 종류의 역사관을 비판한다. 역사에서 상이한 계기들의 인과관계를 수립하는 데 만족하는 역사주의나 역사를 하나의 연속체로 보면서 역사의 목적론을 제시하는 진보사관 모두 진정한 의미의 역사인식에 도달하지 못한다.

과거의 사물에서 찾은 흔적은 주관이 개입되지 않은 숨겨진 이미지로서 기존의 내러티브에 의해 억압된 것을 스스로 드러내 보인다. 흔적이 중요한 이유는, 역사가 지배적 역사서술에서 상실된 것을 묻는 일이 되어버렸기 때문이다. 흔적은 기억하기 전에는 "몰랐던 지식을 일깨워준다"(V, 1014쪽)는 점에서 역사인식의 교정 내지 확장에 기여한다. 흔적은 또한 체계적 사유의 결과가 아니라 우연한 계기로 발견된다. 현대 물질문화에 대한 실증적 관심에서 발견된 흔적들은 하나의 연속체에 수렴되는 대신에 오히려 그것을 해체시킨다. 이러한 방법론이 "역사의 개별 파편들에 대한 우연한 철학적 인식"[10]을 추구

---

10. Burkhardt Lindner, "Engel und Zwerg: Benjamins geschichtsphilosophische

하는 것처럼 보일지 모르지만, 그렇다고 불연속성 숭배주의는 아니다. 벤야민이 추구한 역사적 인식은 변증법적 이미지의 공간에서 일어나는 인식으로 이 공간에서 과거와 현재는 상호 밀접한 연관을 이룬다.[11]

## 꿈과 깨어남

파사주를 사유대상으로 삼은 것이 벤야민만의 발상은 아니다. 벤야민에 앞서 파사주에 대한 관심을 일깨우고 파사주를 보는 법을 보여준 이들이 있었다. 헤셀, 크라카워, 아라공 및 신건축운동가 기디온 등이다. 곧 철거될 오페라 파사주에서의 산책을 상세하게 묘사한 『파리의 농부』는 벤야민에게 중대한 영향을 미친 소설이다. 『파사젠베르크』의 첫번째 개요로 1928년에 쓴 「파리 파사주」는 벤야민이 저녁마다 두근거리며 읽은 이 소설에 고무되어 쓴 것이다. 초현실주의자들은 파사주를 도취로 이끄는 시적 비전의 공간으로 보는바, 이는 벤야민의 초기 접근에 영향을 미친다. 「파리 파사주」에 의하면, 환각과 도취 경험의 터전은 파사주에 진열된 상품들이다. 최초의 자본주의적 소비문화공간인 파사주에서 상품들은 그 기원도 사용가치도 통찰하기 어려운 일종의 가상으로 등장해 어떠한 질서도 드러내지 않은 채 뒤섞여 있다. 상가 진열장에는 "유기물의 세계와 무기물의 세계, 비참

Rätselfiguren und die Herausforderung des Mythos," in: *Frankfurter Benjamin-Vorträge*, 235쪽 참조.
11. 프로이트, 벤야민, 푸코의 이론을 고고학의 아방가르드라는 관점에서 비교 분석한 에벨링은 벤야민의 역사적 인식에서 변증법이라는 초역사적 논리와 꿈-작업이라는 역사화된 범주들 간의 모순을 발견한다. Knut Ebeling, *Wilde Archäologien*, Berlin, 2012, 416쪽 참조.

한 궁핍과 뻔뻔스러운 사치가 극히 모순적으로 결합되어 있으며, 상품은 온통 뒤죽박죽인 꿈에 등장하는 이미지들처럼 갖가지 뒤섞여 있다."(V, 993쪽) 이러한 이미지들은 아무리 서로 떨어져 있다 하더라도 산책자의 지각세계에서 중첩되면서 서로를 투과시키는 투명성을 지닌 것처럼 보인다. 도취공간으로서 파사주의 의미를 브뤼게만은 다음과 같이 요약한다.

> 파사주 공간은 시적 지각공간으로 여기서는 꿈, 도취, 환각, 애니미즘의 지각방식을 적용해볼 수 있다⋯⋯ 도취와 환각체험 속에서 자아가 해체되고 느슨해지는 가운데 파사주는 그 안에 들어온 관찰자에게 일종의 이미지 공간이 된다. 창문 없이 포위된 공간 경험 속에서 내부와 외부, 거리와 실내가 서로 침투해 있고, 시각 대신에 촉각적 지각, 영화미학적 감성, 활발한 서사적 상상력, 상상적 기억능력 등이 산책자를 지배하게 된다.[12]

벤야민은 19세기 건축을 비판적으로 분석한 기디온의 저서를 배경으로 꿈의 집이라는 메타포를 도입한다.

> 19세기에는 구성이 잠재의식이다. 19세기는 외부에서는 옛 파토스를 공공연하게 지속하고 있다. 우리 현존재 전체의 기초는 지하와 건물 정면 뒤에 은폐된 채 형성된다.[13]

벤야민은 19세기의 예술적 건축에 대한 문제의식을 받아들이면서

---

12. Heinz Brüggemann, "Passagen," in: *Benjamins Begriffe*. 578쪽.
13. Sigfried Giedion, *Bauen in Frankreich-Bauen in Eisen-Bauen in Eisenbeton*, Berlin 1928, 3쪽. ("Passagen," 같은 책, 599쪽에서 재인용).

도 철골구성과 예술건축의 관계를 기디온과 다르게 설정한다. 즉 새로운 소재와 건축원리를 현대적 삶의 신체활동으로, 파사주에 도입된 절충주의적인 예술적 건축양식을 꿈으로 비유한다.

하지만 이렇게 말하는 것이 더 낫지 않을까? 구성이 신체활동의 역할을 맡는다고. 생리활동의 터전에 꿈이 달라붙듯, 신체활동의 터전을 예술적 건축이 둘러싸고 있다.(V, 494쪽)

철과 유리로 된 파사주 지붕은 소재 면에서 선구적인 테크놀로지의 산물이지만 그 내벽은 매우 장식적으로 지어져 신고전주의적 취향의 열주, 아취, 박공 등으로 이루어져 있다. 새로운 기술과 소재에 부합하는 건축양식(기능주의적 신건축 혹은 국제주의 건축)을 찾아가기 이전에 등장한 파사주는 과거의 건축양식들을 절충적으로 인용하고 혼합한다. 파사주는 새로운 기술적 혁신이 아직 그 가능성을 충분히 펼치기 이전인 여명기의 특징을 보여준다. 이 시기에 등장한 새 기술은 새로운 양식을 산출해내기 전에 과거의 양식, 신화, 소망 등 문화의 낡은 표상과 결합한다. 서양문명의 신화적 기원을 나타내는 이미지가 지배적인 것도 같은 맥락이다. 파사주가 신건축의 선구로 전혀 보이지 않고, "유행에 뒤처지고 꿈꾸는 듯한 인상을 주는 것"(V, 493쪽)은 그 때문이다.

벤야민은 19세기가 과거 그 어느 시대보다 꿈을 강력하게 지향했다고 진단한다.[14] 19세기는 자본주의가 본격적으로 발전하면서 경제

---

14. 19세기에 대한 벤야민의 진단은 종종 꿈으로 표현된다. "19세기는…… 집단의식이 점점 더 깊은 잠에 빠진 시대Zeitraum(시대의 꿈Zeit-Traum)이다."(V, 491쪽) "자본주의는 꿈을 수반한 새로운 잠이 유럽을 덮친 자연현상으로, 이러한 잠 속에서 신화적 힘들이 재활성화되었다."(V, 494쪽)

적으로는 물론 문화적으로도 커다란 영향을 미치기 시작한 시기였다. 19세기 자본주의 문화는 경제구조를 지배하는 합리성 이면에 유토피아, 신화, 꿈과 같은 비합리성의 측면을 지닌다. 새로운 생산력에 대한 기대가 유토피아를 향한 꿈과 상상력을 활성화시켰기 때문이다. 공상적 사회주의자들이 등장한 시대가 바로 19세기였다. 과학과 기술을 적극적으로 수용하면서 새로운 기술세계를 상상력을 통해 선취한 푸리에의 유토피아가 대표적이다. 푸리에가 '놀고먹는 나라'의 주거 공동체로 제안한 '팔랑스테르'는 계급 없는 사회라는 인류의 오랜 소망을 파사주라는 현대의 건축에 접목시킨 것이다.[15] 푸리에의 팔랑스테르는 "사회적 산물의 미숙함과 사회적 생산 질서의 결합을 지양하는 동시에 미화"(V, 46쪽)하고자 한 집단의 소망을 반영한다. 이 점에서 푸리에의 꿈은 푸리에 개인이 아니라 19세기 자본주의 문화 소비집단의 소망 혹은 꿈이기도 하다. 개인의 꿈에서는 자신이 꾼 꿈을 기억하고 기억된 꿈에 대해 이야기하고 스스로 해석을 덧붙이는 주체가 있다. 꿈의 내용, 꿈 텍스트를 직접 기억하고 연상하는 주체로 집단을 상정할 수 있는지는 문제가 된다. 아도르노는 꿈과 의식의 집단적 주체는 존재하지 않는다고 주장했다. 꿈집단이라는 개념은 내재

---

15. 벤야민이 초기 단계부터 파사주에 메시아주의적 소망을 투사함으로써 파사주를 헤테로토피아보다 유토피아 공간으로 설정했다고 본 리번 더카우터의 해석에는 동의하기 어렵다. 파사주에 유토피아적-메시아주의적 에너지를 투사한 것은 역사가 벤야민이 아니라 당시 공상적 사회주의자들이었기 때문이다. 벤야민은 파사주에 투사된 유토피아적 소망을 푸리에에게서 발견한다. 벤야민은 푸리에의 건축비전이 지닌 의의를 높이 평가하면서도, 철골건축의 구성원리에 내재한 잠재력을 완전하게 파악하지 못하고 파사주를 순수한 주거공간으로 그렸다는 점에서 한계를 지적한다. 푸리에는 한편에서 기술을 매개로 자연과 인간의 결합을 추구하는 비전을 제시했지만, 다른 한편에서 사적 공간과 공적 공간의 대립을 어떻게 극복하는가의 문제는 제대로 다루지 못했다. 파사주를 유토피아적 꿈 이미지로 보는 시각이 지닌 문제점에 대해서는 Lieven De Cauter, "'Fourier oder die Passagen,' The Arcade as Heterotopia," in: *Topographien der Erinnerung*, 284~293쪽 참조.

적 의식을 갖는 집단 주체의 존재를 인정할 위험성을 지닌다고 보았던 것이다. 물론 벤야민은 자신의 개념은 융의 집단심리학에 나오는 의미의 집단 무의식과 동일하지 않다는 점을 분명히 한다. 그럼에도 꿈이라는 무의식의 차원을 집단에 귀속시키는 자신의 개념이 오해를 불러일으킬 수 있음을 인정한다.[16]

벤야민은 꿈집단 혹은 집단의 꿈은 역사적 경험의 모델인 깨어남과 연관될 때 비로소 그 의미가 밝혀진다고 강조한다. 꿈은 깨어남의 순간에야 비로소 인식될 수 있다. 19세기에 건축뿐 아니라 테크놀로지에 투사된 집단의 꿈도 마찬가지다. 집단의 꿈에서 꿈꾸는 주체(과거)와 깨어나는 주체(현재)는 분리되는 동시에 연결된다. 그것은 파사주를 본격적으로 상품시장에 진입하기 전 문지방에서 주저하고 있는 이행중인 건축으로 깨달은 현재에 일어난다. 이때 "현재를 깨어 있는 세계, 즉 모든 꿈이 궁극적으로 지시하는 세계로 경험"(V, 1058쪽)한다고 말한다. 파사주라는 과거의 이미지가 마치 깨어나면서 떠오르는 꿈처럼 경험되는 것이다. "기억이 과거 탐색 도구가 아니라 과거가 펼쳐지는 무대"(VI, 486쪽)라면 역사적 깨어남도 마찬가지다. 중요한 것은 "과거의 것을 꿈과 같은 신속함과 강도로 철저하게 경험"(V, 1058쪽)하고, "깨어나면서 꿈의 모든 요소를 살려내기"(V, 59쪽) 위해 노력하는 것이다.

벤야민의 모델이 역사적 인식구조를 나타낸다기보다 역사적 상상력의 시적 형식에 가깝다는 지적도 있다. 벤야민 자신도 1935년 개요부터는 꿈 모델 대신에 마르크스의 상품물신 개념과 연관된 '환등상'을 중심에 두고자 했다. 그렇다고 꿈 모델 자체를 포기하지는 않았다.

---

16. 아도르노는 집단 무의식 같은 개념을 역사인식에 적용하는 것이 위험하다고 지적했는데, 벤야민은 이러한 지적을 받아들여 1935년 개요에서는 상품물신, 환등상 같은 마르크스의 개념들을 적극적으로 활용하고자 했다.

역사적 인식에 꿈과 깨어남의 구도를 적용한 것은, 역사를 학문적 인식이 아니라 경험의 대상으로 보았기 때문이다.[17] 이는 역사를 발전 논리로 파악하는 진보사관이나 과거의 모든 것을 축적하고자 하는 역사주의와는 분명히 구분된다. 진보사관과 역사주의는 모두 과거와 현재, 주체와 객체의 분리에서 출발해 학문적 중립성, 무관심성을 내세운다. 반면 벤야민에게 "지나간 것이…… 깨어난 의식의 착상이 되는"(V, 491쪽) 순간은, 지나간 것에 은폐되어 있던 역사적 힘을 경험하는 순간이다.

> "과거는 자신으로 하여금 구원을 가리키도록 하는 은밀한 지침을 지니고 있다."(「역사의 개념에 대하여」, 『선집 5』, 331쪽)

지나간 것에 은폐되어 있는 힘은 이 문장에서 지침으로 표현되고 있다. 과거가 지닌 은밀한 지침이라는 표현을 19세기 파사주와 20세기 신건축의 관계를 통해 독해할 수 있다. 역사를 발전 논리로 보는 시각에서 파사주는 20세기 신건축의 선구로서 과거의 산물이다. 하지만 깨어남의 모델이나 변증법적 이미지의 시각에서 보면, 역사적으로 '너무 이른 철' '너무 이른 유리'였던 파사주에서 은폐되어 있던 것이 무엇인지, 구원을 지시하는 은밀한 지침이 무엇인지가 구성주의적인 신건축에 이르러 분명해진다. 여기 과거와 현재의 관계에서 현재는 과거보다 우월한 것도 열등한 것도 아니다.[18]

---

17. 크라머는 역사인식에 있어서 벤야민과 아도르노의 차이를 다음과 같이 기술한다. "아도르노와 달리 벤야민의 방법론은 인식의 결과물이 아니라 독해로 나타난다. 이론이 지식을 산출한다면, 독해는 경험을 산출한다. 궁극적 단계의 벤야민에게 중요한 것은, 인식을 전달하는 것이 아니라 텍스트를 통해 경험을 자극하는 것이다." Sven Kramer, *Walter Benjamin zur Einführung*, Hamburg, 2003, 127쪽.
18. "과거가 현재에 빛을 던지는 것도, 그렇다고 현재가 과거에 빛을 던지는 것도 아니

"변증법적 방법은, 현존재가 왜 [지나간 것의] 고차원적 구체화를 의미하는가라는 질문을 진보 이데올로기 안에서는 해결할 수 없다. 그것은 모든 점에서 진보 이데올로기를 극복한 역사관에서만 가능하다. 이러한 역사관에서는 지나간 모든 것이 자신이 존재하던 순간보다 한층 고차원적인 현실성을 지니게 되는, 현실의 점진적인 농축(통합)에 대해 이야기할 수 있다. 지나간 것이 어떻게 보다 고차원적인 현실성을 띠게 될지는 이미지에 의해 결정된다. 지나간 것은 이미지로서 이미지 안에서 이해된다. 그리고 지나간 연관들이 변증법적으로 침투되고 현재화되는지 여부가 현재 행위의 진리를 검증하는 기준이 된다. 그러한 변증법적 침투와 현재화는 지나간 것 안에 놓여 있는 폭약……에 불을 붙이는 것이다. 이런 식으로 과거에 접근하는 것은 지금까지처럼 과거를 역사적 방식으로가 아니라 정치적인 방식으로, 정치적 범주들을 통해 다룬다는 것을 의미한다.(V, 495쪽)

역사적 인식에서 지나간 것이 한층 더 고차원적인 현실성을 가진다는 것은, 과거에는 명확히 의식되지 않았던 것이 분명히 드러남을 의미한다. 지나간 것이 이미지로서 이미지 안에서 이해된다는 말은, 지나간 것이 과거의 유물로서 역사화되는 것이 아니라 현재의 지각 세계에 속한다는 뜻이다.

벤야민은 꿈으로부터의 깨어남이라는 모델을 발전시켜서 역사유물론의 변증법과는 다른 변증법, 즉 '정지 상태의 변증법'이라는 독특한 변증법을 도입한다. 꿈에서 깨어남으로의 이행, 연속성의 중단은

---

다. 오히려 이미지란 과거에 있었던 것이 지금 이 시간과 섬광처럼 하나의 성좌구도를 만드는 것을 말한다. 다시 말해 이미지는 정지 상태의 변증법이다. 왜냐하면…… 과거에 있었던 것이 지금 이 시간과 갖는 관계는 변증법적인 것이기 때문이다. 즉 진행이 아니라 이미지이며 비약적인 것이다."(V, 576~577쪽)

여태까지와 전혀 다른 미래로 한발 내딛는 불연속성의 순간, 현재 서 있는 곳의 강력한 지각변동을 수반하는 순간이다. 벤야민은 자신의 역사인식을 "한 시대 전체에 접근하면서 극단적인 형태의 구체성을 추구하는 시도"[19]로 이해했는데, 사실 그가 고수하는 깨어남, 이행이라는 범주는 고고학 담론보다는 역사철학 담론에 속한다. 벤야민이 왜 깨어남이라는 모델을 학문적 인식보다 경험의 영역에 포함시켰는지를 이해하기 위해서는, 나치주의의 악몽에 억눌려 있던 벤야민과 동시대인들에게 '깨어남'이 학문적 방법론 이전에 개인적이고 집단적인 생존의 의미에서 절박한 모티프였음을 기억할 필요가 있다. 벤야민의 시대는 진보, 역사, 새로움 같은 현대의 환등상으로 인해 가장 비싼 대가를 치러야 했던 시대였다. 그러한 환등상에 사로잡혀 있었다는 사실을 잊고 있을수록 그 대가는 더욱 컸다.


## 폐허의 지형학

신상품으로 가득한 상점과 유흥가가 있던 파사주는 한때 상품자본주의의 첨단 공간이었지만 불과 수십 년 만에 몰락한다. 벤야민은 오페라 파사주를 두고 "기술이라는 주문에 걸린 첨단 유행 파리의 캐리커처"(V, 1041쪽)라고 말한다. 곧 철거될 파사주는 자신의 몰락만을 알리는 것이 아니라 현대에 부단히 만들어지는 모든 새로운 것의 소멸, 즉 현대를 특징짓는 자본주의 문화의 무상함을 가리키는 폐허를 보여준다. 도시문화의 화려한 외관 뒤에 숨겨진 폐허, 파리의 뒷골목, 인적 드문 거리 등을 렌즈에 담았던 아제, 파사주처럼 몰락해가는 소

---

19. *Briefe und Briefwechsel*, III, 454쪽.

비공간을 소재로 소설을 쓴 아라공은 현대 도시경관에 숨은 폐허의 지형학을 누구보다 예리하게 포착한 예술가였다. 벤야민은 파사주로 대표되는 폐허의 지형학을 규정하는 본질적인 원리가 유행의 변증법이라고 본다. 자본주의를 지배하는 리듬, 즉 새로운 것이 부단히 만들어지고 또 급격히 소멸하는 변화 과정 바로 그 안에 자본주의적 문화의 무상함과 허약함이 들어 있다. 『파사젠베르크』에서 「유행」 장에 이어 「태고의 파리, 카타콤, 폐허, 파리의 몰락」 장이 나오는 것도 유행의 변증법과 일치하는 구성 원리로 보인다.

『파사젠베르크』에서 다루는 폐허는 『독일 비애극의 원천』에서 다룬 바로크 시대의 폐허와 다르다. 현대의 폐허는 바로크 시대의 폐허처럼 작가의 외부에만 있는 것이 아니라 내면에도 있다. "폐허에 집착하고, 응고된 동요의 이미지를 제시"(『독일 비애극의 원천』, 267쪽)하는 "알레고리는 19세기에 외부 세계를 떠나 내부 세계에 자리잡았다."(「중앙공원」, 『선집 4』, 289쪽)[20] 이 말은 현대적 내면성에 영향을 미친 경험의 붕괴와 파편화를 통해 이해할 수 있다. 자본주의 문화의 폐허에 대한 인식은 현대 특유의 진보 의미론에 맞서 현대를 비판적으로 바라보도록 해준다. 폐허는 옛것을 부단히 파괴하고 새것을 창조하는 자본주의적 현대화가 지닌 어두운 면에 속한다.[21] 현대 대도시에서 이

---

20. "바로크적 알레고리는 시체를 외부에서만 바라본다. 보들레르는 그것을 내부에서도 바라본다."(「중앙공원」, 『선집 4』, 294쪽)
21. 자본주의적 근대화는 새것을 부단히 창조할 뿐 아니라 옛것을 파괴하기 때문에 그 과정에서 폐물이 부단히 쌓여간다. 『현대성의 경험』에서 마샬 버먼은 마르크스가 자본주의적 근대화를 설명한 '창조적 파괴'의 문학적 원형을 괴테의 『파우스트』에서 발견한다. 버먼의 해석에 따르면, 주인공 파우스트는 이른바 '발전의 욕망'이라고 부를 수 있는 충동에 휩싸여 있다. "파우스트 자신이 원하는 것은 역동적인 과정, 즉 쾌락과 불행 같은 인간적 경험의 모든 양식을 포함하게 되고 또 이러한 것들 모두를 자기 자신의 끝없는 성장에 결합시키게 되는 과정"(마샬 버먼, 『현대성의 경험』, 윤호병·이만식 옮김, 현대미학사, 2014, 65쪽)이다. 버먼은 작품 마지막에 그려진 파우스트의 악마적인 행동을 '발전의 욕망'에 기인하는 것으로 설명한다. 간척지를 개발해서

러한 폐허 이미지는 은폐되어 있는데, 그것은 상품마술의 환등상이 대도시 공간에 속속들이 스며들어 있기 때문이다.

도시를 폐허로 보는 비전은 현대 도시를 지배하기 시작한 '새로움의 환등상'에 대한 가장 강력한 안티테제다. 현대의 역설은, 새로움의 환등상이 가장 강력하게 지배하는 바로 그곳에 폐허의 지형학이 자리 잡고 있다는 데 있다. 유행품점이 들어서 있던 파사주가 대표적이다. 한때 자본주의의 성지였던 파사주가 몰락한 모습은, "세계의 얼굴은 바로 최신의 것 안에서도 결코 변하지 않는다."(V, 676쪽)는 진실, 오늘의 새로운 것이 곧 내일의 낡은 것이 된다는, 현대의 지배적인 의식과 표상형식을 인상적으로 보여준다. 폐허는 새로움의 환등상뿐 아니라 진보의 환등상에 대해서도 "가장 효과적인 항최음제"(V, 247쪽)다. 진보이념은 역사가에게 진정한 역사를 보지 못하게 하고 정치가에게 진정한 정치를 하지 못하게 한다는 점에서 환등상으로 작용한다.

사회민주주의자들의 머릿속에 있는 진보는 우선 (인류의 기술과 지식의 진보만이 아니라) 인류의 진보 자체였다. 둘째로 그것은 (무한한 완성 가능성에 상응하는) 종료할 수 없는 진보였다. 셋째로 그것은 (자동적으로 직선이나 나선형의 궤도로 진행되는) 본질적으로 저지할 수 없

---

광활한 토지를 정비한 파우스트는 왜 자신의 사업에 별로 방해되지 않는 언덕 위에 사는 노부부를 처치하라고 명령했을까? 그것은 "구세계의 모습과 느낌이 흔적도 없이 사라져버린 동질적인 환경, 총체적으로 근대화된 공간을 창조하고자 하는 충동"(같은 책, 109~110쪽)에서 비롯된다. 파우스트는 모든 창조성을 특징짓는 패러독스를 구현한다. 즉, "모든 것을 흘러가게 할 준비가 되어 있지 않다면, 지금까지 창조되었던 모든 것은…… 좀더 많은 창조를 위한 길을 포장하기 위해서 파괴되어야 한다는 사실을 수용할 준비가 되어 있지 않다면, 그는 아무것도 창조할 수 없게 된다."(같은 책, 76쪽) 물론 괴테의 파우스트가 현대의 자본주의적 기업가의 유형과 그대로 일치하는 것은 아니다. 그는 발전의 비극을 운명으로 받아들이기 때문이다. 그러나 새로운 창조를 위한 파괴라는 도식 면에서 파우스트는 현대 개발 프로젝트의 모델로 자리 잡는다.

는 진보였다…… 역사 내 인류의 진보라는 생각은 역사가 균질하고 공허한 시간을 관통하여 진행해나간다는 생각과 분리될 수 없다.(「역사의 개념에 대하여」, 『선집 5』, 344쪽)

「역사의 개념에 대하여」 아홉번째 테제에 나오는 역사의 천사는 진보의 환등상과 거리가 멀다. 천사는 지난 역사에서 오로지 "잔해 위에, 또 잔해를 쉼 없이 쌓이게 하고, 또 이 잔해를 우리 발 앞에 내팽개치는 단 하나의 파국"(같은 글, 339쪽)만을 보기 때문이다. 천사는 역사적 파국에 굴복해 우울에 빠져 있는 것이 아니다. 원래 이 천사는 잔해더미에 "머물고 싶어하고 죽은 자들을 불러일으키고 싶어하고 산산이 부서진 것을 모아 다시 결합하고 싶어"(같은 곳)한다. 역사의 천사에게 요구되는 것은 파국으로서의 역사에 직면해 체념하지 않고 오히려 그러한 역사 자체에 대한 인식과 함께 파국을 중단하는 행동이다. 하지만 천사가 그렇게 하지 못하는 이유는 '진보'라고 일컫는 폭풍 때문이다. 진보사관, 진보이념은 폐허를 보지 못하게 한다는 점에서 환등상에 속한다. 역사의 천사처럼 도시의 환등상에 빠지지 않고 "사물세계의 폐허"(『독일비애극의 원천』, 264쪽)에 대한 의식을 하고 있다고 해도, 그것만으로는 "과거를 향한 역사적 시선을 정치적 시선"(「초현실주의」, 『선집 5』, 151쪽)으로 맞바꿀 수 없다. 천사의 우울은 여기서 비롯된다.


## 현대의 신화학

벤야민에 의하면 파사주는 파노라마, 만국박람회와 함께 19세기 자본주의 문화가 낳은 대표적 건축물로서 현대의 "숨어 있는 신화학의 가장 중요한 증인"(V, 1002쪽)이다. 파사주는 푸코의 헤테로토피아 개념을 연상하게 하는 특별한 공간이다. 상점 외에도 카페, 이발소, 러브호텔, 서점, 목욕탕, 성매매업소, 극장 등이 있던 파사주는 상품 구매자 외에 예술가, 연인, 산책자, 시인, 성매매 여성 등의 인물들의 산책 공간이었다. 파사주는 사회적 현실 속에 위치하지만 산책, 흡연, 도박, 내기, 성매매 등 일상의 장소나 바깥 거리에서와는 다른 행동이 예외적으로 허용된다는 점에서 현실의 모든 측면과 '다른 공간'이다. 이로써 파사주는 그 자체 헤테로토피아이면서 동시에 다양한 헤테로 토피아를 수용하는 장소가 된다. 헤테로토피아, 즉 다른 공간은 현실 에 존재하지 않는 부재의 공간인 유토피아와 달리 현실 안에 제3의 영역으로 존재한다. 거리와 실내의 경계를 해체시키는 방식으로 건조 된 파사주는 전적으로 사적 영역도 공적 영역도 아닌, 양자의 분리를 지양한 제3의 영역으로서 오이코스oikos와 아고라agora 두 영역의 갈 등을 나름의 방식으로 중재하는 잠재력을 지닌다. 또한 파사주는 휴 일이라는 시간을 공간적으로 구현하는 헤테로토피아가 된다. 이처럼 이질적이고 특별한 공간으로서 파사주는 외형 면에서 신화적 요소를 인용한다. 고대신화의 모티프, 상징을 현대의 형식에 접합시키는 경 향은 당시 건축뿐 아니라 산업문화의 일상적 산물에까지 광범위하게 찾아볼 수 있다. 이로써 "현대 기술의 세계와 신화학의 태곳적 상징세 계가 상응"(V, 576쪽)한다.

현대 대도시 경험을 신화학의 프리즘으로 해석하는 시각은 초현실 주의에서 유래한다.[22] 벤야민이 "파리에 관한 최고의 책"(V, 1207쪽)이

---

22. "Pariser Brief II. Malerei und Photographie," III, 495~507쪽 참조. 낯선 이미지 가 주는 충격에서 인식에 도달하기 위해서는 그러한 이미지를 해독해야 한다. 초현실주 의는 "고별사를 담아내는데 그치는 데 반해," 벤야민은 "일종의 해부를 실행"하고자 했 고, 초현실주의가 단지 포착하는 데 그친 "의미심장한 신호에 대한 해독"(V, 493~494) 을 수행하고자 했다. 『파사젠베르크』의 의도가 여기에 있다.

라고 격찬했던 『파리의 농부』에 아라공은 「현대의 신화학에 대한 서문」을 붙였다. 이 서문에서 아라공은 '새로운 신화' '신화학'을 "일상적인 것 안의 경이로운 것에 대한 느낌"[23]과 결부시킨다. 그가 주장한 '새로운 신화'는 무엇일까? 독일 낭만주의자들이 제시한 '새로운 신화학'이 미학 프로그램이자 역사철학적 인식틀의 성격을 지녔다면, 아라공의 신화학은 낭만주의의 신화학 같은 신화학적 체계가 아니라 경험적 인상에서 무의지적으로 구체화되는 경험을 지향한다. 소설 속 화자는 "길고 유연한 팔 하나, 빛을 발하는 얼굴 없는 머리, 발 한쪽, 숫자가 찍힌 배"를 가진 주유탱크를 가리켜 "거대한 적색 신들, 거대한 황색 신들, 거대한 녹색 신들" "이집트의 신들, 혹은 전쟁만을 숭배하는 식인종의 신들"[24]과 유사한 매력을 지녔다고 말한다. 대도시의 진부한 현실을 고대신화의 세계에 유비시키는 이러한 시각은 산업주의와 도구적 합리성이 지배하는 대도시 현실에 상상, 꿈, 소망, 환상을 통해 접근하는 것을 의미한다.

아라공에 의하면, 일반적인 감각 경험이나 이성적 현실 접근과 배치되는 광기적 표상, 신들림, 부조리한 확신 등이 만들어지는 생각의 메커니즘은 고대에 신화의 세계가 만들어진 메커니즘과 유사하다. 또한 현실에 대한 비이성적 접근을 단순히 오류라고 일축하기 어렵다. 그것은 확신과 오류의 변증법 때문인데, 확신은 이성적 접근뿐 아니라 비이성적 접근에서도 동일하게 주어지고, 오류 역시 마찬가지다. 독일 낭만주의자들이 새로운 신화를 현대를 극복할 역사철학적 지향점으로 설정했다면, 초현실주의자들은 현대산업의 사소한 산물에서 경험 가능한 도취를 신화적인 것으로 이해한다.[25] 『파리의 농부』는 그

---

23. Louis Aragon, Lydia Babilas 옮김, *Der Pariser Bauer*, Frankfurt a. M., 13쪽.
24. 같은 책, 132쪽.
25. "이러한 신들은 살아가면서 그들 힘의 정점에 도달하고 그러다가 죽으면서 다른

러한 도취를 경험하는 곳이 바로 상품문화, 광고, 현대 건축 등으로 이루어진 대도시임을 보여준다. 화려한 샹젤리제 상가에 밀려 철거될 운명에 처한 오페라 파사주는 대도시가 어떻게 신화적 지형학으로 변모하는지를 보여주는 전형적인 장소다. 이렇게 해서 초현실주의자들은 신화 개념을 대도시 현실이 불러일으키는 도취로 새롭게 번역한다. 이렇듯 현대의 신화학은 자연현상이 아니라 건축 등 대도시 문명을 이루는 물질문화에 깃든 신화적 현상을 다룬다는 점에서 기존의 신화학 전통과 구분된다.[26]

초현실주의자들에 의해 새롭게 정립된 현대의 신화학 덕분에 벤야민은 신학적이고 형이상학적 물음에 경도된 초기의 부정적 신화 개념을 극복할 수 있었다. 현대 대도시의 진부한 일상 속에서 신화적 경험이 가능하다는 아라공의 테제는 신화를 단지 운명, 부자유, 선사적 폭력, 강제적 반복과 억압이라는 인간사회의 부정적 상태로 보는 신화 개념을 교정하기 때문이다. 벤야민의 사상체계에서 중요한 위치를 차지하는 신화 개념은 초기의 역사철학적 구상에서 부정적 개념으로 도입되었다. 신화를 로고스와 대립된 것으로 본 고대그리스 철학과 신화를 허구로 보는 기독교적 전통에서 신화는 당연하게 부정적인 함의를 지닌 것으로서 받아들여져 문화적 의식 안에 자리잡아왔다. 또한 근대 시민사회 이후 이성 중심주의와 합리성 신봉에 이르러 신화에 대한 비판적 시각은 더욱 확고해진다. 벤야민의 초기 신화 개념은 신화에 대한 이러한 전래의 시각을 공유한다. 1921년에 발표한

---

신들에게 향기로운 제단을 물려준다. 신들은 모든 총체적 변형의 최초 원인이다. 운동이 존재하기 위해서 신들은 필연적이다. 나는 신들을 구현한 수천의 사물들 사이를 취한 상태에서 걸었다. 나는 전진하는 신화학을 구상하기 시작했다. 그러한 신화학은 현대 신화학이라고 부를 만했다."(같은 책, 131쪽)
26. Winfried Menninghaus, *Schwellenkunde. Walter Benjamins Passage des Mythos*, 26~27쪽 참조.

「폭력 비판에 관하여」에서 벤야민은 신화에 대한 승리로 보였던 법이 실은 새로운 형태의 신화에 다름아니라고 주장한다. 끊임없이 새로운 형태로 인간사회에 영향력을 미치는 신화적 폭력이 법이라는 형태로 나타난다는 것이다. 벤야민의 신학적 사유에 따르면, 법으로 대변되는 신화적 폭력은 신의 심판대 앞에서 사라져야 할 대상이다. 신화적 폭력을 응징하는 유일한 심판대가 '신적 폭력'이다. 그것은 무정부주의 입장에 가까운 프롤레타리아 총파업에서 세속화된 형태로 구현된다. 「폭력 비판에 관하여」에서의 이상과 같은 신화비판은 신화와 신학의 대립이라는 추상적 도식에 머무른 채 신화 파괴라는 과격한 신학적 제스처를 고수한다는 한계를 지닌다. 또한 법의 신화적 근원에 대한 벤야민의 성찰은 아도르노와 호르크하이머의 『계몽의 변증법』과 달리 법에서 탈신화화의 비판적 도구의 측면은 전혀 고려하지 않고 있다.

구원이라는 신학적 관점에서 신화적 상황을 극복 대상으로 설정한 초기의 구상이 주로 법에 내재한 신화적 폭력에 주목했다면, 초현실주의의 현대 신화학을 수용하면서 벤야민은 보다 광범위하게 신화 개념의 의미를 확장한다. 합리화, 기술화에 의해 점점 사라져가는 경험, 즉 마법, 천문학, 텔레파시를 위시한 인류의 태곳적 유산에 속하는 구체적 경험 내용이 신화 개념에 포함된다. 이로써 신화 개념은 도구적 이성, 논리중심주의, 교환논리, 자연지배 등 계몽된 시대의 경험의 편협함을 교정하는 의미를 얻는다. 다만 이처럼 신화 개념이 확대되면서 그 의미를 확정짓기 어려워지고, 신학과 신화의 대립구도를 고수했던 「폭력 비판에 관하여」에 비해 신화비판이냐 신화구제냐 하는 문제가 애매해진다. 신화는 한편에서 죄나 운명처럼 억압적이고 강제적 구속력을 지닌 것—'테러로서의 신화'—을 의미하고, 다른 한편에서 마법, 상상력, 텔레파시처럼 이성과 합리성으로 포착되지 않는 영역—'시 혹은 유희로서의 신화'—을 의미하기 때문이다. 신화 개념의 이러한 양가성은 신화비판과 신화구제라는 일견 모순된 과제를 요구한다. 벤야민의 후기 저서에서 신화 청산은 여전히 중요한 모티프로 남으면서 신화에 대한 인간학적 관심 및 신학적 요소들과 뒤섞여 있다.[27]

신화에 대한 인간학적 관심이 확대된 벤야민의 후기 저술에서도 초기의 신학적 요소들과 더불어 신화 파괴라는 구상은 유효하다. 대상의 차원에서는 신화를 더 풍부한 함의로 다루지만, 용어 사용의 차원에서 벤야민은 여전히 부정적 개념을 고수하고 있다. 신화비판을 고수한 이유는, 20세기 초엽의 정치와 이론에서 낭만주의적 신화 개념이 왜곡되면서 원래 낭만주의자들의 비판적이고 진보적인 의도가 변질되었기 때문이다. 나치주의에서 보듯이 정치 권력은 정치적 신화를 통해 전쟁을 미화하는 등 재신화화를 열광적으로 추진하면서 신화의 문화적 기능을 탈환하고자 적극적으로 시도했다. 또한 당시는 문화적 위기의식에 대한 반작용으로 비합리주의 운동이 정치적 사회적 문화적으로 득세하던 시대이기도 하다. 1920년대에 슈타이너 같은 신지론자에 의해 널리 퍼진 신비주의적인 아우라 개념이 대표적이다.

신학적 관점에서의 초기의 신화비판이 신화적 폭력과 신의 폭력을 추상적으로 대립시켰다면, 유물론적 전향 이후의 신화비판은 "신화로부터의 유물론적 해방"(II, 365쪽)을 목표로 한다. 아우라의 경우 이는 아우라가 몰락하게 되는 기술적 사회적 조건들에 대한 철저한 분석을 통해 이루어진다. 벤야민이 「기술복제시대의 예술작품」에서 시도

---

27. Burkhardt Lindner, "Engel und Zwerg. Benjamins geschichtsphilosophische Rätselfiguren und die Herausforderung des Mythos," *"Was nie geschrieben wurde, lesen,"* 253쪽 참조.

한 것은 바로 기술적 아프리오리에 해당하는 조건들을 면밀히 분석함으로써 사이비 아우라로부터의 해방을 위한 비판적 기초를 닦는 것이었다. 벤야민이 예술의 정치화를 위해 선전하고 있는 '비아우라적' 예술은 신화의 힘에 맞서는 장치다. 메시아적 이념, 사회민주주의적 이상, 자본주의적 상품물신, 이중 어떤 것이든 간에 거짓된 행복과 구원, 기만적 화해를 약속하면서 그 유혹의 힘에 저항할 수 없다면 그 것은 '신화의 억제할 수 없는 폭력'으로 작용한다. 이러한 신화의 유혹에 굴복하지 않는 힘, "신화로부터의 유물론적 해방"은 미래의 구원에 대한 전망이 아니라 오직 긴장에 찬 현실성의 차원에서만 얻을 수 있다고 벤야민은 말한다.(I, 122쪽 참조)

## 파사주와 변증법적 이미지

벤야민은 아라공이 『파리의 농부』에서 보여준 현대의 신화학은 꿈의 영역에 집착하고 있다고 보았다. 시적 주체의 문학적 감수성에 의해 생성된 꿈과 도취의 공간에서 초현실주의적 이미지가 증폭하면서 그로부터 다시 역사의 공간으로, 즉 현실적 실천과 요청으로 되돌아나올 길이 막혀버리기 때문이다.

아라공은 꿈의 영역에 머물기를 고수하는 반면, 여기서는 깨어남의 구도가 발견되어야 한다. 아라공에서는 인상주의적 요소가 남아 있는 반면—여기서 말하는 것은 신화인데, 그의 저서에 나타난 적지 않은 어설픈 철학은 그러한 인상주의에 기인한다—여기서 신화는 역사공간으로 해소되어야 한다.(V, 571쪽)

초현실주의의 신화적 경험은 또다른 차원에서 신화적 유혹에 굴복하는 것이다. 아라공이 제시한 도시 신화학은 집단적 타당성이라는 모든 요구와 결별하고, 신화적인 것을 개개인의 이미지 경험으로 개별화한다.[28] 아라공의 신화적인 것이 시적 주체의 감수성에 기인하는 반면 벤야민은 신화적인 것을 집단적 차원으로 존재하는 환등상의 세계에서 찾는다. 환등상은 마르크스가 경제구조에 적용시킨 물신 개념을 자본주의 문화 전체로 확장시킨 개념이다. 벤야민은 상품이면서 상품의 성격을 숨기고자 시도하는 현대의 모든 문화는 환등상의 성격을 지닌다고 본다.

상품에 부여되는 물신적 속성은 상품생산사회 그 자체에도 묻어 있다. 상품생산사회는 그 자체의 모습으로 존재하는 것이 아니라 상품을 생산한다는 사실을 도외시할 때 드러나는 모습으로 자신을 표상하고 이해하는 그러한 사회다. 이 사회가 자신에 대해 만들어내고 자신의 문화라고 내걸고 있는 이미지가 곧 환등상 개념에 상응한다.(V, 822쪽)

현대성이란 스스로 만든 환등상에 의해 지배되는 세계이고 19세기의 파리, 그중에서 파사주는 환등상의 근원지였다. 1939년 개요에서 벤야민은 19세기를 지배한 환등상을 "새로움의 환등상" "실내의 환등상" "문명 그 자체의 환등상"(V, 60쪽)으로 구분한다. 첫째, 파사주는 실내의 환등상을 강화시킨다. 최초로 파사주에 적용된 철골의 구성주의적 형식원리와 유리라는 신소재는 원래 부르주아의 실내공간을 지배하는 정신과는 다른 정신을 내포한다. 철골의 구성주의적 형식원리는 기존의 건축에 구현된 인간중심주의와는 맞지 않고, 투명성을 특

---

28. *Schwellenkunde. Walter Benjamins Passage des Mythos*, 25쪽 참조.

징으로 하는 유리라는 신소재는 개별화된 것, 사적인 것이 아닌 공공성에 적합하기 때문이다. 이는 "유리는 어떠한 아우라도 갖고 있지 않다. 비밀의 적, 소유의 적"(II, 217쪽)이라는 언급에서도 잘 드러난다. 그러나 새로운 구성적 원칙과 테크놀로지에 예술적 장식과 낡은 형식을 접목한 파사주는 이러한 정신을 구현하지 못했다. 둘째, 상품의 신전으로 등장한 파사주는 새로움의 환등상이 지배하는 대표적 공간이다. 파사주는 새로운 것을 부단히 연출하는 유행의 리듬이 지배한 최초의 공간이다. 상품은 언제나 새로움의 요구를 충족시키면서 언제나 똑같은 신기루를 대중에게 제공한다. 실내의 환등상이든, 새로움의 환등상이든, 환등상은 "억제할 수 없는 폭력의 구조"[29]를 지닌 신화로 발전할 수 있다. 환등상은 신화적 힘의 또다른 버전이다.

벤야민은 신화적인 꿈 이미지를 환기하는 데 머물지 않고 그에 대한 역사철학적 해석을 시도한다. 그러한 시도는 파사주의 신화적 지형학을 현재에 비추어진 이미지, 즉 변증법적 이미지로 해독하는 것이다. 그러기 위해서는 먼저 현재의 시간과 공간에 대한 시선을 더욱더 날카롭게 하는 동시에(V, 571쪽 참조) 현재의 의미를 역사적 순간으로 인식해야 한다. 당대의 신건축운동에 대한 벤야민의 공감은 파사주에 최초로 적용된 철골의 구성주의적 형식원리와 유리라는 신소재에 구현된 새로운 정신에 대한 것이다.[30] 신건축은 외부와 내부 사이의 벽을 무너뜨리면서 전면적인 외부화를 의도하고, "관계와 투과"의 원리가 지배하는 새로운 기하학적 질서를 지향한다.[31] 파사주를 신

---

29. R. P. Janz, "Mythos und Moderne bei Walter Benjamin," in: K. H. Bohrer (Hg.), *Mythos und Moderne*, Frankfurt a. M., 1983, 367쪽.
30. 이러한 관심은 1933년에 쓴 「경험과 빈곤」에서 가장 분명하게 드러난다. II, 213~219쪽 참조.
31. 신건축이 지향하는 이러한 목표에 대한 벤야민의 유보적 태도는 이 책 2장 참조.

건축의 선구로 인식하면서 파사주의 유리와 철이 너무 이른 철, 너무 이른 유리였음이 밝혀지고, 파사주에서 은폐된 정신이 신건축에 비추어 분명해진다. 그러나 벤야민은 초현실주의적인 모더니티 공식과 대척점에 서 있는 신건축운동에 경도된 관점에서 파사주에 접근한 것은 아니다. 『파사젠베르크』는 현대 자본주의의 유통과정에서 낡아버린 사물, 철 지난 건축과 유행, 한물간 공간 등에 대한 초현실주의적인 관심과 신건축의 정신에 대한 공감 사이에 서 있다. 따라서 "브르통과 르코르뷔지에를 포괄하는 것—오늘날의 프랑스 정신을 활처럼 팽팽히 당겨서 인식이 순간의 심장을 쏘도록 하는 것"(V, 573쪽)이 중요하다.

파사주라는 과거와 신건축이라는 현재의 관계에서 파사주의 의미는 신건축의 선구라는 데 그치지 않는다. 신건축의 선구를 넘어 파사주는 실내공간에 집착했던 19세기에서 다공성과 투명성을 지향했던 20세기로 넘어가는 문지방의 의미를 지닌다. 시간적 차원뿐 아니라 공간적 차원에서도 파사주는 문지방이다. 파사주는 건축학적으로 거리와 상점 사이에 위치한다는 사이공간이라는 점에서 외부와 내부, 사적인 공간과 공적인 공간의 차이를 제거한 집단의 집과는 다르다. 파사주는 오히려 외부와 내부, 거리와 집안이 혼동되는 경험을 가능하게 한다는 점에서 "거리와 실내의 중간물"(「보들레르의 작품에 나타난 제2제정기의 파리」, 『선집 4』, 81쪽)이다.

서로 마주보는 상점들 사이에서 마치 자기 집의 네 벽 안에 있는 부르주아처럼 아늑함을 느끼는 거리산보자에게 거리는 집이 된다. 그는 부르주아가 자기 집 거실의 유화에 부여하는 가치를 상호가 쓰인 반짝거리는 에나멜판에 부여한다. 벽은 그의 메모수첩을 받쳐주는 책상이며, 신문 매점은 그의 도서관이고, 카페 테라스는 그가 일을 끝내고 집

안을 내려다보는 돌출창이 된다.(같은 곳)

거리와 실내의 혼동에 대한 이 구절은 정치적 집단으로서의 대중의 집이 거리라고 주장한 다른 글에서도 등장한다. 동일한 거리 체험이 한편에서는 사적 개인의 관점에서, 다른 한편에서는 집단적 경험의 관점에서 거론되는 것이다. 바이트만은 이를 개인적 경험 안에 집단적 경험의 미래가 예고되고 있다고 해석한다.[32]

문지방이 비로소 안과 밖을 만들어내듯이 과거와 현재, 꿈과 깨어남이라는 차원은 각각 그 자체로 존재하는 것이 아니라 이쪽에서 저쪽으로 통과하는 사이 공간인 문지방에서 비로소 만들어진다.[33] 두 영역을 서로 고립시키는 경계와 달리 문지방에서 서로 다른 공간과 시간은 자체 내에 완결된 것이나 연속체로 간주되지 않는다. 경계가 고정적이고 폐쇄적인 공간을 창출한다면, 문지방은 역동적인 중간지대다. 부단히 옛것과 새것이 급격하게 교체되는 현대의 대도시에서는 문지방 경험이 점점 사라진다. 시시각각 변하는 현재에 매몰되지 않고 현재와 과거, 현존과 부재의 긴장을 견지하는 것이 점점 더 어려워지기 때문이다. 현대를 특징짓는 시간의식은 과거의 자취를 벗어던지는 '순간'의식이거나 동질적이고 연속적인 시간의식이다. 현재와 순간에만 매몰된 의식뿐 아니라 시간의 연속성에 대한 의식도 문지

---

32. Heiner Weidmann, *Flanerie-Sammlung-Spiel. Die Erinnerung des 19. Jahrhunderts bei Walter Benjamin*, München, 1992, 91쪽 참조.
33. 원래 문지방 경험은 탄생, 죽음, 결혼, 성년 등 인생에서 중요한 이행의 단계와 관련되는 경험이다. 문지방은 인류학적으로 중요한 의미를 지닌 장소로서 전통사회에서 통과의례와 밀접한 연관성을 지닌다. 통과의례는 전 단계로부터의 분리의례, 다음 단계로 아직 진입하기 이전의 이행단계, 이후의 통합단계로 구성된다. 애매모호함을 특징으로 하는 이행단계는 일종의 문지방 상태로 규정될 수 있는데, 그것은 문지방이 안에서 밖으로 혹은 밖에서 안으로 서로 다른 영역들 간을 이행하는 지점에 있기 때문이다.

방 경험과는 거리가 멀다. 문지방 경험은 과거에 대한 접근에서 중요하다. 파사주의 경우 이는 신화청산과 신화구제라는 양 축 사이에서 긴장을 유지하는 것을 의미한다. 여기에는 청산되어야 할 신화와 구제되어야 할 신화 모두에 대한, 즉 신화의 양가성에 대한 의식이 요구된다. 파사주가 신화적 지형학에 속한다면 거기에는 청산되어야 할 신화만이 아니라 구제되어야 할 신화도 있다. 파사주에서 보듯이 19세기에 건축뿐 아니라 테크놀로지 전체가 집단적 꿈을 증언하고 집단적 소망 상징을 구현했다면 이러한 소망 상징은 현재화를 통해 구원될 가치를 지닌다. "아이가 달을 잡으려는 시도를 하며 쥐기를 배우듯이"(V, 777쪽), 소망 상징이 실천적 과제를 완수하기 위해 필요한 이미지의 힘을 제공할 수도 있기 때문이다. 거리와 실내, 공적 영역과 사적 영역의 경계를 해체한 파사주는, 신건축운동을 넘어 아직 실현되지 않은 테크놀로지의 생산적인 가능성을 상상하기 위한 힘을 내포한 이미지로 해독될 수 있다. 그러한 상상은 철저히 사적 성격을 지닌 실내와 공적 성격을 지닌 거리의 이분법을 극복할 가능성을 향한 상상이기도 하다.

벤야민은 인간에 의해 가공된 자연의 형식과 "자기 내부의 자연을 우리에게 분명히 드러내 보여주는"(V, 500쪽) 형식세계를 대비시킨다. 상품성을 우주로 전이한 그랑빌의 환상이 전자라면, "릴리퍼트의 소인 같은 우리를 거대한 유기적 식물 형식의 땅으로 이끈"(III, 153쪽) 카를 블로스펠트의 사진이 후자다. 벤야민에 의하면, 블로스펠트의 사진은 "식물세계의 엄청난 확대"를 통해 "캐리커처가 식물세계에 가한 상처를 치유"(III, 152쪽)한다. 테크놀로지가 우리의 "나태"가 옛 자연에 씌워놓은 "베일"을 벗기고, 식물의 존재 속에서 "전혀 예상치 못했던 귀중한 유사성과 형식들"(III, 151쪽)을 가시화한다면, 철골건축이라는 테크놀로지는 어떠한 주거 형식을 "자연의 형식"(V, 500쪽)으로 드러낼 것인가? 이 질문에 대한 대답은 미래상이 아니라 과거 안에 은폐되어 있는 지침이다. 다만 그 지침은 그 자체로 과거 안에 내재한 것이 아니라 과거와 현재의 구도 속에 위치한 변증법적 이미지를 통해서만 획득할 수 있다. 그때 비로소 파사주의 신화적 지형학이 지니는 양가적인 의미도 밝혀진다.

보론 1

# 헤셀의 베를린 산책

## 파리에서 베를린으로

자연이 아니라 도시를 산책한다는 생각은 19세기 전반에 등장한다. 1830년대부터 프랑스에서는 '플라뇌르flâneur'(거리산책자)가 대도시 삶을 구성하는 하나의 사회적 유형으로 자리잡는다. 남에게 자신을 과시하기 위해 할일없이 거리를 소요하는 댄디를 거리산책자의 원형이라고 보기도 하지만, 거리산책을 오직 상상력, 직관, 환상을 지닌 사람만이 할 수 있는 특별한 능력으로 보기도 한다. 이러한 관점에 따르면 거리산책자는 단순히 근대화의 리듬에 역행하는 댄디도, 군중 속에서 정치적 행동의 호기를 노리는 혁명가도 아닌, 도시의 변화를 시적 영감을 주는 새로운 체험으로 받아들이는 근대적 예술가다. 이러한 의미에서 거리산책자의 선구자는 보들레르다. 평생 파리를 거의 떠난 적이 없었던 보들레르는 도시계획에 의해 근대화의 물결에 휩쓸리기 시작한 파리에서 시적 영감을 얻었다. 보들레르는 시시각각 변화하는 도시의 일상 가운데 순간적 시선 교환이라는 새로운 체험에 주목하고, 도시의 낯섦과 불가시성을 체험의 우연성과 무의식성이라는 새로운 시각으로 극복함으로써 새로운 거리산책자 유형을 완성시키고 도시문학의 신기원을 열었다.

보들레르로 대표되는 거리산책자는 프랑스에서는 초현실주의자들, 아폴리네르까지 이어진 반면, 대도시의 발달이 프랑스보다 한결 늦은 독일에서는 19세기 후반까지도 거리산책자라는 사회적 유형은 낯설었다. 따라서 본격적인 도시문학은 존재하지 않았고, 대도시 현실을 보는 시각은 여전히 '창가에서 바라보는 시선'에 머물러 있었다. 다시 말해 복잡한 도시 현장으로부터 거리를 두는 파노라마 시각, 프레임적 관찰방식에 머물고 있었다. 독일에서는 거리산책자에 대한 사회적 인식 역시 그다지 풍부하지 못했을 뿐 아니라 도시의 공간구조도 거리산책에 적합하지 않았다. 거리산책자를 단순히 댄디나 무위도식자가 아닌, 현대 예술가의 유형으로 보는 인식은 독일에서 자리잡지 못했다. 대도시 체험을 거리산책과 연관시키는 시각이 자연주의와 표현주의 문학에서 엿보이지만, 거리산책의 지각구조를 예술가적 지각구조로 고양시키는 시도는 나타나지 않았다. 더구나 급격한 도시화의 길을 걸은 베를린에서 일반 시민은 거리산책의 유유자적함과는 거리가 멀었을 뿐 아니라 심지어 이를 부정적으로 보는 편견까지 있었다. 그런 만큼 거리산책자는 베를린에서 곧 주목의 대상이 되었다.

거리산책에 부적합해 보이는 대도시 베를린에서도 그것이 가능하다는 것을 처음으로 보여준 작가는 헤셀이다. 1906년 열여덟 살 때 파리에 가서 일차대전 발발 때까지 그곳에 머물렀던 헤셀은 파리의 대도시 문화에 누구보다도 친숙한 독일 작가였다. 일차대전이 발발하자 고향도시 베를린에 돌아온 뒤 1926년에 다시 파리에 갔는데 이해에 벤야민은 헤셀로부터 파리를 산책하는 기술을 배우게 된다. 벤야민은 헤셀이 1929년에 발표한 『베를린 산책』에 대한 서평에서 "이제는 끝났다고 생각한, 산책의 무한한 연극"(III, 194쪽)이 베를린에서 되살아났다고 추켜세운다. 헤셀이 파리의 거리산책자들처럼 도시를 예술가적 모험과 환상의 공간으로 변화시키고자 한 것은 아니다. 다만 전통 없는 도시라는 비판을 받는 고향도시 베를린을 다른 어느 도시와도 혼동할 수 없는 고유한 얼굴을 가진 도시로 되찾고자 했다.

사실 '전통 없는 도시' '미국화된 도시'라는 표현은 19세기 말 대도시로 급격히 발전한 베를린의 역사에서 연유한다. 베를린은 1230년부터 1240년까지 브란덴부르크 후작 가문이 세운 도시다. 1709년 프로이센 왕 프리드리히 1세는 베를린을 수도로 삼고 왕실 저택을 만들기 위해 베를린 자유시와 노이쾰른 및 주변의 마을 세 곳을 통합했다. 그리하여 1871년 독일제국의 성립으로 베를린은 독일의 수도가 되었다. 1920년 4월 신도시 조성에 관한 법령에 따라 여덟 개의 소도시, 스물다섯 개의 읍Landgemeinde, 스물일곱 개의 사유지구Gutsbezirke가 통합되어 대도시 베를린이 형성되었다. 이때 베를린은 면적이 열세 배 커졌고 인구도 두 배 늘었다. 이로써 로스앤젤레스에 이어 세계에서 두번째로 면적이 넓은 도시가 되었고 인구수도 3, 4위에 달했다. 세계공황 직전인 1929년 베를린의 인구는 430만 명에 육박했다. 이는 삼십년전쟁의 여파로 인구가 6000명으로 줄어들었던 17세기 전반에 비하면 (당시 파리는 42만 명에 육박했고, 런던은 15만 명을 넘었다) 엄청난 성장이었다. 중앙집권국가였던 영국이나 프랑스의 수도와 달리 베를린은 뒤늦게 급성장한 신흥도시였던 것이다. 출발은 늦었지만 급속도로 유럽의 대도시로 성장하게 된 배경은 당시 사회에 전반적으로 진행되던 기술발전에 있었다. 베를린은 무엇보다 산업과 기술의 도시로 자리매김한다.

물론 베를린은 산업과 기술의 도시일 뿐 아니라, 괴테가 부러워했던 파리처럼 많은 지식인, 예술가, 작가 들을 끌어들이는 문화의 중심이 되었다. 이제 베를린이라는 대도시는 독일 작가들에게도 정신적으로 대결해야 할 하나의 중요한 이슈가 되었다. 일차대전이 끝나고 문화적 황금기를 누리기 시작하면서 베를린을 주제로 한 책들이 쏟아져 나온 것도 이를 잘 보여준다. 헤셀의 『베를린 산책』도 당시 출간된 베를린 관련 서적을 통해 얻은 배경지식을 깔고 있다. 예를 들어 오이겐 차마리스의 『여행안내서에 있지 않은 것』(1927), 아르투어 엘뢰서의 『내 유년시절의 거리』 등이 있다. 앞서 나온 베를린 책들에도 불구하고 헤셀이 책을 집필한 동기는 무엇일까? 벤야민의 서평은 이에 대한 답변을 제시한다. 벤야민에 의하면, "『베를린 산책』은 어릴 때부터 도시가 아이에게 들려준 이야기가 울려퍼지는 메아리"(III, 194쪽)다. 헤셀의 책은 베를린의 숨은 비밀을 단순히 묘사하는 것이 아니라 현대 대도시의 조건 아래서 유년시절을 체험한 첫 세대가 고향도시 베를린을 어떻게 이야기하는지 증거한다. 물론 헤셀 자신의 기억만 되살리는 것은 아니다. 헤셀은 과거 베를린의 모습, 역사적 일화 등에 대한 풍부한 지식을 갖고 산책에 나선다. 파리에 대한 동경으로 베를린을 떠나곤 했던 헤셀이 베를린에서 산책하기로 마음먹은 중요한 계기는, 이미 만들어진 도시 파리와 달리 베를린은 어떻게 만들어졌고 만들어질 것인지 늘 의식하게 해주는 도시이기 때문이다. 헤셀은 옛 유럽의 대도시 파리 대 현대적-아메리카적 베를린이라는 대립적 구도를 잘 알고 있었지만, 그의 베를린 산책에서 이 구도는 그다지 큰 역할을 하지 않는다. 프랑스의 거리산책자 선배들의 이름은 등장하지 않는다. 숨어 있는 모티프로 작동하고 있기는 하지만.

## 옛 베를린과 새 베를린 사이에서

헤셀에게 베를린 산책은 베를린의 향토학에 대한 관심, "늘 변화하는 도시의 과거와 미래에 대한 관심"[1]에서 비롯된 것이다. 부단한 변화 속에서 도시의 옛 모습이 사라지리라는 염려는 도시건설이 가속화되는 시기를 특징짓는 심리적 반응이다. 알렉산더광장과 뷜로광장 사이에 있는 유대인 구역을 보는 시선이 대표적이다. 화자는 특이한 이름을 가진 거리들에서의 삶을 알고 싶어하는 사람이라면 서둘러 그곳에 가야 한다고 말한다. 그는 프리드리히슈트라세의 와인바가 '맥주궁전'이나 '맥주성당'에 의해 50년 전부터 추방되고 있음을 확인한다. 일종의 사교장이 되기도 했던 책방 문화가 사라지는 것을 안타까워하기도 한다. 변화 속도가 너무 빠른 경우에는 과거의 모습을 망각할 뿐 아니라 현재의 모습 역시 제대로 바라보지 못한다. 따라서 도시산책은 도시의 현재에 대한 관찰과 과거에 대한 기억이라는 이중적 과제를 안고 있다. 헤셀의 산책 역시 이러한 이중적 과제를 염두에 둔다. 그가 수집한 이미지들은 한편에서는 산업과 소비의 중심으로 자리잡은 베를린의 현재에서, 다른 한편에서는 옛 베를린에 남아 있는 흔적에서 비롯된다. 헤셀은 장소나 건물의 옛 모습을 떠올리거나 그와 얽힌 역사적 일화들을 인용하는데, 이러한 인용기술은 옛 베를린과 새 베를린의 가교를 만드는 전략이다.

베를린을 국제도시로 만드는 도시계획에 대해 헤셀은 긍정적이다. 이런 배경에서 건축가이자 베를린 도시건설국장인 마르틴 바그너로부터 포츠담광장에 시행될 도시계획에 대해 듣고 그와 함께 베를린 서부에 조성될 박람회 구역을 견학하고 오락산업이 들어설 '라이히

---

1. Franz Hessel, *Ein Flaneur in Berlin*, Berlin, 1984, 12쪽.

스칸츨러광장'을 구경하기도 한다. '거대한 선과 광대한 공간의 정신'에 의해 추진되는 새 베를린에 대한 헤셀의 태도는 신즉물주의자들과 크게 다르지 않은 것처럼 보인다. 건설이 활발히 이루어지는 현장부터 견학한 이유는 옛것과 새것의 급격한 교체가 이루어지는 공간이기 때문이다. 헤셀은 신즉물주의자들이 꿈꾸는 세계도시 베를린의 건설 현장과 유리와 철로 만든 거대한 규모의 공장들을 둘러본다. 또 후텐슈트라세에 있는 페터 베렌스의 터빈 공장을 비롯한 공장지대를 견학하면서 산업도시 베를린과 만나고, 베르트하임과 티츠백화점이 있는 상가, 레테슈트라세, 쿠르퓌르스텐슈트라세 등 베를린의 유명한 패션 거리를 산보하면서 유행의 도시 베를린도 만난다. 레스토랑, 무도회장, 극장 등 유흥과 여가가 이루어지는 삶의 현장도 묘사된다. 헤셀이 처음으로 방문하는 장소들은 이처럼 생산과 소비의 공간으로 부단히 변하고 있는 도시다. 여기서 헤셀의 도시산책은 일하는 베를린, 소비하는 베를린 등 베를린의 현재를 향한다.

헤셀은 당대의 신즉물주의자들처럼 새로운 베를린을 긍정적으로 보면서도 속도의 법칙을 찬양하는 신즉물주의자들의 시각과는 거리를 둔다. 베를린은 기술적 현대성이 집약된 도시이면서 동시에 여러 세대의 시간층이 미로처럼 얽혀 있는 공간이기 때문이다. 헤셀이 묘사하는 도시 풍경에는 세계도시 베를린의 모습에 비더마이어풍 베를린, 빌헬름 시대 군국주의의 흔적이 남은 베를린, 나아가 화자가 유년시절을 보낸 베를린이 겹쳐진다. 건설현장을 둘러본 날 저녁에 초대받아 간 한 노부인 집의 실내는 옛 베를린을 엿보게 해준다. 화자는 비더마이어풍 실내를 채운 장식품이며 실용품을 자세히 묘사하는데 마치 신건축이 불러일으킨 낯섦을 오래되고 친숙한 공간을 통해 치유하기라도 하는 것 같다. 옛 베를린에는 유년시절 베를린의 모습도 포함된다. 구서부지역에 대한 산책 기록은 다음과 같이 시작한다.

많은 것을 겪었으면서도 살아남은 티어가르텐을 제외하면 구서부 지역은 쇠퇴했다. 그곳은 유행 지난 아름다움이 남아 있다고나 말할 수 있다. 사람들은 더이상 거기에 살지 않는다. 지난 세기 말에 부유한 가문들은 이미 쿠르퓌르스텐담 혹은 그뤼네발트 지역의 빌라까지는 아니라도 서부 끝이나 달렘 지역으로 이사했다. 그러나 구서부지역에서 어린 시절을 보낸 우리 중 많은 이는 특별할 것 없는 이곳 거리와 집에 애착을 품고 있다.[2]

구서부지역은 싱켈의 제자들이 만든 프로이센식 그리스를 만날 수 있는 곳이다. 박물관이나 외국에서 진짜 고대양식을 접하기 이전에 이곳에서 대도시 아이들은 이른바 2차적 신화와 만날 수 있었다. 아이들은 부모의 집에서 청동 아폴론상이나 대리석 비너스 흉상을 보고, 등굣길이나 산책길에 종종 다양한 신화적 인물 조각상과 만난다. 헤셀은 등하교 중 마그데부르크슈트라세에서 보았던 뮤즈상들이 마치 등굣길의 아이들을 쳐다보는 것 같았고, 지금은 비록 사라졌지만 당시에는 그곳 아이들의 일부가 되었다고 회상한다. 공을 차고 놀던 티어가르텐 놀이터에는 아폴론상이 있었고, 그곳에서 산책을 하면서 아버지나 큰형으로부터 기둥양식에 대한 첫 수업을 들었다. 구서부지역은 최초의 교양체험의 장소였던 셈이다. 이처럼 구서부지역 산책은 신즉물주의적 베를린과는 전적으로 다른 옛 베를린의 모습에 대한 회고와 결부되어 있다.

도시산책에서 환기되는 또다른 베를린은 권력 과시와 군사문화가 지배하던 시절의 베를린이다. 전승기념탑이 서 있는 지게스알레는 군사적 베를린에 대한 자부심이 반영된 대표적 거리다. 화자가 보기

---

2. 같은 책, 154쪽.

에 지게스알레 양쪽에 세워진 서른두 명의 브란덴부르크-프로이센 공국 왕들의 상은 제거하는 것이 낫다. 쿠르퓌르스텐담에 있는 카이저빌헬름기념교회는 중앙탑들과 부속탑들을 거느린 후기 로마시대 양식 건축물로 여전히 "프로이센풍 자세로 흔들림 없는 위용을 유지하며 서서"[3] 교통의 원활한 흐름을 막고 있다. 헤셀은 과거의 권력을 대표하는 건축양식, 예를 들면 빌헬름 시대의 신고전주의 건축양식에 대해서는 비판적이다. 베를린은 프로테스탄트적인 국가철학과 군대철학에 의해 지배되면서 사지가 경직된 도시다. 이처럼 프로이센식 훈련 속에서 굳어진 사지를 풀기 위해서 가벼움의 의지가 필요하다.

헤셀의 거리산책자가 "우리가 머물고 싶은 옛날"[4]이라고 말한다고 해서 사라진 모든 것이 동경의 대상은 아니다. 프리드리히슈트라세에 있는 카이저갤러리는 과거가 현재를 짓누르는 환영으로 작용할 수 있음을 경험하게 해준 장소다. 파리의 파사주를 본떠 만든 카이저갤러리는 "오싹한 기분 없이는 들어갈 수 없는 곳"[5]이다. 비더마이어풍 실내와는 달리 후텁지근한 온실 분위기를 풍기고 어딘지 현기증을 일으키는 카이저갤러리에서 화자는 미장원, 진열장, 모피코트 가게 등 오래된 상점들과 마주친다. 쇼윈도는 즐비하지만 사람은 거의 없다. 이십 년 전이나 다름없는 물건들을 진열하고 있고 기껏해야 전화기 판매상이 새로 들어섰을 뿐이다. 그곳에는 뼈가 훤히 드러난 여자 인형이 심장, 간, 폐 그림들로 둘러싸여 있는 해부학 전시실도 있고 사진을 보고 초상화를 그려주는 화실도 있다. 카이저갤러리는 트라우마를 건드리는 듯한 만화경을 제공한다. 카이저갤러리에서의 공간경험을 묘사한 대목은 다음 구절로 끝난다.

---

3. 같은 책, 136쪽.
4. 같은 책, 156쪽.
5. 같은 책, 245쪽.

갤러리 한가운데는 텅 비어 있다. 나는 출구를 찾아 서둘러 나가다 마치 지난 시절 바자회에서 벽을 따라 진열된 모조장식품, 옷, 사진, 흥미 있는 읽을거리 등을 호기심이 가득한 시선으로 쳐다보는 사람들이 유령처럼 밀집해 있는 듯한 기분이 들었다. 출구에 있는 큰 여행사 사무실의 창문을 보고서야 나는 안도했다. 거리, 자유, 현재다![6]

제2장 「나는 배운다」에서 헤셀은 베를린을 특징짓는 일시성과 변화를 강조하고 있다. 현재의 베를린은 과거의 베를린 못지않게 '보이지 않는 도시'다. 헤셀이 도시산책에 대해 설정한 과제는 이처럼 이중으로 보이지 않는 도시를 표현 가능하게 만드는 것이다. 도시산책에서 수집된 이미지들을 통해 1920년대 후반이라는 현재와 과거 사이에는 역사적 성좌가 형성된다. 현재의 예찬은 현재가 딛고 있는 과거에 대한 기억의 활성화를 배경으로 비로소 가능하다. 또한 거리산책자가 목도하고 있는 베를린의 진정한 상은 기억의 양식에서야 비로소 완전히 모습을 드러낸다. 벤야민은 옛것과 새로운 것의 관계를 다음과 같이 기술한다. "새로운 것이 조용하게 모습을 드러낸다고 해도 그것의 존재를 분명하게 인지하는 사람만이 이제 막 옛것이 되어버린 것에 대해 독창적인 초기의 시선을 가질 수 있다."(III, 197쪽)

### 도시관광에서 도시산책으로

헤셀은 자신의 고향도시에 대해 거리를 두기 위해 일부러 이방인들을 위한 관광팀에 합류해서 베를린의 명소를 관광한다. "우연의 작

---

6. 같은 책, 248쪽.

은 발견"[7]과 목표 없는 걷기와 보기를 특징으로 하는 도시산책을 중
요시하면서 굳이 베를린 관광에 참가한 것은, 현대 관광여행에 대한
비판을 실제 현장에 적용하기 위해서다. 관광객들이 잔다르망마르크
트에서 프로이센국가은행, 유서깊은 왕립해상무역회사 등 베를린의
명소들을 구경하는 동안 헤셀은 낭만주의 작가 E. T. A. 호프만이 즐
겨 찾던 와인바에 시선을 돌린다. 명소만 찾아다니는 도시관광중에는
잘 알려져 있지 않은 비밀스러운 것들은 경험하기 어렵다. 알렉산더
광장의 마리아교회에 있는, 죽음의 무도회를 그린 20미터 길이의 프
레스코 벽화도 그중 하나다. 헤셀은 19세기부터 하나의 여가 유형으
로 자리잡은 관광여행의 한계를 극복하기 위해서 도시산책을 제안한
다. 도시관광객은 보통 거창한 역사적 기억이나 전율을 경험하고자
하는 데 반해, 도시산책자에게 그러한 경험은 "관광객들에게 기꺼이
양보할 하찮은 일이다."(III, 195쪽) 로마는 도시산책에 부적합하다. 너
무나 많은 유적들로 이루어져 있기 때문이다. "수많은 사원, 건물로
둘러싸인 광장, 국가적 성전 등으로 가득찬"(같은 곳) 로마 같은 도시
는 "모든 보도블록, 모든 상점 간판, 모든 계단, 모든 성문과 하나가 되
어"(같은 곳) 꿈꾸는 듯한 산책을 하기에는 부적합하다.

　　베를린에서 산책을 하기에 적합한 거리는 어디일까? 헤셀은 타우
엔치엔슈트라세와 쿠르퓌르스텐담을 제안한다. 그 이유는 상가가 발
달한 길고 "활기찬 거리를 느릿느릿 걷기"[8]에 적합하기 때문이다. 헤
셀의 산책은 베를린 중심, 북부, 동부, 서부, 남부 지역을 모두 포괄하
기 때문에 그가 산책에서 마주치는 사람과 풍경은 매우 다양하다. 성,
교회, 국회의사당, 전승기념탑 등 역사적 명소도 언급되지만 거리산

---

7. 같은 책, 273쪽.
8. 같은 책, 7쪽.

책자의 시선을 더 강하게 끄는 것은 노동 현장, 공사 현장, 베를린 사람들이 소비하고 여가를 즐기는 현장 등 도시의 일상이다. 코만단텐슈트라세에 있는 마르크트할레의 풍경, 어느 술집 내부 풍경도 자세한 관찰대상이 된다.

거리산책자의 도시화된 감수성에서 가장 중요한 감각기관은 눈, 시선이다. 헤셀은 도시산책을 "눈의 예기치 못한 모험들"[9]을 찾아나서는 길이라고 표현한다. 이것은 현대 대도시인들이 잃어버린 시선을 되찾기 위한 것이다. 짐멜은 "인간관계의 전 영역에 걸쳐서 가장 완벽한 상호성은 바로 여기 [직접적인 시선 교환]에서 달성된다"[10]고 말한 바 있다. 우리는 "다른 사람을 받아들이는 시선 속에서 동시에 우리 자신을 드러내기"[11] 때문이다. 그러나 무수한 만남이 이루어지는 대도시 한가운데서 이러한 시선의 상호성은 좀처럼 이루어지지 않는다. 방어적인 기능에 익숙해 있는 현대인의 눈은 대도시 거리에서의 짧고 우연적인 만남에서 상대방의 상을 거울처럼 반영할 뿐이지 시선을 되돌려주지 않는다. 거리산책자의 도시 관찰은 일방적인 시선이 아니라 쌍방형의 시선을 특징으로 한다. 이는 거리산책자와 도시 풍경 사이에 아우라적 시선을 교환함을 의미한다. 우리는 우리를 바라보는 사물에 한해서 바라본다. 거리산책자는 사물에 대한 '최초의 시선,' 다시 말해 아이의 시선을 되찾아야 한다. 거리산책자는 대도시의 분주한 삶과 매일 매일의 단조로운 대도시 일상 속에서도 세상에 대한 놀라움을 잃지 않는 아이의 눈으로 도시를 관찰한다. 그러한 시선 아래 도시는 마치 풍경처럼, 만화경처럼 혹은 문자 콜라주처럼 다가온다. 상점의 창문, 문 등에 쓰인 단어들, 글자들의 조합이 놀라움을

---

9. 같은 책, 145쪽.
10. 「감각의 사회학」, 『짐멜의 모더니티 읽기』, 159쪽.
11. 같은 곳.

일으키기도 한다. 거리산책자의 시선을 끄는 도시풍경에는 도시의 시각적 현실을 구성하는 모든 요소들이 포함된다. 거기서 "인간의 얼굴뿐 아니라 진열품, 쇼윈도, 카페테라스, 선로, 자동차, 나무 등은 동등한 권리를 지닌 문자로 등장한다."[12] 도시는 자연과 같은 풍경, 다채로운 이미지를 제공하는 만화경, 걸으면서 서서히 완성되는 책이 된다. 재건축이 한창인 알렉산더광장 주변에 대한 다음과 같은 묘사에서는 도시의 구석구석을 훑어보는 거리산책자의 시선이 느껴진다.

　　낡은 것이 사라지고 새것이 등장하는 곳에서는 우연, 불안, 곤궁에서 비롯된 과도기적인 세계가 폐허 가운데 자리잡게 된다. 이곳 어딘가 은신처를 아는 사람은 희한한 거처를 찾아갈 수 있다…… 예를 들면 가까운 광장시장에 차편이나 광주리로 과일을 보내던 커다란 과일가게가 있던, 이제는 철거된 임대아파트 지하실에는 바나나 지하창고가 있고, 창고의 쓰레깃더미 뒤에는 야간숙소에 더이상 갈 수 없거나 가고 싶어하지 않는 노숙인들을 위한 구슬픈 잠자리가 있다. 이들은 광장 주변과 가까운 거리에 있는 식당이 문을 닫으면 이 구석 자리로 찾아든다…… 또다른 지하실에는 파리의 벼룩시장을 연상시키는 작은 바자가 열린다…… 지상에서도 행상의 거래가 있다. 비가 와서 추위에 떠는 성매매 여성들이 게오르겐키르헤광장으로 가는 길목 모퉁이에 몸이 굳어 서 있을 때, 어떤 늙은 여자가 가련한 그들에게 흰색 리넨 하의를 건네고 있는 것이 보였다.[13]

　　도시산책을 서두르는 이유는 역사적 순간의 스냅사진들을 찍기 위

12. *Ein Flaneur in Berlin*, 145쪽.
13. 같은 책, 200~201쪽.

해서, 즉 다시는 반복되지 않을 순간을 고정시키기 위해서다. 폐허가 된 건물 지하실이나 소외된 약자들의 모습은 세계도시로 발돋움하는 베를린의 변화 속에서 누구도 주목하지 않는다. 사라져가는 과도기의 순간을 포착한다는 점에서 헤셀이 표현하는 공간상은 곧 시간상이기도 하다. 곧 철거될 운명에 처한 구역 역시 도시산책자를 불러낸다. 알렉산더광장과 뷜로광장 사이에 있는 유대인 동네 쇼이넨피어텔이 그 예다.

화자는 도시산책을 하면서 세상과 베를린에 대해 많은 것을 배운다고 말한다. 오래된, 낡아가는, 그러면서도 여전히 살아 있는 베를린의 비밀들, 베를린의 아름다움도 도시산책의 귀중한 발견이다. 부단한 변화 때문에 도시의 '관조'나 '거주'가 모두 옛날처럼 쉽지 않은 가운데 도시산책자의 이러한 노력은 어떻게 평가될 수 있을까? 헤셀의 도시 산책과 관조는 어떠한 심미적 판단도 사회학적 분석도 역사적 인식도 거부한다. 헤셀의 시선은 그야말로 대상의 표면에 머문다. 자신은 "판단을 내릴 어떠한 특별한 욕구도 느끼지 않는다"고 고백한다. 그 이유는 이미 충분히 "이 도시에 비판적 시선이 가해졌기" 때문이다. 따라서 "이제는 단지 관찰하는 시선만이 이 도시에 어울린다." 그의 말에 따르면 베를린이라는 도시가 지닌 이중성, "귀중한 것과 혐오스러운 것, 견고한 것과 기만적인 것, 희극적인 것과 훌륭한 것의 병존과 뒤죽박죽"[14]을 아름답다고 느낄 때까지 충분히 관조하는 여유를 가져야 한다.

그러나 이러한 시선은 모든 것을 보기만 할 뿐 아무것도 소유하지 않고, 참여하지만 간섭하지는 않는 태도로서 일종의 유미주의에 빠질 수 있다. 헤셀은 모든 관찰에서 감정이입을 하고자 하지만 베를린 북

---

14. 같은 책, 275쪽.

부 베딩이나 남부의 노이쾰른, 쇠네베르크와 같은 프롤레타리아트 밀집지역에서는 오래 머물지 않는다. 노동에 지친 민중, 초췌한 아이들의 모습은 베를린의 아름다움을 보여주기에 적합하지 않기 때문이다. 베를린 북부 프롤레타리아트 구역의 뒷마당에서 절망, 소망, 정치적 변혁의지를 엿보기는 한다. 헤셀이 『베를린 산책』을 발표한 1929년에는 이미 '거리를 비워라'라는 파시즘의 구호가 테러를 연상시키고 있었다. 거리산책자의 실존이 그 어느 때보다 문제시된 시대에 도시적 향유의 특수한 형식을 구제하고 그 기술을 확고히 하려는 헤셀의 시도는 시대착오적인가? 눈의 향유와 여가의 오랜 권리를 산책을 통해 되찾으려는 시도는 쇠네베르크 스포츠궁Sportpalast에 대한 서술에서 정치적 중립을 표방하는 태도의 문제점을 드러내기도 한다. 스포츠궁 라운드벽에 울려퍼졌던 메아리에 대한 헤셀의 기억에서는 나치 전당대회든 프롤레타리아트 집회든 모두 "동일한 불굴의 생명력에서 흘러나온 것"[15]이기 때문이다. 그러나 헤셀의 도시산책이 지닌 의의를 말하며 벤야민은 유미주의적 지각의 한계를 지적하지 않는다. 벤야민에게 헤셀에 의해 활성화된 도시산책은 전통적 주거 개념의 전복에 기여한다는 점에서 의의를 지닌다.

> 거리산책자의 완성된 기술은 거주에 대한 지식을 포괄한다…… 포근함을 우선시하는 낡은 의미에서의 거주는 이제 끝났다. 기디온, 멘델스존, 르코르뷔지에는 인간이 머무는 장소를 무엇보다도 상상 가능한 모든 힘, 빛과 공기의 모든 파장이 통과하는 공간으로 만든다. 미래의 것은 투명성을 특징으로 한다.(III, 197쪽)

---

15. 같은 책, 266쪽.

헤셀의 산책은 거주가 집에 국한된 것이 아니라 거리에서도 제대로 이루어져야 한다는 점을 보여주고 있다. "우리 베를린 사람들은 우리의 도시에서 더 많이 거주해야 한다"는 헤셀의 말에 대해 벤야민은 집보다 거리에서의 거주를 의미한다고 덧붙인다.

## 도시의 기억

거리산책은 도시가 어떻게 집단적 기억을 환기시키는 매체가 되는지를 보여준다. 그것은 거리산책자가 종종 의도치 않게 기억을 불러일으키는 흔적들과 마주치기 때문이다. 유년시절에 대한 기억의 단서를 만나기도 한다. 예를 들면 유년시절에 다녔던 거리의 사자상이 그러한 단서가 된다. 헤셀은 "기억의 판 위에 놓인 장난감"[16]이라는 비유를 사용한다. 잔다르망마르크트를 산책하면서 화자는 학생 시절 샤우슈필하우스 앞에서 연극 〈오를레앙의 처녀〉 주인공이 나오기를 기다리던 순간을 회고한다. 벤야민은 헤셀의 산책이 어떻게 기억의 반향을 일으키는지를 다음과 같이 서술한다.

기억은 급경사를 따라내려가 어머니들에게 도달하는 것이 아니라 과거에 도달한다. 이때 과거는 작가 자신의 사적 과거에 불과한 것이 아닌 만큼 우리를 더욱더 사로잡는다. 아스팔트 위를 걷는 걸음마다 경이로운 반향이 생겨난다. 포석에 떨어지는 가스등 불빛은 이렇게 이중적 바닥 위에 애매모호한 빛을 던진다. 고독한 산책자의 기억을 돕는 도시는 작가의 유년기와 청년기, 즉 작가 자신의 과거를 넘어서는

---

16. 같은 책, 225쪽.

기억을 불러일으킨다.(III, 194쪽)

급경사를 따라내려가듯 급격히 일어나는 '무의지적 기억'은 어머니들로 표상되는 근원적 세계에 대한 기억이 아니라 역사적 과거에 대한 기억이다. 도시 거리의 아스팔트 바닥이 이중적이라는 말은, 거리산책이 현실적으로 지각된 것과 동시에 그것과는 다른 숨겨진 기억을 불러일으킴을 뜻한다. 따라서 도시산책은 도시 풍경에 대한 단순한 묘사가 아니라 "도시가 옛날부터 아이에게 해주는 이야기의 메아리"(III, 194쪽)를 전한다.

『베를린 산책』에서는 거리산책자의 사적 과거에 대한 기억보다는 베를린의 특정 장소와 연관된 역사적 일화의 비중이 더 크다. 거리산책자는 역사적으로 유명한 사람들의 집이나 성, 박물관 등 유명한 곳을 방문하면서 그 유적에 경탄하는 대신에 일화를 통해 옛 베를린에 대한 기억을 환기시킨다. 예를 들면 할레스토어(할레의 성문) 앞에서 텅 빈 다리와 광장을 바라보면서 거리산책자는 관세가 징수되던 옛날, 살짝만 열어놓은 성문을 비집고 들어오는 농부들의 모습과 소와 양들을 하나하나 세는 세관원의 모습을 눈으로 보는 것처럼 떠올린다. 포츠담슈트라세에 있는 한 정자에서는 그곳이 1848년 3월 새벽에 프로이센의 왕자가 혁명을 피해 포츠담 성문을 거쳐 도피해 있던 곳임을 떠올린다. 뮐렌담에서 인젤브뤼케를 건너 노이쾰른으로 가다가 몰켄마르크트의 모서리 집에 이르러 문짝을 짊어진 한 남자를 새긴 부조를 본 헤셀은 그에 얽힌 일화를 떠올린다. 프리드리히대왕 시절에 도입된 로토에 당첨된 한 구두공이 당첨금을 받기 위해 역청으로 그의 로토를 봉인한 문짝을 짊어지고 갔다는 내용의 일화다. 크로이츠베르크 언덕 꼭대기에서 떠올린 요하임 제후 이야기 역시 거리산책자가 직접 체험했거나 보았던 것이 아니라 도시의 문화사에 대한 독서의 결실임을 보여준다.[17] 된호프플라츠 근처의 라이프치거슈트라세에서는 1788년경 거리들의 열악한 상태가 환기되면서 거리산책자가 서 있는 아스팔트에 반사된다. 이러한 기억은 그가 읽은 『베를린 사람의 자연사』와 『옛 베를린. 1740년』 덕분이다. 베를린 문화사가 서사적 화법을 통해 환기되면서 화자는 도시의 문화적 기억을 불러내는 목소리로 등장한다.

이런 측면에서 노이마이어는 헤셀의 거리산책자를 두고 문화사에 관심을 가진 교양시민의 투영상일 뿐이라고 폄하한다. 그에 따르면 거리산책은 도시의 문화사적 지식에 대한 기억을 강화시키기 위한 수단에 그친다. 이러한 해석은 기억의 매체로서 도시가 지닌 의미를 도외시하고 서지학적 지식을 도시의 집단적 과거에 대한 생생한 '문화적 기억'[18]으로 변화시키는 거리산책의 기능을 고려하지 않는다. 헤셀 역시 도시산책에 앞서 도서관에서의 이른바 "서지학적 산책"[19]이 필요함을 인정한다. 서지학적 지식 덕분에 거리산책자는 가장 오래된 사교장, 중세시대 베를린의 유일한 목욕탕, 니콜라이교회 근처에 있는, 베를린에서 가장 작은 집을 알아본다. 서지학적 산책 역시 우연의 모험을 전제로 하고 있다는 점에서 학문적 연구 태도와 다르고, 서지학적 산책에서 얻은 지식은 그 자체로 머무는 것이 아니라 특정 장소를 보다 집중적으로 체험하게 해주는 매개체가 된다. 특정 장소에 남아 있는 과거의 잔재들은 '기억Gedächtnis'에 저장된 '전승'의 도움 없

---

17. 헤셀은 『베를린 산책』에서 베를린에 대한 많은 문헌 및 판화를 이용하고 있는데, 콘첸티우스의 『옛 베를린, 1740년』(1911)이 그 대표적인 문헌이다.
18. 최근 독일의 문화학적 기억 연구에서 'Gedächtnis'와 'Erinnerung'은 각각 다른 문맥에서 사용된다. Gedächtnis는 '기억된 것' '지식으로서의 기억'을, Erinnerung은 '개인적 체험으로서의 기억'을 의미한다. 이러한 구분법에 따르면 헤셀의 거리산책은 향토학의 형태로 존재하는 Gedächtnis를 개인적 차원에서 과거를 현재화시키는 Erinnerung으로 전환하는 작업이라고 할 수 있다.
19. 같은 책, 275쪽.

이는 침묵한다. 과거에 대한 침묵의 증인인 역사적 장소들로 하여금 말할 수 있도록 하기 위해서는 그 장소와 관련된 이야기가 거리산책자에 의해 생생하게 환기되어야 한다. 여기서 거리산책자는 문화적 기억을 현재화시키는 움직이는 매체가 된다. 거리산책은 단순히 갖고 온 지식을 장소에 연결시키는 작업이 아니라, 다시 말해 학습기억의 반복에 불과한 것이 아니라 그러한 지식을 현재의 집중적 경험으로 만든다. 이런 시각에서 볼 때 거리산책자는 저장된 것을 다시 불러내는 암기를 넘어 동일한 공간 안에 모든 시간층이 중첩되어 있음을 도취적으로 경험한다. 그러한 도취는 "단순한 지식이나 죽은 자료들을 마치 경험한 것, 살아온 것처럼 내 것으로 만든다."(V, 525쪽) 거리산책에서 생기는 이러한 집중적 도취는 거리산책자가 기억 속 공간에 육체적으로 직접 들어가는 데서 경험된다. 거기에는 시각 못지않게 "바닥타일을 더듬어나갈 때의 촉각"(V, 524쪽)이 관여한다.

전승된 텍스트에 저장되어 있던 기억이 장소에 대한 산책자의 인상을 통해 반복, 재생, 강화되면서 특정 장소는 '기억의 장소'가 된다. 그렇지만 베를린 산책은 단지 이미 전승된 텍스트에 기록되어 있는 것을 그대로 불러내고 지식을 그 장소에 각인시키면서 기억을 강화시키는 데 그치는 것이 아니다. 텍스트에 기록되지 않은 것, 직접 경험한 것이지만 그동안 망각하고 있던 것에 대한 기억이 구체적 장소에 의해 어떻게 촉발되는지를 보여주기도 한다. 1919년 1월 베를린에 일어난 봉기가 화자에게 느닷없이 떠오른 것은 연극을 보고 나오는 인파에 밀려 프랑크푸르터알레로 걸어가면서다.

그때 이곳에는 포탄이 날아다녔다. 사람들이 밀려들어왔을 때 그 좁은 골목길들에는 다이아몬드, 비누, 영국산 연초를 파는 암거래상들, 점령지역에서 갖고 온 초콜릿이나 담배를 가지고 있는 군인들, 프랑스

국가 〈마르세유의 노래〉가 나오는 오르골 등이 있었다.[20]

여기서 묘사한 것은 특정 장소에 가서야 비로소 떠오르는 무의지적 기억이다. 특정 장소에서 떠오르는 이러한 무의지적 기억 덕분에 도시는 산책자의 기억을 도와주는 보조수단에 그치는 것이 아니라 도시 스스로가 이야기한다. 장소의 아우라를 통해 환기되는 그러한 기억은 책이나 다른 매체를 통해 전달되는 정보적 가치를 넘어선다. 장소와 결부된 구체적 기억에서 과거는 현재의 생생한 체험을 구성하기 때문이다. 키케로의 말대로 역사적 장소에서 받은 인상은 듣거나 읽은 것보다 더 생생하게 환기된다. 이런 의미에서 베를린이라는 도시 안에 기억이 자리잡고 있다고 말할 수 있다.

---

20. 같은 책, 207쪽.

## 보론 2

# 크라카워의 도시 몽타주

### 대도시의 현재 속으로

지크프리트 크라카워(1889~1966)는 『칼리가리에서 히틀러까지』 (1947)와 『사무직 노동자』(1930)의 저자다. 전자는 이차대전 이전 독일영화에 대해 쓴 권위 있는 유일한 비평서로 알려져 있고, 후자는 1920~1930년대에 산업화와 도시화의 영향으로 새롭게 등장한 사무직 노동자 계급을 대상으로 이들의 지각방식 및 문화적 소비패턴을 분석한 선구적인 사회학적 연구서에 속한다. 『프랑크푸르터 차이퉁』 베를린 지사장으로 발령받으면서 1930년부터 활발하게 발표했던 도시 단편들은 상대적으로 잘 알려져 있지 않다. 그러나 파리와 베를린 등 대도시에 대한 단상을 적은 그의 단편들은 현대 도시가 지닌 다층적 의미에 대한 구체적 서술이라는 점에서 주목할 필요가 있다. 그의 도시 단편들은 다른 글들과 함께 주어캄프출판사에서 나온 『베를린의 거리들 그리고 또다른 곳에서』(1964)에 수록된다. 크라카워는 대도시를 해독되어야 할 텍스트로 바라본다는 점에서 헤셀, 벤야민과 유사한 문제의식을 지닌다. 그러나 살아 있는 도시의 현재가 아닌 과거의 파편들을 해독의 대상으로 삼았던 벤야민과 달리, 크라카워는 생생한 도시의 현재가 제공하는 공간상의 의미를 해독하려고 했다는 점에서 훨씬 더 적극적으로 시대의 현실 안으로, 대도시의 '미지의 영역' 안으로 진입했다고 할 수 있다.

파리 근교의 대목장과 파리 큰길가의 상가를 비교한「어느 도시설계에 대한 분석」(1926),「어느 파리 거리에 대한 기억」(1930)이 파리를 무대로 한 글이라면, 베를린 테마파크의 관찰과 단상을 담은「산악과 골짜기 열차」(1928)를 발표한 이후 1930년에 집중적으로 발표한 단편들은 대부분 베를린과 관련된다. 여기에는 베를린 서부에서의 단상을 적은「거리 위의 비명」(1930), 파리 파사주를 연상시키는 린덴 파사주의 폐허화를 다룬「린덴 파사주와의 이별」, 카이저빌헬름기념교회를 소재로 현대문명에 대해 성찰하고 있는「기념엽서」등이 있다. 이 밖에도 크라카워의 도시 단편들은「창가에서 바라본 풍경」(1931), 쿠르퓌르스텐담이 나오는「기억 없는 거리」(1932), 샤를로텐부르크역 근처의 지하도를 소재로 한「지하도」(1932), 프리드리히슈트라세가 나오는「프리드리히슈트라세의 기관차들」(1933)로 이어진다.

크라카워의 관찰력이 향한 현상들과 장소들은 파리든 베를린이든 다양하다. 크라카워가 제시하고자 한 도시상의 한 가지 특징은 대도시의 혹독한 현실, 빈곤한 동네에 대한 관심 있는 시선에 있다. 헤셀이 베딩이나 노이쾰른 등 프롤레타리아트가 주로 거주하는 구역에 대해서는 스쳐지나가는 듯한 시선만을 보낸 반면, 크라카워에게 대도시의 빈곤한 동네, 프롤레타리아트 구역이 도시상에서 지니는 의미는 분명하다. 그곳은 사회적 현실의 토대와 모순을 읽어낼 수 있는 장소이자, 노동자들의 거리행진에서 보는 바와 같은 변혁의 징후가 각인된 장소다. 베를린에서의 활동 이후 크라카워의 여행기나 산문에는 도시의 공간상에서 현실의 연관관계를 읽어내려는 시도가 두드러지게 나타난다. 이 점에서 크라카워는 도시의 실직자, 빈민층의 현실 등 대도시 현실에 대한 사회학적 탐험가라고 할 수 있다. 그에게 대도시 탐험은 아프리카 여행보다 더 많은 모험을 담고 있다.

크라카워가 도시 탐험에서 의도한 것은 단순히 도시에 대한 사회학적 보고서나 르포르타주가 아니다. 그의 관찰에는 대도시를 가장 심각한 소외의 장소로 보는 사회분석의 의도뿐 아니라 부정의 극단으로부터의 극적 전환이 일어나는 장소로 보는 신학적인 사유가 깔려 있기 때문이다. 크라카워는 개별적 관찰들을 통해 총체적 전망에 도달하고자 한 것으로 볼 수도 있다. 예를 들면 「지하도」는 지하도 내부 풍경의 모순에 대한 단상을 사회의 인간적 구성에 대한 전망과 연결시킨다. 그러나 낙관적인 신념이 아니라 멜랑콜리와 같은 주관적 정서가 더 두드러진다. 크라카워의 도시 몽타주가 신즉물주의적 르포르타주와 구분되는 이유는, 도시서술을 통해 도취와 멜랑콜리의 이중성이라는 현대인의 전형적 심리학을 제시하고 있기 때문이다. 「어느 파리 거리에 대한 기억」이 대표적이다. 이 단편은 독일에서 초현실주의적 감수성을 도시산책에 적용한 독보적인 경우에 속한다.


## 공간상의 상형문자

사소한 공간적 현상을 해독되어야 할 상형문자로 대하는 크라카워의 주의력은 현대 도시인들의 둔감증과는 대비된다. 크라카워의 스승이기도 했던 짐멜은 부단히 변화하는 외적 내적 인상들로 인해 고도로 예민해진 신경증으로부터 스스로 보호하기 위한 심리적 방어기제를 둔감증이라고 불렀다. 대부분의 도시인들은 급속히 변화하는 도시적 현상들에 거리를 취하면서 '눈의 예기치 못한 모험'에 더이상 몰두하지 않는다. 그러나 시각적 감수성과 관찰력을 동원하면 얼마나 많은 의미를 도시의 공간상에서 읽을 수 있는지 크라카워의 도시 단편들이 보여주고 있다. 『군중의 장식』(1963) 서두에서 제시된 방법론은 도시 단편에도 그대로 적용된다.

한 시대가 역사의 과정 속에서 차지하는 위치는 그 시대가 스스로 내리는 판단에서보다 그 시대의 눈에 잘 띄지 않는 표면적 현상들에서 더 분명하게 규정될 수 있다. 전자는 그 시대 경향의 표현일 뿐이지 전체 조직에 대한 설득력 있는 증거는 아니다. 시대의 표면적 현상들은 그 무의식적 측면에 기초해서 기존 현실의 본질적 내용에 직접적으로 접근하는 것을 허용한다…… 그 시대의 본질적 내용과 아무도 주목하지 않는 그 시대의 사소한 움직임들은 서로를 잘 조명해준다.[1]

사회학적 탐험가가 대도시 현장에서 발견한 현상은 직접 눈으로 관찰한 공간상으로 나타나는데, 그 의미를 해독하기 어려운 낯선 기호, 상형문자로 다가온다. 그것은 사회적 통계나 학문적 정치적 토론에서도 밝혀지지 않은 새로운 내용을 담고 있기 때문이다. 사회학적 탐험가에게 의미심장하게 다가오는 공간상은 "전형적인 사회적 상황에 의해 만들어진 모든 전형적 공간"[2]에 들어 있다. 직업소개소도 그중 하나다. 단편 「직업소개소」에서 보잘것없는 탁자, 의자, 빛바랜 회벽으로 된 실내 풍경에서 관찰자의 눈에 띈 것은 공공재산을 보호하라는 구호가 적힌 게시판, 금연, 성병, 출생율, 섭생 등에 대한 홍보를

---

1. Siegfried Kracauer, *Das Ornament der Massen*, Frankfurt a. M., 1977, 50쪽.
2. Siegfried Kracauer, *Strassen in Berlin und anderswo*, Frankfurt a. M., 1987, 66쪽.

담은 플래카드들이다. 공공재산을 보호하라는 구호는 직업소개소의 빈약한 실내풍경과 하나의 구도를 이루면서 소유권의 신성함을 떠벌리는 우스꽝스러운 구호로 전락한다. 플래카드는 실직자들의 존재를 단순한 생리적 욕구의 존재로 전락시키는 조소적인 사회의 시선을 읽어낼 수 있는 상형문자가 된다. 사회의 전형적 공간에서 발견하는 이러한 상형문자는 의식적으로 새겨넣어진 것도, 누구나 쉽게 해독할 수 있는 것도 아니다. 직업소개소의 풍경은 "사회의 의식을 통해서는 은폐되지만 사회의 존재를 드러내는"[3] 공간상이 된다.

도시의 공간상이 상형문자가 되는 곳은 도시계획에 의해 통일적으로 구성된 장소보다는 무심코 형성된 장소나 장면이다. 구겨진 색종이테이프처럼 구불구불한 골목길이나 정돈되지 않은 프롤레타리아 구역도 여기에 해당된다. 「창가에서 바라본 풍경」에서 크라카워는 도시의 공간상을 두 가지로 구분한다. 하나는 도시의 대표적인 건축물처럼 의도적 계획적으로 형성된 공간상이고, 다른 하나는 우연하게 형성되어 "한 번도 어떤 관심을 불러일으킨 적이 없던 도시상"[4]이다. 크라카워가 자신의 처소에서 내려다본 베를린의 작은 광장은 전자보다는 후자를 보여준다. 주거지역 한가운데 있고 수많은 대로의 교차로에 있는 작은 광장 주변의 도시상은 건물, 선로, 지하도, 전철 등 현대의 기술적 합리성의 산물들로 채워져 있다. 지하차도 위에서 교차하는 도시 전철의 선로들이 일종의 기하학적 상을 만들고 그 위로 주택들의 가느다란 대열이 그어진다. 그 대열 위로는 방송탑이 수직선으로 하늘을 향해 솟아 있다. 우연한 조립처럼 보이는 이 풍경은 엄청나게 큰 임대주택, 그 뒤의 샤를로텐부르크역에서 시작되는 선로들의

3. Inka Mülder, *Siegfried Kracauer, Grenzgänger zwischen Theorie und Literatur*, Stuttgart, 1985, 181쪽에서 재인용.
4. Siegfried Kracauer, 같은 책, 50쪽.

뒤엉킨 평행선, 수많은 신호주柱, 가건물, 선로 아래의 지하차도, 주택들의 가는 대열, 방송탑 등으로 이루어진다.

그런데 기술적 합리성의 산물들의 조합으로 만들어진 이 공간상은 "번쩍번쩍 빛나는 평행선들로 만들어진 해면"[5]으로 보이기도 하고, 실험용 기계 같은 인상을 주기도 한다. 해면은 기술적 합리성의 산물을 무의식적 무계획적으로 생긴 자연과 동일시하는 비유고, 실험은 기차놀이를 하는 소년처럼 기술적 합리성의 산물을 자유자재로 조정하는 인간적 힘을 가리킨다. 철로가 놓인 지면의 배후에 주택들의 가느다란 띠가 형성되는데 이는 마치 넓게 펼쳐지는 초원을 따라 숲길이 이어져 있는 것처럼 보인다. 주택들의 띠 위로 뻗은 방송탑은 제도용 펜으로 하늘의 일부분에 그어진 수직선과 같다. 어둠이 내리고 불빛으로 밝혀진 도시상에 대한 묘사에서도 방송탑은 "빛나는 나무"[6] 혹은 해안가를 밝히는 거리등으로 비유된다. 도시의 공간상을 이처럼 자연풍경으로 비유함으로써 도시 공간이 계획과 의도의 산물이지만 우연도 그 못지않은 역할을 차지하고 있음이 강조된다. 「어느 도시설계에 대한 분석」에서 크라카워는 이를 다음과 같이 서술한다. "이 모든 활발한 요소들에 의해 아스팔트 위에 그어지는 복잡한 선은 어느 누군가의 계획에 따른 것이 아니다. 그러한 의미에서의 계획은 존재하지 않는다."[7] 「창가에서 바라본 풍경」은 다음과 같은 말로 끝난다.

이 풍경이 자연적으로 만들어진 베를린이다. 저절로 생긴 풍경 속에 베를린의 대립적 요소들, 베를린의 경직, 베를린의 개방성, 베를린의 공존, 베를린의 광채가 무심코 자신을 표현한다. 도시의 인식은 이처

5. 같은 책, 51쪽.
6. 같은 책, 52쪽.
7. 같은 책, 15쪽.

럼 도시가 꿈결같이 내뱉은 이미지들의 해독에 달려 있다.[8]

기술화된 도시의 모순을 보여주는 또다른 공간상은 「지하도」에서 묘사된다. 지하도는 완벽한 기술적 시스템을 갖춘 구조물로 묘사되는 반면, 지하도를 급히 지나가는 행인, 지하도 안에 자리잡고 있는 거지들이나 행상들로 이루어진 인파는 아무런 통제도 받지 않는 카오스로 제시된다. 지하도의 공간상은 '죽은' 기술의 완성과 '살아 있는' 인간들의 카오스 사이의 모순을 함축하고 있다.

완결된 견고한 구조물 시스템과 흩어지는 사람들의 뒤죽박죽의 대립에서 섬뜩한 감정이 환기된다. 지하도는 못 하나 벽돌 하나까지 정확하게 박혀 있는, 사전 계획대로 박혀 있는 안정적인 구조물인 데 반해, 사람들은 각각 흩어진 부품, 분리된 파편이 되어서 그 전체의 모습은 존재하지 않는다…… 그들은 스스로 하나의 사회로 조직할 줄 모른다.[9]

계획적으로 세워진 구조물에는 그 속의 행인들과 걸인들의 무정부주의적 모습이 배치되는데, 이러한 공간상에서 화자는 기술적 완성과 인간적 불완전성의 모순을 읽어내고 나아가 인간소외가 지배하는 대도시 현실의 부정성을 유토피아적 전망에 비추어본다. 그것은 지하도 구조물의 철과 벽돌처럼 완벽하게 조화롭고 합리적으로 조직된 유토피아적 사회에 대한 상상으로 나타난다. 물론 크라카워가 직면한 대도시 현실은 이러한 상상과는 전혀 다르다. 특히 베를린은 도처에서 위기로 속속들이 침투된 도시, 가장 심각한 소외의 장소로 간주된다.

---

8. 같은 책, 52쪽.
9. 같은 책, 48쪽.

## 위기의 풍경과 유토피아의 암호

크라카워가 구체적인 사회적 현실을 탐구하게 된 동기는 사회비판적 관심에만 있지 않다. 1922년 이후에 쓴 대부분의 텍스트는 구체적인 사회적 소재들을 다루면서도 그 아래에는 여전히 초기의 형이상학적 신학적 의도가 깔려 있다. 1922년 『프랑크푸르터 차이퉁』에 발표한 단편 「기다리는 자들」은 구체적인 현실에 대한 지향이 어떠한 정신적인 시대 상황을 배경으로 하는지를 분명하게 보여주는 글이다. 크라카워는 과거에 인간을 세상과 연결시켜주던 의미체계가 붕괴되면서 인간이 세상으로부터 분리되고 종교적 신앙이나 관념철학이 그 기반을 잃게 된 시대상황을 문제삼는다. 의미 부재에서 오는 공허함을 벗어나기 위해 사람들은 상대주의에 빠지거나 종교적 공동체를 택하거나 예술적 유미주의를 추구하거나 의식을 마비시키는 임시방편을 택한다. 크라카워는 현대의 정신적 상황을 대하는 두 가지 태도를 발견한다. 첫번째는 사이비 구원의 약속에 빠지지 않기 위해 "절대자를 포기"[10]하는 원칙주의적 회의론자들의 태도다. 두번째는 진정한 신앙심에서보다는 일종의 자기기만으로 종교적 영역에 들어서는 "발작적 인간"[11]의 태도다.

이 두 가지 모두 진정한 대안이 될 수 없다. 크라카워가 제안하는 제3의 길은 "기다리는 자"[12]의 태도다. 기다리는 자는 절대자에 대한 기다림을 포기하지 않는다는 점에서 회의주의자들과 구분되고, 사이비 의미 충족을 거부한다는 점에서 "발작적 인간"과 구분된다. 막다른 골목에 처한 시대상황에서 요구되는 것은, 구원의 신이 세상에 올 때

---

10. Siegfried Kracauer, *Das Ornament der Massen*, Frankfurt a. M., 1977, 113쪽.
11. 같은 책, 114쪽.
12. 같은 책, 116쪽.

까지 생생하게 동경을 간직하면서도 긴장과 적극성, 활동성과 준비성을 실천하는 태도다. 그것은 지식으로 전달될 수 있는 것이 아니라 사물과 인간으로 구성된 현실 속으로 뛰어들어가는 삶을 요구한다. 기다리는 자들은 개별적인 것, 일상적인 것을 탐구하면서 그로부터 어떤 새로운 연관과 질서를 찾는데 그것은 쉽지 않다. 사실의 세계는 어떤 이론이나 개념으로 재단될 수도 주관적 자의적으로 해석될 수도 없는 다양한 법칙에 종속되어 있기 때문이다. 기다리는 자들은 자신이 어쩔 수 없는 것을 준비하는 마음가짐을 갖는다.

크라카워가 구체적 사회현실을 탐구한 것은 시대의 정신적 상황을 타개하기 위한 제3의 길 모색과 신학적 구원에 대한 질문에서 비롯된다. 물론 사회의 모순과 소외문제를 다루는 후기의 텍스트에서 구원에 대한 신학적 사유는 초기만큼 전면에 나타나지는 않는다. 그러나 도시의 소외 현상들을 다루는 텍스트에서도 '비현실성' '공허' '고통' 등 초기의 시대 비판에 사용되던 비유들은 여전히 사용되고 있다. 벤야민과 마찬가지로 크라카워 역시 유물론적 전향 이후 사회적 해방을 표상하면서도 신학적 구원에 대한 성찰을 포기하지 않는다. 이런 시각에서 의미 부재, 소외가 지배하는 부정적 현실은 사회적 변혁의 대상일 뿐 아니라, '종말론적 희망의 암호'로 읽을 수 있다. 극단적 부정성을 띤 현실만이 반전의 필수불가결한 전제조건이 된다.

크라카워의 도시 단편에 등장하는 산책자는 사회비판과 개혁의 의도를 지닌 탐험가를 넘어 대도시 현실을 '위기의 풍경'으로 읽고 그러한 위기로부터의 반전을 '기다리는 자'가 된다. 산책자에게 대도시는 극도의 부정성을 보여주는 현실로, 즉 '위기의 풍경'으로 다가온다. 대도시는 인간관계와 인간성의 붕괴 및 소외가 극단적으로 일어나는 자본주의적 현실이 지배하는 공간이기 때문이다. 대도시처럼 붕괴가 철저히 진행되는 곳에서 비로소 붕괴의 인식이 가능하고 또 그러한 인식을 토대로 해서만 실천과 이성이 개입할 공간이 열린다. 도시를 서술하는 사람은 도시의 그러한 붕괴된 상들을 은폐해서는 안 된다.

붕괴가 진전된 대도시는 그 인식을 가로막는 산만함의 온상이기도 하다. 단편 「지루함」(1924)에서 크라카워는 지루함이란 사회적으로 야기된 정서이지만 대도시 거리의 광고판, 영화, 라디오, 카페, 오락실 등은 그러한 정서와 경험을 막는 산만함을 제공해준다고 진단한다. 지루함을 회피하지 않고 그 안에 깊숙이 침잠하는 인내심을 가지는 사람만이 부정적 현실의 인식을 넘어 지고의 행복을 상상하는 "위대한 열정"[13]을 품을 수 있다. 그러나 대도시는 산만함을 통해 그러한 지루함을 잊을 수 있도록 해준다. 대도시의 화려함과 새로움은 환등상의 구조를 갖는다. 단편 「금지된 시선」(1925)은 이를 비유적으로 잘 보여준다. 화자는 대도시의 한 술집에서 종업원이 유리상자로 된 자동음악기계를 켜는 순간부터 환등상에 빠져든다. 유리상자 속 인형들이 미소를 띠며 춤추는 커플이 되고 상자 속 무도장이 확장되면서 주변의 모든 사람이 음악에 맞춰 춤의 물결을 만들어간다. 화자는 이러한 환등상을 향유함과 동시에 그것이 깨어지는 것을 경험한다. 꿈에서 막 깨어난 순간의 인형들은 더이상 살아 있지 않지만 원래의 먼지 낀 기계로 되돌아간 것도 아니다. 그것들은 환등상이 사라지기 직전에 그 자리에 붙박이처럼 멈춰서 있다. 이 상태의 인형은 유령과 같다. 크라카워에 따르면 환등상과 현실의 경계선에 선 인형은 대도시적 사물세계가 얼마나 망가졌는지 보여주는 유령이 된다.

화자 역시 꿈에서 깨어났지만 원래의 현실로 되돌아온 것은 아니다. 환등상 속에서 행복을 맞본 화자는 "무한히 텅 빈 공간"에 되돌아오는 순간 스스로 유령으로 비친다. '금지된 시선'에서 금지된 것은

---

13. 같은 책, 325쪽.

환등상 자체가 아니라 꿈과 현실의 경계선에서 몽유병자처럼 망설이는 순간에 포착되는 유령이다. 대도시 일상에서는 그러한 유령을 보는 것이 금지된다. 유령과 마주친 순간에는 "새로운 모든 것은 기만이고, 모든 기적은 항상 똑같은 것을 비추는 거울에 의해 만들어진 반사"[14]에 불과하다는 깨달음이 일어나기 때문이다. 이 깨달음은 화자만의 깨달음이다. 왜냐하면 "깊이를 알 수 없는 저 밑에서 언제나 유령이 올라오고 있음"[15]을 대부분의 사람들은 모르기 때문이다. 자본주의적 오락산업이 지배하는 대도시는 지루하고 공허한 현실을 잊게 만드는 환등상을 제공하고 대부분의 사람들은 거기로 도피한다. 화자는 환등상이 단지 "빌린 유행들과 빌린 상징들"로 만들어진 것임을 깨닫는 순간에 "오한을 느낀다."[16] 환등상은 부정적 측면으로만 나타나는 것은 아니다. 무도회 장면은 인류의 형제애를 선취한다는 측면에서 단순한 가상이 아닌 유토피아적 소망상이 된다.

환등상의 이중성은 1930년에 발표된 「그림엽서」에서 더 분명히 드러난다. 화자는 베를린의 번화가 쿠르퓌르스텐담에 있는 카이저빌헬름기념교회의 야경에서 역사철학적 의미를 읽어낸다. 이때 대도시는 부정적인 현실의 상징이 아니라 그와는 정반대로 '신체현현'을 경험하기에 가장 유리한 장소다. '기념교회'는 건너편 '우파UFA' 영화관의 네온사인 불빛을 반사하면서 "거의 초지상적인 장관"을 펼쳐 보인다. 이로써 카이저빌헬름기념교회는 공허함을 몰아내기 위해 만들어진 대도시 환등상을 초지상적 차원으로 고양시키는 매체가 된다. 현대적 상품사회의 현혹적 가상은 세속적 불빛과는 다른 초지상적인 광채로 전환된다. 네온사인 광고판의 불빛이 "무너져내릴 것 같은 피곤함과

---

14. *Strassen in Berlin und anderswo*, 94쪽.
15. 같은 책, 95쪽.
16. 같은 책, 94쪽.

어떤 대가를 치르고서라도 벗어나고 싶은 공허함"[17]에 대한 항의를 나타낸다면 "그러한 항의는 저절로 오락산업에 대한 신봉으로 귀착하게 된다."[18] 그런데 기념교회가 반사하는 불빛이 오락산업에 기원을 두면서 불빛의 의미를 급전시키면 기념교회의 외관이 변모한다. 이때 기념교회는 엎질러진 것, 망각된 것을 담는 둥지이자 세상에서 가장 성스러운 것인 듯 아름답게 빛나면서 초지상적 외관을 보여준다. 이러한 급전이 번화가 한복판에서 일어남으로써 대도시의 모든 사람에게 위안을 준다.

여기서 현대 도시를 지배하는 환등상 특유의 변증법이 드러난다. 즉 환등상은 공허함의 인식을 가로막는 난폭한 폭력이자 동시에 그 폭력을 지양하고 전적으로 새로운 것의 기호로 반전될 수 있는 잠재력을 지닌다. 「그림엽서」에서 '신체현현'은 「금지된 시선」에서처럼 사물이 도시적 외관을 완전히 벗어던질 때가 아니라 오히려 도시의 전형적 성격이 완전히 전개되는 가운데 나타난다. 위기의 풍경으로서 도시는 거친 현실과 부드러운 광채가 수시로 반전되는 공간이 되는 것이다. 이로써 베를린이라는 도시는 바이마르공화국 말기의 사회상에 대한 관상학적인 비판의 대상을 넘어 세계의 붕괴와 변화에 대한 역사철학적 인식의 매체가 된다.


**도취와 멜랑콜리의 공간**

1932년에 발표한 「기억을 상실한 거리」에서 크라카워는 급속한 현

---

17. 같은 책, 45쪽.
18. 같은 책, 46쪽.

대화의 리듬에 휩쓸리는 베를린에서는 파리에서와 같은 거리의 도취
는 가능하지 않다고 말한다. 기억을 상실한 거리를 대표하는 곳으로
크라카워는 쿠르퓌르스텐담을 들고 있다. 수많은 상점들이 하루아침
에 바뀌는 번화가 쿠르퓌르스텐담은 "아무것도 지속될 수 없이 공허
하게 흘러가버리는 시간을 구현"[19]한다. 새것과 옛것의 부단한 교체
때문에 이 거리에서 "지나간 것은 흔적도 남기지 않고 사라진다."[20]
항상 새로운 가게가 들어서는 쿠르퓌르스텐담은 이 점에서 '기억을
상실한 거리'가 된다. 화자가 즐겨 찾던 찻집이 제과점으로 바뀐 후
그 장소에 찻집의 흔적은 더이상 남아 있지 않다. "제과점이 찻집 대
신 들어섰을 뿐 아니라 마치 찻집이 존재한 적이 없기라도 하듯이 완
전히 밀어냈기"[21] 때문이다. 비단 물리적 차원에서뿐 아니라 의식의
차원에서도 그렇다. 과거의 흔적이 남아 있지 않은 장소에서 과거에
대한 기억을 떠올리는 것은 힘들기 때문이다. 물론 화자는 예전에 그
가 찾던 찻집의 낡은 녹색 가구들, 구식 동판화, 단골손님들을 떠올린
다. 이처럼 아무런 흔적도 남아 있지 않은 곳에서의 기억은 과거와 유
사한 사건의 반복이나 우연의 계기를 필요로 한다. 다만 그러한 우연
은 도시의 일상 속에서 만나기 쉽지 않다.

베를린의 기억 없는 거리와 대조적으로 파리 산책에서 크라카워는
과거와 현재의 겹침을 초현실주의적으로 경험한다.

파리에서 현재는 지나간 것의 희미한 그림자를 갖고 있다. 활기찬
거리를 걸어갈 때면 그 거리들이 마치 기억들처럼 멀어져간다. 현실에
대한 다층적 꿈과 현실이 뒤섞이고 고물과 별의 이미지가 만나게 되는

---

19. *Strassen in Berlin und anderswo*, 18쪽.
20. 같은 책, 21쪽.
21. 같은 곳.

그런 기억들처럼.[22]

여기서 인용한 「어느 파리 거리에 대한 기억」은 거리의 매력에 빠져 매일 거리를 헤매고 다녔던 삼 년 전의 파리 경험을 회상한 글이다. 산책자는 파리의 명소를 찾아다니는 관광객도, 유유자적하게 화려한 파리의 도심을 배회하는 관찰자도 아니다. 그는 매일 산책을 하지 않으면 안 되는 강박증 환자처럼 보인다. 크라카워는 파리 거리가 불러일으키는 도취에 대해 "피곤함이 커질수록 내 주변에 안개가 퍼져가지만 그럴수록 그 안개 뒤에서 거리들은 더욱더 내게 유혹적으로 손짓"[23]한다고 회상한다. 파리의 거리는 보도, 늘어선 건물들, 아스팔트 등 여러 요소들로 구성된 현실적 공간이 아니라 초현실주의적 환상의 공간이 된다는 점에 매력이 있다. 이에 파리 산책은 현실과 비현실의 경계가 사라진 도취의 경험이 된다.

양쪽 벽과 보도 바닥이 아무도 눈치채지 못하는 가운데 하나로 합쳐지는 일이 자주 일어난다. 꿈꾸는 자는 실수할 틈도 없이 평평한 땅을 걷듯이 수직으로 뻗은 벽을 타고 지붕까지 올라간다. 계속 올라가다보면 마침내 굴뚝들의 숲에 도달한다. 나는 이러한 루트를 따라 돌아다녔다.[24]

여기서 묘사한 것은 초현실주의적 도취 체험이다. 거리의 도취는 공간적 경계와 시간의 경계를 넘나드는 기묘한 체험을 가능하게 한다. 따라서 공간의 미로를 헤매다 시간의 미로로 넘어가는 문지방을

---

22. 같은 책, 13쪽.
23. 같은 책, 7쪽.
24. 같은 곳.

넘어설 수 있다. "은밀한 샛길을 걷다보면 어느 새 몇 시간, 몇십 년을 넘나드는 영역에 도달한다."[25] 그러나 산책자의 목표는 거리의 도취를 맛보는 데 있지 않다.

「어느 파리 거리에 대한 기억」에서 화자가 언급한 산책의 은밀한 목표는 억압된 것, 즉 거리의 도취를 통해 벗어나고자 한 멜랑콜리의 귀환이다. 도취와 멜랑콜리는 서로 상반된 것처럼 보이는 심적 상태이면서도 그 기원은 동일하다. 그것은 '항상 동일한 새로움'이라는 역설에 기인한다. '항상 동일한 새로움'이라는 역설은 부단히 새것이 낡은 것을 교체하지만 교체된다는 사실과 그 속도만 중요할 뿐 새것의 내용은 무관해지기 때문에 일어난다. 이는 바로 유행의 메커니즘이다. 유행의 메커니즘이 대도시를 지배하게 되면서 대도시인의 전형적 심리는 항상 새로운 것을 추구하는 병적 흥분과 항상 동일한 현실 앞에서 느끼는 멜랑콜리가 부단히 순환하는 독특한 구조를 지니게 된다. 「어느 파리 거리에 대한 기억」에서 이는 도취에서 시작된 산책이 뒤러의 〈멜랑콜리아 I〉를 연상시키는 장면과 마주치면서 억압된 멜랑콜리의 귀환을 경험하는 과정으로 서술되고 있다.

화자는 파리 교외의 어느 초라한 극장 뒷길에서 이상한 경험을 하게 된다. 글에서 직접 언급되진 않지만 그곳은 뤼뒤테아트르에서 이어지는 골목 시테튀르다. 프롤레타리아트 거주지에서 가까운 그 골목은 문닫은 극장, 임대주택들, 커튼도 없는 허름한 호텔 창문들에서 보듯이 아무런 희망도 없이 버려진 곳이라는 인상을 불러일으킨다. 그곳은 도시의 급격한 현대화의 물결 속에서 버려지고 잊힌 것에 속한다. 산책자가 여기서 마주친 것은 번화가에서 흔적도 없이 사라졌다고 생각한 지나간 것의 흔적들이다. 산책자는 그 골목에 있는 집들에

---

25. 같은 책, 8쪽.

서 셔츠 바람의 남자, 아무렇게나 옷을 입은 여자들이 말없이 자신을 쳐다보는 것을 본다. 그러한 관찰의 시선을 끔찍한 폭력처럼 느끼며 화자는 자신이 꼼짝없이 그곳에 갇혀 있다는 착각에 빠진다. 마치 그들이 손을 뻗어 방안으로 자신을 끌어들이려 할지 모른다는 망상과 함께 황급히 골목을 빠져나가려 하는데 그 순간 어떤 이미지가 산책자의 길을 가로막는다. 그 이미지는 호텔 방 창문을 통해 바라다보이는 젊은 남자의 모습이다. 바닥에 뿌리박힌 것처럼 보이는 탁자나 옷장이 보이고 반쯤 열린 트렁크를 발치에 두고, 손을 머리에 대고 의자에 앉아 있는 한 남자가 보인다. 그는 눈에 아무것도 보이지 않는 듯 멍하게 보인다. 화자는 그런 상태로 그를 마비시킨 것은 불안임에 틀림없다는 생각을 하면서 골목을 서둘러 빠져나온다.

차들로 붐비고 상점들이 늘어선 거리로 나오면서도 여전히 그 남자에 대한 인상을 떨쳐버리지 못한 화자는 그 골목에서 본 모든 것이 단지 환상이 아니었는가라고 의심한다. 그러나 그는 어느덧 빙 돌아다시 골목의 입구에 서게 되고 그때 막 학교에서 나온 왁자지껄한 아이들 일부가 화자가 막 빠져나왔던 그 길로 들어가는 것을 보면서 따라들어간다. 마치 반복하지 않으면 안 되는 어떤 강제성이 작용하는 트라우마처럼 화자는 그가 도망치다시피 나온 그 현장으로 되돌아간다. 여전히 그 남자는 똑같은 포즈로 앉아 있고 주민들은 창문에서 내려다보고 있다. 산책자는 어느 정도 현실감각을 되찾기는 하지만 아무 일도 일어나지 않았던 원래 상태로 완전히 되돌아가지는 못한다. 그는 억압된 자신과의 만남이라는 악몽을 떨쳐버리게 해준 "아이들의 웃음소리에 마치 옷자락을 붙잡듯 매달렸다"[26]고 쓴다. 그러한 악몽으로부터의 깨어남은 완전한 것이 될 수 없다.

---

26. 같은 책, 12쪽.

파리의 어느 소극장 뒷골목에서 왜 화자는 일종의 악몽과도 같은 체험을 한다고 생각한 것일까? 관찰당한다는 의식, 뭐라 표현하기 어려운 죄의식, 불안, 악몽 등의 모티프는 무엇을 의미하는 것일까? 이 질문에 대답하기 위해서는 화자가 목격한 호텔방 장면이 뒤러의 〈멜랑콜리아 I〉와 매우 유사하다는 점을 상기할 필요가 있다. 마치 아무 것도 보이지 않는 허공을 바라보는 것처럼 초점 없는 시선을 지니고 머리를 손으로 받친 채 꼼짝도 하지 않고 앉아 있는 젊은 청년과 그 주변에 산만하게 흩어져 있는 물품들로 이루어진 호텔방 구도는, 멜랑콜리에 빠진 천사와 천사 주변의 각종 소품을 그린 뒤러의 그림을 연상시킨다. 양자의 유사성을 의식하면서 그 남자를 보는 순간 화자가 떠올린 것은 병적 흥분과 도취를 통해 억압하고자 했던 멜랑콜리다. 화자가 호텔방 남자에게 전이시킨 불안은 화자 자신의 불안이고, 호텔방 남자는 화자가 거리의 도취를 통해 억압하고자 했던 멜랑콜리의 화신이 된다. 화자에게 억압된 멜랑콜리의 귀환은 일종의 악몽과도 같다. 초현실주의적 도취체험에서 시작된 산책이 멜랑콜리의 귀환으로 끝나는 이유는, 도취와 멜랑콜리가 일견 대립적 심리이지만 공통의 근거를 갖기 때문이다. 그것은 모두 소망과 사랑의 대상의 부재에서 나온다. 그 대상은 유토피아적 도시일 수도, 인간적인 관계가 회복된 사회일 수도 있다.

　　파리 거리를 걷는 이 산책자는 헤셀처럼 느긋하게 도시의 과거를 떠올리며 '걸어다니는 문화사가'가 아니다. 그는 병적 흥분상태, 불안, 멜랑콜리 속에서 어딘가 신경증적이면서 쫓기는 듯한 인상을 준다. 그러한 불안과 공허함이 장소로 전이되면 거리가 비명을 지르는 주체가 된다. 「거리 위의 비명」에서 산책자는 "더이상 견딜 수 없을 때 거리들이 소리를 지르면서 자신들의 공허함을 내뱉는"[27] 듯한 착각에 빠진다. 이 단편은 다음과 같이 시작한다.

베를린 서부지역의 거리들은 포근하고 깨끗하다. 그 거리들은 너비
가 적당했고, 거리의 집 앞에는 종종 산뜻한 녹색의 나무들이 줄지어
있다. 그러나 그 거리들은 쾌적하고 고급스러운 인상을 주는데도 그곳
에서 아무런 이유 없이 급작스러운 공포에 사로잡히는 일이 적지 않
다. 왜 그런지는 모르지만 익숙한 그 거리들을 지나갈 때면 느닷없이
불안이 나를 엄습하는 것이 사실이다. 사람들이 떼로 몰려들어 무언가
나쁜 일이 일어날지도 모른다는 불안. 아마도 이러한 불안은 이 거리
들이 끝없이 펼쳐지고 있다는 사실에서 오는 것일지 모른다······ 사람
들 무리가 그곳에서 움직이고 있다는 사실, 언제나 새로운 사람들이
마치 옷의 견본도에 이리저리 그어진 선들처럼 미지의 목표들을 향해
가고 있다는 사실에서 오는 것일지 모른다. 어떤 경우든 내게는 그곳
어딘가에는 분명 바로 다음 순간 폭발이 일어날 수 있는 폭탄이 숨겨
져 있을 것이라는 생각이 들었다.[28]

크라카워는 이러한 불안의 실체가 무엇인지를 자세히 답하지는 않
았다. 다만 노동자 집회와 행진이 자주 열리는 노이쾰른이나 베딩의
거리들은 그러한 불안과 거리가 멀다. 노동자 집회가 열리는 몇 시간
동안 길가의 창문이 모두 열려서 여자들과 아이들이 구경하는 장면,
수천 명의 걸음 소리가 규칙적으로 울려퍼지고 적기와 포고문이 적
힌 깃발이 잿빛 벽면을 따라 지나가는 장면, 이 모든 장면은 분명한
내용을 담고 있다. 이와 반대로 베를린 서부지역의 거리들은 아무런
실체가 없는 섬뜩함을 불러일으킨다. 그곳 거리들은 프롤레타리아트
의 주거지와는 거리가 멀다. 거기에는 공동행동이 일어날 만한 분위

27. 같은 책, 28쪽.
28. 같은 책, 26쪽.

기가 전혀 조성되어 있지 않다.[29] 크라카워가 이곳에서 발견하는 것은 공허함이다. 햇빛 속에서 타우엔치엔슈트라세가 마치 비인간적인 적처럼 기분나쁘게 번쩍이고 있고, 그곳의 모든 거리에서 때때로 어떤 흥분이 형성된다. 쿠르퓌르스텐담 옆의 거리에서 시간이 갈수록 점점 분명한 비명이 들린다. 그 소리는 어떤 술 취한 사람의 소리였고, 두 번째 비명은 연인과 다투는 어떤 소녀의 소리였고, 세번째 소리는 살인 현장에서 난 소리였다. 단편을 끝맺으면서 화자는 소리를 지른 것은 사람들이 아니라 베를린 서부 거리들이라고 말한다. 더이상 그 공허함을 견딜 수 없게 된 거리들이 외침의 주체라는 것이다.

이상에서 살펴본 것처럼 크라카워의 도시 단편들은 도시가 어떻게 사회학적 역사철학적 심리학적 의미를 읽을 수 있는 텍스트가 될 수 있는지 잘 보여주고 있다. 대도시를 텍스트로 읽고자 한 당대의 어느 누구보다 크라카워는 대도시의 사회적 현실 안으로 파고들어가고자 했던 사회학적 탐구가였다. 대도시는 현대로부터 파생된 문제점들이 가장 뚜렷하게 표출된 곳이고 그러한 문제점으로부터 눈을 가리는 오락산업이 꽃피우는 현장이기도 하다. 베를린의 어느 직업소개소 실내에 대한 관찰에서 포착한 공간상에는 실직자 계급과 관련된 크라카워의 사회비판적 시선이 깔려 있다. 샤를로텐부르크역 근처의 지하도가 의미심장한 공간상이 될 수 있었던 것 역시 사회적 통합에 대한 그의 문제의식에 기인한다. 크라카워는 사회의 표면에 드러나지 않기 때문에 의식하지 못하고 있는 사회적 현실의 차원을 발견하기 위해서 대도시를 산책한다. 크라카워의 사회학적 문제의식은 현대 대도시 문명의 미래에 대한 물음으로 확장된다. 그는 현대 문명이 집약된 대도시를 예술적 주제로 부각시킨 표현주의자들의 대도시 비전을 잘

---

29. 같은 책, 27쪽 참조.

알고 있었다. 그러나 문명비판적 어조를 지닌 표현주의자들의 주관적 파토스는 대도시 현실을 상징으로 축소시켜버릴 뿐 아니라 역사 비관주의나 낭만주의로 귀착할 수 있다. 이에 반해 크라카워는 부정성으로부터의 전환의 이미지를 대도시 현실의 구체적 차원에서 발견해낸다. 카이저빌헬름기념교회는 세속적 광채를 단번에 초지상적 광채로 바꾸어놓는 매체가 되고, 루나파크에서 뉴욕 마천루 그림을 배경으로 한 공중열차 승객들은 평일 도시에 억눌리는 소시민들이 아니라 "획획 그어진 선처럼, 한 극단에서 다른 극단으로, 산에서 골짜기로, 높은 곳에서 깊은 곳으로, 또다시 높은 곳으로 뻗쳐나가는 순간의 사람들"[30]이 된다. 노동자계급의 집회와 시위가 잦았던 바이마르공화국 시대의 베를린은 정치적 사회적으로 불확실한 상황에 놓여 있었고, 어떤 해결책이 주어질지 불확실한 이러한 상황은 심리적 차원에 영향을 미친다. 베를린의 부촌인 서부지역에서 거리가 비명을 지르는 것처럼 느끼거나, 파리의 어느 소극장 뒷골목에서 산책의 도취 체험이 강박체험으로 뒤바뀔 때 여기서 드러나는 심리는 불안과 공포심이다. 하지만 이러한 서술은 병적이고 우울한 작가 개인의 심리상태에 대한 병리학적 보고서가 아니라 현대 대도시에 전형적인 심리학, 현대라는 시대의 정신병리학을 예증한다.

저널리스트, 영화와 문학비평가가 되기 이전에 크라카워는 건축학 박사로서 10년간 건축 분야에서 일하기도 했다. 건축학자, 건축가로서의 경력이 그의 도시 단편에 영향을 미쳤다고 볼 수 있다. 그가 사회현실을 진단할 때 사용한 건축학적 은유들은 그러한 영향을 증거한다. 공간상은 아마도 그중 가장 확실한 증거가 될 것이다. 거리, 집 등 도시 전체 공간은, 건축학적 은유법에 따르면 "밖으로 뒤집혀진 기

---

30. 같은 책, 44쪽.

억," 즉 "유물론적 기억"[31]이 된다. 인위적으로 만들어진 물리적 공간의 의미를 읽는다는 시각은 크라카워가 갖고 있던 건축학적 마인드와 무관하지 않다.

---

31. 같은 책, 164쪽. (편집자 후기)

## 일차문헌

벤야민, 발터, 『발터 벤야민 선집 1. 일방통행로/사유이미지』, 최성만·윤미애·김
영옥 옮김, 길, 2007.

벤야민, 발터, 『발터 벤야민 선집 2. 기술복제시대의 예술작품/사진의 작은 역사
외』, 최성만 옮김, 길, 2007.

벤야민, 발터, 『발터 벤야민 선집 3. 1900년경 베를린의 유년시절/베를린 연대
기』, 윤미애 옮김, 길, 2007.

벤야민, 발터, 『발터 벤야민 선집 4. 보들레르의 작품에 나타난 제2제정기의 파
리/보들레르의 몇 가지 모티프에 관하여』, 김영옥·황현산 옮김, 길, 2010.

벤야민, 발터, 『발터 벤야민 선집 5. 역사의 개념에 대하여/폭력비판을 위하여/
초현실주의 외』 최성만 옮김, 길, 2008.

벤야민, 발터, 『발터 벤야민 선집 6. 언어 일반과 인간의 언어에 대하여/번역자의
과제 외』, 최성만 옮김, 길, 2008.

벤야민, 발터, 『발터 벤야민 선집 9. 서사(敍事)·기억·비평의 자리』, 최성만 옮김,
길, 2012.

벤야민, 발터, 『발터 벤야민 선집 10. 괴테의 친화력』, 최성만 옮김, 길, 2012.

벤야민, 발터, 『발터 벤야민 선집 14. 모스크바 일기』, 김남시 옮김, 길, 2015.

벤야민, 발터, 『발터 벤야민의 문예이론』, 반성완 옮김, 민음사, 1993.

벤야민, 발터, 『독일 비애극의 원천』, 최성만·김유동 옮김, 한길사, 2009.

Benjamin, Walter, *Gesammelte Schriften, Bd. I-VII*, Tiedemann. R. /
Schweppenhäuser, H.(Hg.), Frankfurt a. M., 1974~1991.

Benjamin, Walter, *Das Passagen-Werk. Gesammelte Schriften, Bd. V*,
Frankfurt a. M., 1982.

Benjamin, Walter, "Zur Kritik der Gewalt", *Gesammelte Schriften. Bd. II*,

Frankfurt a. M., 1977.

Benjamin, Walter, "Theologisch-politisches Fragment", *Gesammelte Schriften. Bd. II*, Frankfurt a. M., 1977.

Benjamin, Walter, "Über das Programm der kommenden Philosophie", *Gesammelte Schriften. Bd. II*, Frankfurt a. M., 1977.

Benjamin, Walter, "Kapitalismus als Religion", *Gesammelte Schriften. Bd. VI*, Frankfurt a. M., 1986.

Benjamin, Walter, "Der Surrealismus", *Gesammelte Schriften, Bd. II*, Frankfurt a. M., 1977.

Benjamin, Walter: "Traumkitsch", *Gesammete Schriften. Bd. II*, Frankfurt a. M., 1977.

Benjamin, Walter, *Ursprung des deutschen Trauerspiels. Gesammelte Schriften, Bd. I*, Frankfurt a. M., 1974.

Benjamin, Walter, "Einbahnstrasse", *Gesammelte Schriften, Bd. IV*, Frankfurt a. M., 1981.

Benjamin, Walter, "Denkbilder", *Gesammelte Schriften, Bd. IV*, Frankfurt a. M., 1981.

Benjamin, Walter, "Das Paris des Second Empire bei Baudelaire", *Gesammelte Schriften. Bd. I*, Frankfurt a. M., 1974.

Benjamin, Walter, *Moscauer Tagebuch*, Frankfurt a. M., 1980.

Benjamin, Walter, "Neapel", *Gesammelte Schriften. Bd. IV*, Frankfurt a. M., 1981.

Benjamin, Walter, "Über einige Motive bei Baudelaire", *Gesammelte Schriften, Bd. I*, Frankfurt a. M., 1980.

Benjamin, Walter, "Der Erzähler", *Gesammelte Schriften, Bd. II*, Frankfurt a. M., 1977.

Benjamin, Walter: "Zum Bilde Prousts", *Gesammelte Schriften. Bd. II*, Frankfurt a. M., 1977.

Benjamin, Walter, "Berliner Kindheit um Neunzehnhundert", *Gesammelte Schriften, Bd. IV*, Frankfurt a. M., 1982.

Benjamin, Walter: "Berliner Chronik". *Gesammelte Schriften. Bd. VI*, Frankfurt a. M., 1986.

Benjamin, Walter, "Die Wiederkehr des Flaneurs", *Gesammelte Schriften, Bd. III*, Frankfurt a. M., 1991.

Benjamin, Walter, "Zur kleinen Geschichte der Photographie", *Gesammelte Schriften. Bd. II*, Frankfurt a. M., 1977.

Benjamin, Walter, "Über Sprache überhaupt und über die Sprache des Menschen", *Gesammelte Schriften. Bd. II*, Frankfurt a. M., 1977.

Benjamin, Walter: "Pariser Brief II. Malerei und Photographie", *Gesammelte Schriften. Bd. III*, Frankfurt a. M., 1981.

Benjamin, Walter, "Die Aufgabe des Übersetzers", *Gesammelte Schriften. Bd. IV*, Frankfurt a. M., 1982.

Benjamin, Walter: "Über das mimetische Vermögen", *Gesammelte Schriften. Bd. II*, Frankfurt a. M., 1977.

Benjamin, Walter: "Lehre vom Ähnlichem", *Gesammelte Schriften*. Bd. II, Frankfurt a. M., 1977.

Benjamin, Walter, "Das Kunstwerk im Zeitalter seiner technischen Reproduzierbarkeit", *Gesammelte Schriften. Bd. I*, Frankfurt a. M., 1974.

Benjamin, Walter: "Erwiderung an Oscar A. H. Schmitz", *Gesammelte Schriften. Bd. II*, Frankfurt a. M., 1977.

Benjamin, Walter: "Über das Programm der kommenden Philosophie", *Gesammelte Schriften. Bd. II*, Frankfurt a. M., 1977.

Benjamin, Walter: "Erfahrung und Armut", *Gesammelte Schriften. Bd. II*, Frankfurt a. M., 1977.

Benjamin, Walter, "Der Autor als Produzent", *Gesammelte Schriften Bd. II*, Frankfurt a. M., 1977.

Benjamin, Walter, "Franz Kafka", *Gesammelte Schriften. Bd. II*, Frankfurt a. M., 1977.

Benjamin, Walter, "Was ist das epische Theater", *Gesammelte Schriften. Bd. II*, Frankfurt a. M., 1977.

Benjamin, Walter: "Über den Begriff der Geschichte", *Gesammelte Schriften. Bd. I*, Frankfurt a. M., 1974.

G. Scholem / Th. W. Adorno(Hg.), *Walter Benjamin. Briefe 1, 2*, Frankfurt a. M. 1978.


## 이차문헌

고지현, 『꿈과 깨어나기』, 유로, 2007.

김덕영, 『게오르그 짐멜의 모더니티 풍경 11가지』, 길, 2007.

김종헌, 「사진 이미지와 철학 읽기. 푼크툼과 아우라를 중심으로」, 『철학연구』 제52집, 2001.

김현강(Kim, Hyun-Gang), "Walter Benjamins Bild-Gedanken", 『뷔히너와 현대문학』 제22집 2004.

레슬리, 에스터, 『발터 벤야민. 사진에 대하여』, 김정아 옮김, 위즈덤하우스, 2018.

뢰비, 미카엘, 『발터 벤야민: 화재 경보. "역사의 개념에 대하여" 읽기』, 양창렬 옮김, 2017.

문광훈, 『가면들의 병기창. 발터 벤야민의 문제의식』, 한길사, 2017.

버먼, 마샬, 『현대성의 경험』, 윤호병·이만식 옮김, 현대미학사, 2004.

보들레르, 샤를 피에르, 『악의 꽃』, 윤영애 옮김, 문학과지성사, 2003.

보들레르, 샤를 피에르, 『파리의 우울』, 황현산 옮김, 문학동네, 2015.

벅모스, 수전, 『발터 벤야민과 아케이드 프로젝트』, 김정아 옮김, 문학동네, 2004.

브르통, 앙드레, 『나자』, 오생근 옮김, 민음사, 2008.

비테, 베른트, 『발터 벤야민』, 윤미애 옮김, 한길사, 2001.

비치슬라, 에르트무트, 『벤야민과 브레히트. 예술과 정치의 실험실』, 윤미애 옮김, 문학동네, 2015.

송숙자(편역), 『바르트와 손탁: 사진론』, 현대미학사, 1994.

슈뢰르, 마르쿠스, 『공간·장소·경계』, 정인모·배정희 옮김, 에코리브로, 2010.

심혜련, 「도시공간 읽기의 방법론으로서의 흔적 읽기」, 『시대와 철학』 제23권 2호, 2012.

아스만, 알라이다, 『기억의 공간』, 변학수·채연숙 옮김, 그린비, 2011.

아감벤, 조르조, 『세속화 예찬. 정치 미학을 위한 10개의 노트』, 김상운 옮김, 난장, 2010.

엘리엇, 브라이언, 『Thinker for Architects 5: 발터 벤야민』, 이경창 옮김, 스페이스타임, 2012.

윤미애, 「발터 벤야민의 후기지평. 브레히트와 카프카의 교차로에서」, 『카프카 연구』 제6집, 1998.

윤미애, 「벤야민의 아우라 이론에 관한 연구」, 『독일문학』 제71집, 1999.

윤미애, 「문화정치 혹은 기술 유토피아? 아우라 소멸 테제를 중심으로 본 벤야민의 매체이론」, 『문예미학』 8호, 2001.

윤미애, 「대도시와 거리 산보자. 짐멜과 벤야민의 도시 문화 읽기」, 『독일문학』 제85집, 2003.

윤미애, 「도시 산보와 기억. 헤셀의 "베를린에서의 산보"를 중심으로」, 『독어교육』 제29집, 2004.

윤미애, 「유년의 장소와 기억. 발터 벤야민의 "1900년경 베를린 유년기"를 중심으로」, 『뷔히너와 현대문학』 제25호, 2005.

윤미애, 「매체와 읽기. 벤야민의 사진 읽기와 문자화 이론」, 『독일언어문학』 제37집, 2007.

윤미애, 「보이지 않는 도시의 서술 가능성. 크라카워와 모던 도시」, 『브레히트와 현대연극』 제17집, 2007.

윤미애, 「발터 벤야민의 "일방통행로" 걷기」, 『독일문화』 제1집, 2008.

윤미애, 「정치와 신학 사이에서 본 벤야민의 매체이론」, 『카프카 연구』 제19집, 2008.

윤미애, 「현대도시의 지형학과 벤야민의 도시읽기. 발터 벤야민의 "파사주 프로젝트"에 대한 소론」, 『독일어문학』 제52집, 2011.

윤미애, 「벤야민의 관조와 세속화론」, 『독일언어문학』 제55집, 2012.

윤미애, 「흔적과 문지방. 벤야민 해석의 두 열쇠」, 『브레히트와 현대연극』 제28집, 2013.

윤미애, 「종교적 전회와 벤야민의 매체이론」, 『브레히트와 현대연극』 제31집, 2014.

원동훈, 「세계, 예술, 꿈의 탈주술화. 베버와 프로이드를 통해서 본 벤야민의 매체

담론」, 『철학과 현상학 연구』 제31집, 2006.

이창남, 「벤야민의 인간학과 매체이론의 상관관계. 아우라와 충격 개념을 중심으로」, 『독일언어문학』 제35집, 2007.

임홍배, 「20세기 아방가르드 문예이론의 정치적 지평. 초현실주의자와 아라공의 "파리의 시골사람"을 중심으로」, 『독일어문화권연구』 제12집, 2003.

질로크, 그램, 『발터 벤야민과 메트로폴리스』, 노명우 옮김, 효형출판, 2005.

짐멜, 게오르그, 『짐멜의 모더니티 읽기』, 김덕영·윤미애(편역), 새물결, 2005.

짐멜, 게오르그, 『짐멜의 문화이론』, 김덕영·배정희(편역), 길, 2007.

최문규, 「대도시의 환등상과 배회자. 도취와 비판」, 『독일언어문학』 제50집, 2010.

최문규, 『파편과 형세. 발터 벤야민의 미학』, 서강대학교출판부, 2012.

최성만, 「모더니티에서 마적인 것. 발터 벤야민의 몇 가지 모티브를 중심으로」, 『카프카 연구』 제21집, 2009.

최성만, 『발터 벤야민. 기억의 정치학』, 길, 2014.

키틀러, 프리드리히, 『기록시스템 1800·1900』, 윤원화 옮김, 문학동네, 2015.

타우베스, 야콥, 『바울의 정치신학』, 조효원 옮김, 그린비, 2012.

포우, 에드거 앨런, 『포우 단편 베스트 걸작선』, 박현석 옮김, 동해출판, 2011.

프로이트, 지그문트, 『문명 속의 불만』, 김석희 옮김, 열린책들, 2005.

플루서, 빌렘, 『사진의 철학을 위하여』, 윤종석 옮김, 커뮤니케이션북스, 1999.

하선규, 「영화, 현대의 묵시론적 매체. 크라카워와 벤야민의 이론을 중심으로」, 『미학』 제37집, 2004.

하선규, 「대도시의 미학을 위한 프롤레고메나. 짐멜, 크라카워, 벤야민에 기대면서」, 『도시인문학연구』 제3권 제2호, 2011.

홍준기, 「변증법적 이미지, 알레고리적 이미지, 멜랑콜리 그리고 도시. 벤야민 미학에 관한 정신분석학적 고찰」, Journal of Lacan & Contemporary Psychoanalysis Vol. 10, No. 2, 2008.

홍준기(엮음), 『발터 벤야민. 모더니티와 도시』, 라움, 2010.


Adorno, Theodor W., "Benjamins Einbahnstrasse", *Über Walter Benjamin*, Th. W. Adorno, Frankfurt a. M., 1968.

Amelunxen, Hubertus von, "Ein Eindruck der Vergängnis. Vorläufige

Bemerkungen zu Walter Benjamin", *Fotogeschichte*, Nr. 34, 1989.

Aragon, Louis, *Der Pariser Bauer*, Aus dem Französischen von Lydia Babilas, Frankfurt a. M., 1996.

Assmann, Aleida, *Erinnerungsräume. Formen und Wandlungen des kulturellen Gedächtnisses*, München, 1999.

Assmann, Aleida, "Texte, Spuren, Abfall", *Literatur und Kulturwissenschaften*, H. Böhme / K. R. Sherpe (Hg.), Hamburg, 1996.

Baláz, Bela, *Schriften zum Film*, Helmut H. Diedrichs / W. Gersch / M. Nagy (Hg.), München, 1982.

Banchelli, Eva, "Zwischen Erinnerung und Entdeckung. Strategien der Großstadterfahrung bei Franz Hessel", *Genieße froh, was du nicht hast*, Michael Opitz / Jörg Plath (Hg.), Würzburg, 1997.

Barnouw, Dagmar, "An den Rand geschriebene Träume. Kracauer über Zeit und Geschichte", *Siegfried Kracauer. Neue Interpretationen*, M. Kessler / Th. Y. Levin (Hg.), Tübingen, 1990.

Baudelaire, Charles, *Die Blumen des Bösen (Les Fleurs du Mal)*, übersetzt von F. Kemp, München, 1986.

Becker, Jochen, "Passagen und Passanten. Zu Walter Benjamin und August Sander", *Fotogeschichte*, Nr. 32, 1989.

Biermann, Karlheinz, "Vom Flaneur zum Mystiker der Massen. Historisch-dialektische Anmerkungen zu Beziehung zwischen Ich und Menge bei Hugo, Baudelaire und anderen", *Romanistische Zeitschrift für Literaturgeschichte*, H.2 / 3, 1978.

Bloch, Ernst, *Erbschaft dieser Zeit*, Frankfurt a. M., 1962.

Bohrer, Karl Heinz (Hg.), *Mythos und Moderne*, Frankfurt a. M., 1983.

Bohrer, Karl Heinz, "Labyrinth zwischen 'Ereignis' und 'Interieur'. Über Walter Benjamins Phantasma-Stadt", *Merkur*, 48, Frankfurt a. M., 1994.

Böhme, Hartmut / Yvonne Ehrenspeck, "Nachwort. Zur Ästhetik und Kunstphilosophie Walter Benjamins", *Walter Benjamin. Aura und Reflexion. Schriften zur Kunsttheorie und Ästhetik*, ausgewählt und mit einem Nachwort von Hartmut Böhme u. Yvonne Ehrenspeck, Frankfurt a. M., 2007.

Bolz, Norbert(Hg.), *Passagen. Walter Benjamins Urgeschichte des XIX. Jahrhunderts*, München, 1984.

Bolz, Norbert./Willem van Reijen, *Walter Benjamin*, Frankfurt a. M., 1991.

Borsò, V./Morgenroth, C,/Solibakke, K./Witte, B.(Hg.), *Benjamin-Agamben. Politics, Messianism, Kabbalah*, Würzburg 2010.

Brecht, Bertolt, *Schriften I*, Berlin, 1988.

Bulthaup, Peter(Hg.), *Materialien zu Benjamins Thesen "Über den Begriff der Geschichte"*, Frankfurt a. M., 1975.

Döring, Jörg /Thielmann, Tristan(Hg.), *Spatial Turn. Das Raumparadigma in den Kultur-und Sozialwissenschaften*, Bielefeld, 2008.

Ebelling, Knut, *Wilde Archäologien*, Berlin, 2012.

Elo, Mika, "Die Wiederkehr der Aura", *Walter Benjamins Medientheorie*, Christian Schulte(Hg.), Konstanz, 2005.

Emden, Christian J., *Walter Benjamins Archäologie der Moderne. Kulturwissenschaft um 1930*, München, 2006.

Fellmann, Benjamin, *Durchdringung und Porosität. Walter Benjamins Neapel. Von der Architekturwahrnehmung zur kunstkritischen Medientheorie*, Berlin, 2014.

Frisby, David, *Fragmente der Moderne. Georg Simmel· Siegfried Kracauer Walter Benjamin*, übersetzt v. A. Rinsche, Rheda-Wiedenbrück, 1989.

Fuld, Werner, "Die Aura. Zur Geschichte eines Begriffes bei Benjamin", *Akzente* 3, 1979.

Fürnkäs, Josef, *Surrealismus als Erkenntnis. Walter Benjamin-Weimarer Einbahnstrasse und Pariser Passagen*, Stuttgart, 1988.

Fürnkäs, Josef, "Aura", *Benjamins Begriffe*, M. Opitz /E. Wizisla(Hg.), Frankfurt a. M., 2000.

Garber, Klaus /Lehm, Ludger(Hg.), *global benjamin. Internationaler Walter Benjamin Kongreß 1992*, München, 1999.

Hansen, Miriam, "Benjamin, Cinema and Experience. The Blue Flower in the Land of Technilogy", *New German Critique* 40, 1987.

Heidegger, Martin, *Aufenthalte*, Frankfurt a. M., 1989.

Hessel, Franz, *Ein Flaneur in Berlin*(원제: *Spazieren in Berlin* [1929]), Berlin, 1984.

Hillach, Ansgar, "Dialektisches Bild", *Benjamins Begriffe Bd. I*, Martin Opitz /Erdmut Wizisla(Hg.), Frankfurt a. M., 2000.

Honneth, Axel, "Zur Kritik der Gewalt", *Benjamin Handbuch, Leben-Werk-Wirkung*, Burkhardt Lindner(Hg.), Stuttgart, 2006.

Jäger, Lorenz / Regehly, Thomas(Hg.), *"Was nie geschrieben wurde, lesen". Frankfurter Benjammin-Vorträge*, Bielefeld, 1992.

Janz, Rolf-Peter, "Mythos und Moderne bei Walter Benjamin", *Mythos und Moderne*, Karl Heinz Bohrer(Hg.), Frankfurt a. M., 1983.

Koch, Manfred, *Mnemotechnik des Schönen*, Tübingen, 1988.

Köhn, Eckhardt, *Strassenrausch*, Berlin, 1989.

Kracauer, Siegfried, *Das Ornament der Masse*, Frankfurt a. M., 1977.

Kracauer, Siegfried, *Strassen in Berlin und anderswo*, Berlin, 1987.

Kramer, Sven, *Walter Benjamin zur Einführung*, Hamburg, 2003.

Krauss, Rolf H., *Walter Benjamin und der neue Blick auf die Photographie*, Ostfildern, 1998.

Lindner, Burkhardt(Hg.), *Walter Benjamin im Kontext*, Königstein /Ts., 1985.

Lindner, Burkhardt(Hg.), *Benjamin Handbuch. Leben-Werk-Wirkung*, Stuttgart, 2006.

Lindner, Burthardt, "Benjamins Aurakonzeption. Anthropologie und Technik. Bild und Text", *Walter Benjamin. 1892-1940*, U. Steiner(Hg.), Bern, 1992.

Lindner, Burkhardt, "Von Menschen, Mondwesen und Wahrnehmungen", *Walter Benjamins Medientheorie*, Christian Schulte(Hg.), Konstanz, 2005.

Lindner, Burkhardt, "Engel und Zwerg. Benjamins geschichts-philosophische Rätselfiguren und die Herausforderung des Mythos", *"Was nie geschrieben wurde, lesen"*. *Frankfurter Benjamin-Vorträge*, L. Jäger / Th. Regehly (Hg.), Bielefeld, 1992.

Markner, Reinhard / Weber, Thomas (Hg.), *Literatur über Walter Benjamin. Kommentierte Bibliographie 1983-1992*, Hamburg, 1993.

Marramao, Gicomo, "Messianismus ohne Erwartung. Zur 'post-religiösen' politischen Theologie Walter Benjains," in: B. Witte und M. Ponzi (eds.), *Theologie und Politik*, Erich Schmidt Verlag, Berlin, 2005, 245쪽 참조.

Menke, Bettine, *Sprachfiguren. Name Allegorie Bild nach Benjamin*, Weimar, 2001.

Menninghaus, Winfried, *Schwellenkunde. Walter Benjamins Passagen des Mythos*, Frankfurt a. M., 1986.

Menninghaus, Winfried, *Walter Benjamins Theorie der Sprachmagie*, Frankfurt a. M., 1980.

Moses, Stéphane, "Ideen, Namen, Sterne. Zu Walter Benjamins Metaphorik des Ursprungs", *Für Walter Benjaminin*, Ingrid und Konrad Scheuermann (Hg.), Frankfurt a. M., 1992.

Mülder, Inka, *Siegfried Kracauer. Grenzgänger zwischen Theorie und Literatur*, Stuttgart, 1985.

Müller, Lothar, "Peripatetische Stadtlektüre. Franz Hessels Spazieren in Berlin", *Genieße froh, was du nicht hast*, Michael Opitz / Jörg Plath (Hg.), Würzburg, 1997.

Neumeyer, Harald, *Der Flaneur. Konzeptionen der Moderne*, Würzburg, 1999.

Nibbrig, Ch. L. Hart, "Walter Benjamins Kindheit um Neunzehnhundert", *Deutsche Vierteljahrsschrift* 47, 1973.

Opitz, Michael / Wizisla, Erdmut (Hg.), *Benjamins Begriffe*, 2 Bände, Frankfurt a. M., 2000.

Plath, Jörg, *Liebhaber der Großstadt. Ästhetische Konzeptionen im Werk*

*Franz Hessels*, Paderborn, 1994.

Recki, Birgit, *Aura und Autonomie. Zur Subjektivität der Kunst bei Waler Benjamin und Theodor W. Adorno*, Würzburg, 1988.

Reijen, Willem van, "Passagen und Tempel. Schwellenerfahrungen bei Benjamin und Heidegger", *Topographien der Erinnerung. Zu Walter Benjamins Passagen*, B. Witte(Hg.), Würzburg, 2008.

Scherpe, Klaus P.(Hg.), *Die Unwirklichkeit der Städte. Großstadtdarstellungen zwischen Moderne und Postmoderne*, Hamburg, 1988.

Schlaffer, Hannelore, "Der engagierte Flaneur. Siegfried Kracauer", *Siegfried Kracauer. Zum Werk des Roman--ciers, Feuilletonisten, Architekten, Filmwissenschaftlers und Soziologen*, Andreas Volk(Hg.), Zürich, 1996.

Schlaffer, Heinz, "Denkbilder. Eine kleine Prosaform zwischen Dichtung und Gesellschaftstheorie", *Poesie und Politik*, W. Kuttenkeuler(Hg.), Stuttgart, 1973.

Scholem, Georg, *Walter Benjamin. Die Geschichte einer Freundschaft*, Frankfurt a. M., 1975.

Schöttker, Detlev, *Walter Benjamin. Das Kunstwerk im Zeitalter seiner technischen Reproduzierbarkeit*, Frankfurt a. M., 2007.

Schöttker, Detlev, "Benjamins Medienästhetik", *Walter Benjamin. Medienästhetische Schriften*, mit einem Nachwort von Detlev Schöttker, Frankfurt a. M., 2002.

Schröter, Michael, "Weltzerfall und Rekonstruktion. Zur Physignomie Siegfried Kracauers", *Poesie und Politik, TEXT´´+KRITIK: Siegfried Kracauer* Heft 68, München, 1980.

Schulte, Christian(Hg.), *Walter Benjamins Medientheorie*, Wien, 2005.

Schweppenhäuser, Hermann(Hg.), *Benjamin über Kafka. Text· Briefzeugnisse·Aufzeichnungen*, Frankfurt a. M., 1981.

Severin, Rüdiger, *Spuren des Flaneurs in deutschsprachniger Prosa*, Frankfurt a. M., 1988.

Simmel, Georg, *Hauptprobleme der Philosophie. Philosophische Kultur*,

Rüdiger Kramme / Otthein Rammstedt(Hg.), Berlin, 1996

Simmel, Georg, *Philosophie des Geldes*, D. P. Frisby /K. Ch. Köhnke(Hg.), Frankfurt a. M., 1989.

Simmel, Georg, *Soziologische Ästhetik*, Klaus Lichtblau(Hg.), Bodenheim, 1998.

Steiner, Uwe C., 'Zarte Empirie'. *Überlegungen zum Verhältnis von Urphänomen und Ursprung im Früh-und Spätwerk Walter Benjamins*, Würzburg, 1986.

Steiner, Uwe(Hg.), *Walter Benjamin 1892-1940. Zum 100. Geburtstag*, Bern /N.Y., 1992.

Steiner, Uwe C., "Die Sprengung der Kerkerwelt. Medienästhetik, Film und gnostische Politik in Benjamins Kunstwerk-Aufsatz und in Patrick Roths 'Der Stab Moses'", *Walter Benjamins Medientheorie*, Christian Schulte(Hg.), Konstanz, 2005.

Steinmeyer, Markus, *Mnemotechnik und Medialität. Walter Benjamins Poetik des Autobiographischen*, Frankfurt a. M., 2001.

Stoessel, Marleen, *Aura. Das vergessene Menschliche. Zu Sprache und Erfahrung bei Walter Benjamin*, München ·Wien, 1983.

Stüssi, Anna, *Erinnerung und die Zukunft. Walter Benjamins Berliner Kindheit um Neunzehnhundert*, Göttingen, 1977.

Szondi, Peter, "Hoffnung im Vergangenen. Über Walter Benjamin", *Essays, Satz und Gegensatz. Lektüren und Lektioinen. Celan-Studien*, P. Szondi, Frankfurt a. M., 1977.

Teschke, Henning, *Proust und Benjamin. Unwillkürliche Erinnerung und dialektisches Bild*, Würzburg, 2000.

Tiedemann, Rolf, *Dialektik im Stillstand. Versuche zum Spätwerk Walter Benjamins*, Frankfurt a. M., 1983.

Unseld, S.(Hg.), *Zur Aktualität Walter Benjamins*, Frankfurt a. M., 1972.

Vidler, Anthony, "Räume des Durchgangs. Psychopathologie und Ent--fremdung in der modernen Großstadt", *Siegfried Kracauer. Zum Werk des Romanciers, Feuilletonisten, Architekten, Filmwissenschaftlers und Soziologen*, Andreas Volk(Hg.), Zürich, 1996.

Weidmann, Heiner, *Flanerie·Sammlung·Spiel. Die Erinnerung des 19. Jahrhunderts bei Walter Benjamin*, München, 1992.

Weidner, Daniel(Hg.), *Profanes Leben. Walter Benjamins Dialektik der Säkularisierung*, Frankfurt a. M., 2010.

Weigel, Sigrid, *Walter Benjamin. Die Kreatur, das Heilige, die Bilder*, Frankfurt a. M., 2008.

Weigel, Sigrid, "Die Lektüre, die an die Stelle der Übersetzung tritt. Benjamins psychoanalytische Reformulierung seiner Theorie der Sprachmagie", *Übersetzen. Walter Benjamin*, Christian L. Hart Nibbrig(Hg.), Frankfurt a. M., 2001.

Wellmann, Angelika, *Der Spaziergang. Stationen eines poetischen Codes*, Würzburg, 1991.

Witte, Bernd, "Bilder der Endzeit, Zu einem authentischen Text der Berliner Kindheit von Walter Benjamin", *Deutsche Vierteljahrsschrift* 58, 1984.

Witte, Bernd / Ponzi, Mauro(Hg.), *Theologie und Politik. Walter Benjamin und ein Paradigma der Moderne*, Berlin, 2005.

Witte. Bernd(Hg.), *Topographien der Erinnerung. Zu Walter Benjamins Passagen*, Würzburg, 2008.

Wohlfarth, Irving, "Immer radikal, niemals konsequent", *Antike und Moderne. Zu Walter Benjamins 'Passagen'*, N. W. Bolz / R. Faber(Hg.), Würzburg, 1986.

Wohlfarth, Irving, "Die Passagenarbeit", *Benjamin Handbuch, Leben-Werk-Wirkung*, B. Lindner(Hg.), Stuttgart, 2006.

Zohlen, Gerwin, "Text-Strassen. Zur Theorie der Stadtlektüre bei S. Kracauer", *TEXT´´+KRITIK: Siegfried Kracauer* Heft 68, München, 1980.

## : : 찾아보기

ㅅ

**지은이 윤미애**

서울대학교 영어교육과를 졸업하고 동대학원 독어독문학과에서 석사학위를 취득했다. 독일 괴팅겐대학교에서 독문학과 사회학을 수학했으며, 벤야민에 대한 논문 『베르톨트 브레히트의 동시대인으로서 발터 벤야민. 가까움과 멂의 역설적 관계*Walter Benjamin als Zeitgenosse Bertolt Brechts. Eine paradoxe Beziehung zwischen Nähe und Ferne*』로 박사학위를 받았다.

논문으로는 「종교적 전회와 벤야민의 매체이론」 「흔적과 문지방. 벤야민 해석의 두 열쇠」 「프리드리히 키틀러의 고전 읽기와 "기록시스템 1800"」 「프리드리히 키틀러의 초기 문학비평」 등이 있으며, 역서로는 『브레히트와 유물론』(공역, 2020), 『매체이론의 지형도 I』(공역, 2018), 『발터 벤야민과 브레히트』(2015), 『1900년경 베를린의 유년시절/베를린 연대기』(2007), 『일방통행로/사유이미지』(공역, 2007), 『짐멜의 모더니티 읽기』(공역, 2005), 『발터 벤야민』(2001) 등이 있다.

주요 관심 분야는 벤야민을 비롯해 매체, 공간, 기억 등이다. 현재 서울대학교 독일어문화권연구소 특별연구원으로 있다.

STUDIUM
스투디움 총서 **09**

발터 벤야민과 도시산책자의 사유

1판 1쇄 2020년 2월 28일
1판 4쇄 2023년 1월 19일

지은이 윤미애
책임편집 송지선
디자인 김현우 최미영
마케팅 정민호 이숙재 박치우 한민아 이민경 안남영 왕지경 김수현 정경주
브랜딩 함유지 함근아 김희숙 고보미 박민재 박진희 정승민
제작 강신은 김동욱 임현식 | 제작처 한영문화사(인쇄) 경일제책사(제본)

펴낸곳 (주)문학동네 | 펴낸이 김소영
출판등록 1993년 10월 22일 제2003-000045호
주소 10881 경기도 파주시 회동길 210
전자우편 editor@munhak.com | 대표전화 031) 955-8888 | 팩스 031) 955-8855
문의전화 031) 955-3578(마케팅), 031) 955-2686(편집)
문학동네카페 http://cafe.naver.com/mhdn
인스타그램 @munhakdongne | 트위터 @munhakdongne
북클럽문학동네 http://bookclubmunhak.com

ISBN 978-89-546-7079-1 93160

**www.munhak.com**